The Eighteenth-Century Theatre in Spain

The Eighteenth-Century Theatre in Spain: A Bibliography of Criticism and Documentation, which is Volume II of a series of Research Bibliographies on the Theatre in Spain directed and edited from the University of Glasgow, is the product of some ten years of searches and compilation by its specialist authors.

This volume draws together data on some 2,400 books, articles and documents concerned with Spanish eighteenth-century theatre. Studies of plays and playwrights are included as well as material dealing with theatres, actors and stagecraft. Wherever possible, items listed have been personally examined, and their library location in Britain, Spain or USA is provided. Brief notes are included, as necessary, to clarify matters of fact. Scholars with interests in drama as it was composed, performed and received not only in Spain but in Europe as a whole during the critical period of cultural and ideological debate known as the Age of Reason or the Enlightenment, will find in this single-volume work of reference a wealth of reliable information concerning this specialist field.

This book was first published (2005) as a special issue of the research-journal *Bulletin of Spanish Studies*.

Phillip B. Thomason is Professor of Spanish at Pepperdine University, California.

Ceri Byrne is E. Allison Peers Research Fellow and Assistant Editor of the *Bulletin of Spanish Studies*, University of Glasgow.

The Eighteenth-Century Theatre in Spain

A Bibliography of Criticism and Documentation

Phillip B. Thomason and Ceri Byrne

UNIVERSITY
of
GLASGOW

First published 2007 by Routledge
2 Park Square, Milton Park, Abingdon, Oxon, OX14 4RN

Simultaneously published in the USA and Canada
by Routledge
270 Madison Ave, New York, NY 10016

Routledge is an imprint of the Taylor & Francis Group, an informa business

© 2007 Executive Editorial Board of the *Bulletin of Spanish Studies* at the
University of Glasgow

This volume is the book edition of *Bulletin of Spanish Studies*, LXXXII (November
2005), No. 7

Typeset in Century Schoolbook
Printed and bound in Great Britain by TJI Digital, Padstow, Cornwall

British Library Cataloguing in Publication Data
A catalogue record for this book is available from the British Library

Library of Congress Cataloging in Publication Data
A catalog for this book has been requested

ISBN 10: 0-415-40048-1 (Cased)
ISBN 13: 978-0-415-40048-0 (Cased)

Hispanic Research Bibliographies

A Project funded by The Leverhulme Trust

Project Director

ANN L. MACKENZIE
University of Glasgow

Research Assistants

CERI BYRNE
University of Glasgow

PATRICIA McDERMOTT
University of Leeds

Acknowledgement

The present book forms part of a major **Bibliography of the Hispanic Theatre** currently being produced in several volumes compiled by different specialists. As such, it is one of the outputs of a still larger **Project of Hispanic Research Bibliographies**, which was initiated at the University of Liverpool and is being carried forward at the University of Glasgow. Without extended financial support from the Leverhulme Trust, to which the profound gratitude of all involved is due, this international team project of **Hispanic Research Bibliographies** might have been contemplated, but could never have been undertaken and accomplished.

Ann L. Mackenzie
(Project Director)

University of Glasgow, 2005.

Francisco de Goya
A Scene from 'El hechizado por fuerza' (1798), a comedy by Antonio de Zamora
Oil on canvas 42.5cm. x 30.8cm.
Reproduced by permission of the National Gallery, London

CONTENTS

ILLUSTRATIONS

Por [...] laborioso que sea, nadie puede vanagloriarse de que en historia y bibliografía ha sabido decir la última palabra. [...] Los primeros trabajos de una materia determinada dejan mucho que hacer a los que vienen detrás [...]

Manuel Jiménez Catalán, *Ensayo de una bibliografía zaragozana del siglo XIX*, quoted by Inocencio Ruiz Lasala, *Bibliografía zaragozana del siglo XIX* (Zaragoza: Instituto 'Fernando el Católico' [CSIC], 1977).

Preface

The product of ten years of research and compilation, *The Eighteenth-Century Theatre in Spain. A Bibliography of Criticism and Documentation* has been accomplished as part of a major Project of **Hispanic Research Bibliographies** based at the University of Glasgow, which is being carried forward by an international team of specialists under the direction of Ann L. Mackenzie.

This present reference-volume is the second in a series of research-bibliographies on the theatre in Spain from its early medieval beginnings through to the present times. In accordance with criteria established for the series as a whole, the compilers have drawn together data on books, articles and documents relating to eighteenth-century drama in Spain both as literary and as performance genre, adding, where necessary, notes on purely factual matters. Collections and editions of dramatic texts have normally been excluded except for those that have been found to contain significant amounts of criticism or documentary information. Many studies of specific plays and playwrights are listed as well as material dealing critically and informatively with theatres, actors and stagecraft.

Both compilers have contributed equally to the work of searching out, scrutinizing and cataloguing the nearly two thousand four hundred items included. Copies of many items have been personally examined in the holdings of libraries in Britain, Spain and the United States, and in these cases their specific library locations are duly recorded. A significant number of entries concerning the more practical, technical and performance aspects of the theatre have derived from the hands-on investigations which Phillip Thomason conducted for his related project on the public theatres of Madrid in the eighteenth and nineteenth centuries.[1] In gathering and correlating information, particularly on the more literary-based items listed, both compilers have benefited from the websites and networks which in this electronic age have greatly facilitated their access to the major holdings of libraries around the world. Thus, Phillip Thomason has depended especially on Melvyl which indexes the University of California/California State University systems, as well as on two extensive depositories of non-circulating volumes managed by the University of California system. Ceri Byrne has utilized especially, mainly through

---

1   This project has recently resulted in: Phillip B. Thomason, *El Coliseo de la Cruz 1736–1860. Estudio y documentos* (Woodbridge, Suffolk: Tamesis, 2005), 334 pp.

COPAC (Consortium of Online Public Access Catalogues), the online catalogues of the holdings of the British Library, London, the University of Glasgow, Scotland, the Biblioteca Nacional, Madrid, the Consejo Superior de Investigaciones Científicas, Madrid and the Library of Congress, Washington DC. Both compilers are likewise indebted to the invaluable databases of the Spanish public library catalogues provided through the Catálogo Colectivo de Patrimonio Bibliográfico Español and to the outstanding Parnaseo theatre database located at the Universitat de València.

The present compilers owe a large debt of gratitude for valuable information to previous bibliographies (all featured in this volume) whose authors have concerned themselves, in whole or in part, with cataloguing works of or about the Spanish eighteenth century. The compilers acknowledge especially their joint debt to Francisco Aguilar Piñal, Consejo Superior de Investigaciones Científicas, Madrid, for his numerous indispensable bibliographical researches and publications; and to the renowned British hispanists, J. E. Varey and N. D. Shergold, who, with their equally indefatigable collaborator Charles Davis, wrote and compiled so many invaluable volumes of Fuentes para la Historia del Teatro en España, published through Tamesis Books Ltd/Támesis, at London and Madrid and, currently, Woodbridge, Suffolk.

In addition, the compilers wish to thank our colleague, Ann L. Mackenzie for drawing our attention to a significant number of rare but highly relevant items that might otherwise have escaped our notice, for providing us, where necessary, with copies of these, and for her expert help, too, in editing and preparing this volume for press. We are also indebted to Dr Craig Bowman (Rochester College) and the staff of Academic Project Design at Pepperdine University for their assistance generously given to Phillip Thomason in working with electronic databases and merge-files; and to the staff of Pepperdine's Payson Library for providing the electronic resources necessary for this project; and also to Pepperdine University for study-leave enabling Phillip Thomason to take time away from regular duties to work first-hand in the Biblioteca Nacional in Madrid.

Finally, Phillip Thomason wishes to thank his family, Cathy and Brian, for their invaluable support of a different, yet equally essential, nature.

Phillip B. Thomason   Ceri Byrne
Pepperdine University   *University of Glasgow*

September 2005

ABBREVIATIONS

JOURNALS AND SERIES

AA	*Archivo Agustiniano*
AAz	*Anales Azorinianos*
AC	*Anales Cervantinos*
ACal	*Analecta Calasancia* (Salamanca)
ACCP	*Arquivos do Centro Cultural Português*
ActaM	*Acta Musicologica*
ADD	*American Doctoral Dissertations*
ADEE	*Aportación Documental para la Erudición Española*
AEA	*Anuario de Estudios Americanos* (Seville)
AEAtl	*Anuario de Estudios Atlánticos*
AEF	*Anuario de Estudios Filológicos*
AF	*Anuario de Filología*
AFA	*Archivo de Filología Aragonesa*
AFLFUB	*Annali della Facoltà di Lettere e Filosofia dell'Università degli Studi di Bari*
AFLM	*Annali della Facoltà di Filosofia e Lettere dell'Università di Milano*
AFLN	*Annali della Facoltà di Lettere e Filosofia dell'Università di Napoli*
AH	*Archivo Hispalense*
AHDE	*Anuario de Historia del Derecho Español*
AIEM	*Anales del Instituto de Estudios Madrileños*
AIUO	*Annali dell'Istituto Universitario Orientale. Sezione Romanza*
AJHCS	*Arizona Journal of Hispanic Cultural Studies*
ALE	*Anales de Literatura Española*
ALV	*Anuario Lope de Vega*
AMu	*Anuario Musical* (Barcelona)
Anthropos	*Anthropos. Boletín de Información y Documentación*
ASELGC	*Anuario de la Sociedad Española de Literatura General y Comparada*
ASLM	*Académie de Sciences et Lettres de Montpellier*
AttiRI	*Atti del Real Istituto Veneto di Scienze, Lettere ed Arti*
AUH	*Anales de la Universidad Hispalense* (Sevilla)
AUM	*Anales de la Universidad de Madrid*
AyL	*Arte y Literatura*
BA	*Books Abroad*
BBB	*Bulletin du Bibliophile et du Bibliothècaire* (Paris)
BBIFE	*Bulletin des Bibliothèques de l'Institut Français en Espagne*
BBMP	*Boletín de la Biblioteca Menéndez y Pelayo*
BBRP	*Berliner Beiträge zur Romanischen Philologie*
BCESD	*Boletín del Centro de Estudios del Siglo XVIII*
BFCh	*Boletín de Filología, Universidad de Chile*
BH	*Bibliografía Hispánica*
BHi	*Bulletin Hispanique*
BHS	*Bulletin of Hispanic Studies*
BIEA	*Boletín del Real Instituto de Estudios Asturianos*
BIEAlm	*Boletín del Instituto de Estudios Almerienses*
BMICA	*Boletín del Museo e Instituto 'Camón Aznar'*

BRAC	*Boletín de la Real Academia de Ciencias, Bellas Letras y Nobles Artes de Córdoba*
BRAE	*Boletín de la Real Academia Española*
BRAH	*Boletín de la Real Academia de la Historia*
BRSV	*Boletín de la Real Sociedad Vascongada de Amigos del País*
BSAL	*Butlletí de la Societat Arqueológica Luliana* (later, *Boletín de la Sociedad Arqueológica Luliana*) (Palma de Mallorca)
BSCC	*Boletín de la Sociedad Castellonense de Cultura* (Castellón)
BSEPLM	*Bulletin de la Société d'Études des Professeurs de Langues Méridionales*
BSS	*Bulletin of Spanish Studies*
BT	*Biblioteca Teatrale*
CA	*Cuadernos Americanos*
CAb	*Cuadernos Abulenses*
CAr	*Cuadernos de Aragón*
CahiersP	*Cahiers de l'Université de Pau*
Caplletra	*Caplletra. Revista de Filologia*
Castilla	*Castilla. Boletín del Departamento de Literatura Española* (Valladolid)
CB	*Cuadernos Bibliográficos*
CCLE	*Cuadernos Cervantes de la Lengua Española*
CD	*Comparative Drama*
CDios	*La Ciudad de Dios*
CE	*Correo Erudito*
CESD	*Cuadernos de Estudios del Siglo XVIII*
CH	*Crítica Hispánica*
CHA	*Cuadernos Hispanoamericanos*
ChN	*Chronica Nova. Revista de Historia Moderna de la Universidad de Granada*
CIA	*Cuadernos del Idioma* (Buenos Aires)
CIEM	*Cuadernos del Instituto de Estudios Manchegos*
CIF	*Cuadernos de Investigación Filológica*
CILH	*Cuadernos para Investigación de la Literatura Hispánica*
CIR	*Cuadernos de Ilustración y Romanticismo*
CL	*Comparative Literature*
CLAJ	*College Language Association Journal*
Clarín	*Clarín. Revista de Nueva Literatura*
CM	*Cuadernos de Música*
CMLR	*Canadian Modern Language Review*
CNo	*Cuadernos del Norte*
CR	*Cuenta y Razón*
CTC	*Cuadernos de Teatro Clásico*
CTI	*Cuadernos de Traducción e Interpretación*
CV	*Cuadernos sobre Vico*
DA	*Dissertation Abstracts*
DAI	*Dissertation Abstracts International*
DHA	*Diálogos Hispánicos de Amsterdam*
Dieciocho	*Dieciocho. Hispanic Enlightenment* [*Aesthetics and Literary Theory*]
Draco	*Draco. Revista de Literatura Española*
DS	*Dix-huitième Siècle*
ECan	*Estudios Canarios* (La Laguna)
ECL	*Eighteenth Century Life*
EHS	*Estudios de Historia Social*
EIA	*Estudos Ibero-Americanos*

EIFE	*Estudios de Investigación Franco-Española*
EL	*La Estafeta Literaria* (Madrid)
Em	*Emérita* (Madrid)
EMH	*Early Music History*
EMod	*La España Moderna*
EMu	*Early Music*
EP	*Études Philosophiques*
Epos	*Epos. Revista de Filología*
EstC	*Estudios Clásicos*
EE	*Estudios Escénicos*
EstIb	*Estudios Iberoamericanos*
EstR	*Estudios Románticos*
EstS	*Estudios Segovianos*
Estudis	*Estudis. Revista de Historia Moderna*
ETL	*Explicación de Textos Literarios*
FR	*Filologia Romanza*
GSLI	*Giornale Storico della Letteratura Italiana*
Guía	*Guía. Revista de Enseñanza y Oposiciones*
HR	*Hispanic Review*
HSLA	*Historia Social de la Literatura y el Arte*
HT	*Hecho Teatral*
Iberoromania	*Iberoromania. Zeitschrift für die Iberoromanischen Sprachen und Literaturen in Europa und Amerika*
IC	*Información Cultural*
IEA	*La Ilustración Española y Americana*
IP	*Investigación y Progreso*
KRQ	*Kentucky Romance Quarterly*
LD	*Letras de Deusto*
LF	*Letras Femeninas*
LetP	*Letras Peninsulares*
LI	*Lettere Italiane* (Florence)
Livius	*Livius. Revista de Estudios de Traducción*
LL	*Linguistica e Letterature*
LNL	*Les Langues Néo-Latines*
LT	*La Torre* (San Juan de Puerto Rico)
MAL	*Mémoires de l'Académire de Lyon*
MAS	*Memoria de la Academia Sevillana de Buenas Letras*
MCV	*Mélanges de la Casa de Velázquez*
MiscE	*Miscelánea Erudita*
ML	*Modern Languages*
MLN	*Modern Language Notes*
MLQ	*Modern Language Quarterly*
MLR	*Modern Language Review*
MLS	*Modern Language Studies*
MP	*Modern Philology*
MRAE	*Memorias de la Real Academia Española*

NRFH	*Nueva Revista de Filología Hispánica*
NRP	*Nueva Revista del Pacífico*
NT	*Nuestro Tiempo*
PH	*Poesía Hispánica*
PHi	*Philologia Hispalensis*
PITTM	*Publicaciones de la Institución Tello Téllez de Meneses* (Palencia)
PMLA	*Publications of the Modern Language Association*
PQ	*Philological Quarterly*
Primer Acto	*Primer Acto. Cuadernos de Investigación Teatral*
PSA	*Papeles de Son Armadans*
PV	*Príncipe de Viana*
QIA	*Quaderni Ibero-Americani. Attualita Culturale della Penisola Iberica e America Latina*
QL	*Quaderni di Letterature Iberiche e Iberoamericane*
QLL	*Quaderni di Lingue e Letterature*
RABM	*Revista de Archivos, Bibliotecas y Museos*
RBibD	*Revista Bibliográfica y Documental*
RBibN	*Revista de Bibliografía Nacional*
RCast	*Revista Castellana*
RCat	*Revista de Cataluña*
RCEH	*Revista Canadiense de Estudios Hispánicos*
RCHL	*Revista Crítica de Historia y Literatura Españolas, Portuguesas e Hispanoamericanas*
RCont	*Revista Contemporánea*
RDM	*Revue des Deux Mondes*
RDTP	*Revista de Dialectología y Tradiciones Populares*
RE	*Revista de España*
REE	*Revista de Estudios Extremeños*
REH	*Revista de Estudios Hispánicos* (Alabama)
ReMS	*Renaissance and Modern Studies*
REP	*Revista de Estudios Políticos*
REsp	*Revista Española*
RevF	*Revista de Folklore*
RevIb	*Revista Iberoamericana*
RF	*Romanische Forschungen*
RFE	*Revista de Filología Española*
RFH	*Revista de Filología Hispánica*
RFL	*Revista de Filología y Lingüística de la Universidad de Costa Rica*
RHi	*Revue Hispanique*
RHisp	*Revista Hispanoamericana*
RHLF	*Revue d'Histoire Littéraire de la France*
RHLP	*Revista de Historia Literaria de Portugal*
RHM	*Revista Hispánica Moderna*
RI	*Rivista d'Italia*
RIE	*Revista de Ideas Estéticas*
RILCE	*RILCE. Revista de Filología Hispánica*
RIT	*Revista Interamericana*
RLC	*Revue de Littérature Comparée*
RLit	*Revista de Literatura*
RLMC	*Rivista di Letterature Moderne e Comparate*
RLR	*Revue des Langues Romanes*

RM	*Revista de Madrid*
RMus	*Revista de Musicología*
ROcc	*Revista de Occidente*
RomN	*Romance Notes*
RQ	*Romance Quarterly*
RR	*Romanic Review*
RT	*Revista del Trabajo*
RUM	*Revista de la Universidad de Madrid*
RVF	*Revista Valenciana de Filología*
RyC	*Religión y Cultura*
RyF	*Razón y Fe*
SAB	*South Atlantic Bulletin*
Salina	*Salina. Revista de Lletres*
SCB	*South Central Bulletin* (Tulsa)
SD	*Studi Danteschi*
Senara	*Senara. Revista de Filoloxia* (Valladolid)
Sharq Al-	
Andalus	*Sharq Al-Andalus. Estudios Mudéjares y Moriscos*
SI	*Studi Ispanici* (Milan)
Silva	*Silva. Estudios de Humanismo y Tradición Clásica*
SMus	*Il Saggiatore Musicale*
SPE	*Semanario Pintoresco Español*
SpM	*Spicilegio Moderno*
ST	*Studi Tassiani*
SVEC	*Studies on Voltaire and the Eighteenth Century*
Teatro	*Teatro. Revista de Estudios Teatrales*
ThS	*Theatre Survey. The Journal of the American Society for Theatre Research*
TLu	*Torre de los Lujanes. Boletín de la Real Sociedad Económica Matritense de Amigos del País*
TN	*Theatre Notebook*
TRI	*Theatre Research International*
UIA	*Unión Ibero-Americana*
UISLL	*University of Illlinois Studies in Language and Literature*
Univ-Z	*Universidad* (Zaragoza)
VCu	*La Voz de Cuenca*
VM	*Villa de Madrid*
VyL	*Voz y Letra. Revista de Literatura*

LIBRARIES CONSULTED

BL	British Library, London
BMM	Biblioteca Municipal, Madrid
BNM	Biblioteca Nacional, Madrid
CAMBRIDGE	Cambridge University
CRLF	Chicago Regional Library Facility
CSIC	Consejo Superior de Investigaciones Científicas, Madrid
CSULB	California State University, Long Beach
CUL	Colombia University Library
GUL	Glasgow University Library
HUL	Harvard University Library
IUL	Indiana University Library
KCL	King's College London
LC	Library of Congress
NRLF	Northern Regional Library Facility, University of California
NYPL	New York Public Library
OUE	University of Oregon, Eugene
OXFORD	Oxford University
PUL	Princeton University Library
PUM	Pepperdine University, Malibu
SJL	Sydney Jones Library, University of Liverpool
SLU	Saint Louis University, Pius XII Library
SRLF	Southern Regional Library Facility, University of California
SUL	Sheffield University Library
TXA	University of Texas, Austin
UCB	University of California, Berkeley
UCD	University of California, Davis
UCI	University of California, Irvine
UCL	University College, London
UCLA	University of California, Los Angeles
UCLA (ART)	University of California, Los Angeles, Art Library
UCLA (MUSIC)	University of California, Los Angeles, Music Library
UCR	University of California, Riverside
UCSB	University of California, Santa Barbara
UCSC	University of California, Santa Cruz
UCSD	University of California, San Diego
UGL	University of Georgia Library
UMI	University of Michigan
USC	University of Southern California
UWM	University of Wisconsin, Madison
UWS	University of Wales Swansea
YUL	Yale University Library

SAYNETE,

INTITULADO

LA AVARICIA CASTIGADA,

Ó LOS SEGUNDONES,

REPRESENTADO EN LOS TEATROS DE ESTA CORTE.

PARA OCHO PERSONAS.

CON LICENCIA:

EN MADRID: AÑO DE 1791.

Se hallará en la Librería de Quiroga, calle de la Concepcion Gerónima junto á la de Barrio-Nuevo.

SAYNETE.

LA AVARICIA CASTIGADA.

PERSONAS:

Don Fernando.
La Viuda.
Doña Juana.
Dos Amigos.

Don Policarpo.
Una Criada.
Un Page.

❀❀❀❀❀❀❀❀❀❀❀❀❀❀❀❀❀❀❀❀❀❀❀❀❀

Sala, y salen Don Fernando, y sus dos Amigos deteniéndole.

Fern. Amigos, dadme consejos,
yo me quemo, yo me abraso,
yo fallezco sin remedio,
yo me consumo, y me acabo. (nes?
Amig. 1. ¿Hombre, qué demonios tie-
ó tú estás loco, ó borracho,
ó quizás entrambas cosas.
Amig. 2. ¿Cuéntanos, qué te ha pasado?
Fern. ¡Ay, Amigos, que es mi mal
incurable!
Amig. 1. ¿Tienes flato,
mal de madre, gota, ó tisis,
que son males desahuciados,
y pocas veces se curan?
Fern. Oxalá estuviera malo
de esos males, porque entónces
fuera ménos mi quebranto.
Amig. 2. ¿Hombre, qué dices?
Fern. Lo dicho.
Amig. 2. Este está ya rematado:
¿mayor mal tienes?
Fern. Sí tengo;
porque tengo:::-
Amig. 2. ¿Qué? habla claro.
Fern. Un mal:::-
Amig. 1. ¿Qué mal?
Fern. Y tan grande,

que es imposible el curarlo:
soy un segundo en mi casa.
Am. 1. ¿Y qué importa? Yo soy quarto,
y no me enfado por eso.
Fern. Que no es por eso mi enfado.
Amig. 2. ¿Pues por qué?
Fern. Por que hay aun mas
de lo dicho, ese es mi daño.
Amig. 1. Pues vaya, dilo, rebienta,
y mas que te lleve el diablo.
Fern. Mi mal es, que soy segundo,
y que estoy enamorado.
Amig. Eso es subirse á mayores,
y pudieras excusarlo,
pues no toca á los segundos.
Amig. 2. ¿Pues qué pasa?
Fern. Yo idolatro
á Doña Juana, la hija
del Señor Don Policarpo.
Amig. 1. ¿Quién, ese viejo avariento,
que ha venido á nuestro barrio?
Fern. El mismo.
Amig. 1. Mal pleyto tienes.
Fern. Y cómo que es pleyto malo;
pues habiéndola pedido,
no solo me la ha negado,
diciendo que no merezco

a 2   dar-

The Eighteenth-Century Theatre in Spain
A Bibliography of Criticism and Documentation

1. Abellán, José Luis, *Del Barroco a la Ilustración*, Vol. III of *Historia crítica del pensamiento español* (Madrid: Espasa-Calpe, 1981), 918 pp.; illus.

    PUL

2. Acereda, Alberto, 'Una comedia inédita de la Ilustración española: *La sabia indiscreta* de la marquesa de Fuerte Híjar', *Dieciocho*, 20:2 (1997), 231–62.

3. Acereda, Alberto, 'El teatro femenino español: dramaturgas olvidadas del siglo XVIII: María Lorenza de los Ríos', *CILH*, 22 (1997), 169–80.

4. Acereda, Alberto, *La Marquesa de Fuerte Híjar: una dramaturga de la Ilustración: estudio y edición de 'La sabia indiscreta'.* Textos y Estudios de Mujeres 11 (Cádiz: Univ. de Cádiz, 2000), 279 pp.

5. *Actas de las jornadas sobre teatro popular*, ed. Joaquín Álvarez Barrientos y Antonio Cea Gutiérrez. Instituto de Filología Hispánica, Biblioteca de Dialectología y Tradiciones 22 (Madrid: CSIC, 1987), 322 pp.; illus. (Abbreviated as *Actas de las jornadas sobre teatro popular*. Articles are listed under individual contributors.)

6. *Actas del Cuarto Congreso Internacional de Hispanistas celebrado en Salamanca, agosto de 1971*, ed. Eugenio de Bustos Tovar (Salamanca: Univ. de Salamanca, 1982), 2 vols. (Abbreviated as *Actas del Cuarto Congreso Internacional de Hispanistas*. Articles are listed under individual contributors.)

7. *Actas del Décimo Congreso de la Asociación Internacional de Hispanistas, Barcelona, 21–26 agosto de 1989*, ed. Antonio Vilanova (Barcelona: PPU, 1992), 4 vols. (Abbreviated as *Actas del Décimo Congreso de la Asociación Internacional de Hispanistas*. Articles are listed under individual authors.)

8. *Actas del IX Simposio de la Sociedad Española de Literatura General y Comparada, Zaragoza, 18 al 21 de noviembre de 1992*. I: *La mujer: elogio y vituperio*; II: *La parodia. El viaje imaginario*, ed. Túa Blesa *et al.* (Zaragoza: Univ. de Zaragoza, 1994). (Abbreviated as *Actas del IX Simposio de la Sociedad Española de Literatura General y Comparada*. Articles are listed under individual authors.)

9.   *Actas del Quinto Congreso de la Asociación Internacional de Hispanistas*
        (II), celebrado en Bordeaux del 2 al 8 de septiembre de 1974, ed. Maxime
        Chevalier, François López, Joseph Pérez y Noël Salomon (Bordeaux:
        Instituto de Estudios Ibéricos e Iberoamericanos, Univ. de Bordeaux, III,
        1977), 2 vols: I, 429 pp.; II, 467 pp.   (Abbreviated as *Actas del Quinto*
        Congreso de la AIH.   Articles are listed under individual authors.)

10.   *Actas del Sexto Congreso de la Asociación Internacional de Hispanistas,*
        celebrado en Toronto del 22 al 26 de agosto de 1977, ed. Alan M. Gordon y
        Evelyn Rugg (Toronto: Por la Asociación Internacional de Hispanistas,
        Dept of Spanish and Portuguese, Univ. of Toronto, 1980), xvi + 830 pp.
        (Abbreviated as *Actas del Sexto Congreso Internacional de Hispanistas*.
        Articles are listed under individual authors.)

11.   Agamenón, Abate [*pseudonym*], *Carta censoria sobre la reforma de los*
        teatros españoles: dirigida a la turba de críticos dramáticos (Madrid, 1793),
        27 pp.
                                                                              BMM

12.   Aguilar Piñal, Francisco, 'Manuscritos de Trigueros conservados en la
        Biblioteca de Menéndez Pelayo', *BBMP*, 39 (1963), 367–80.

13.   Aguilar Piñal, Francisco, 'Las representaciones teatrales y demás festejos
        públicos en la Sevilla del rey José', *AH*, 41 (1964), 251–304.

14.   Aguilar Piñal, Francisco, *La Real Academia Sevillana de Buenas Letras en*
        el siglo XVIII.   Anejos de la *Revista de Literatura* 26 (Madrid: CSIC, 1966),
        xix + 392 pp.; illus.; facsimiles (Doctoral thesis, Univ. de Madrid, 1962).
                                                                              UCB

15.   Aguilar Piñal, Francisco, *La Sevilla de Olavide 1767–1778* (Sevilla: Servicio
        de Publicaciones, Ayuntamiento de Sevilla, 1966 [2nd ed. 1995]), 249 pp.

16.   Aguilar Piñal, Francisco, 'Las primeras representaciones de la *Raquel* de
        García de la Huerta', *RLit*, 32:63–64 (1967), 133–35.

17.   Aguilar Piñal, Francisco, *Cartelera prerromántica sevillana.   Años 1800–*
        1836.   Cuadernos Bibliográficos 22 (Madrid: CSIC, 1968), 49 pp.
        [Records performances of numerous eighteenth-century plays by Cañizares,
        Comella, Zamora, Zavala y Zamora, Ramón de la Cruz etc.]
                                                                              GUL

18.   Aguilar Piñal, Francisco, 'La obra ilustrada de don Cándido María
        Trigueros: avance bibliográfico', *RLit*, 34:67–68 (1968), 31–55.

19.   Aguilar Piñal, Francisco, 'Noticias del *Índice de comedias* de Manuel Casal
        y Aguado', *CB*, 28 (1972), 153–63.   [Manuscript located in the Manuscripts
        Dept of the British Library, dated 1813.]

20.   Aguilar Piñal, Francisco, *Poesía y teatro del siglo XVIII*.   Colección Literatura Española en Imágenes 20 (Madrid: Editorial La Muralla, 1973), 58 pp.; 60 slides.

UCSD

21.   Aguilar Piñal, Francisco, *Impresos sevillanos del siglo XVIII: adiciones a la tipografía hispalense* (Madrid: CSIC, Instituto Miguel de Cervantes, 1974), 421 pp.

22.   Aguilar Piñal, Francisco, *Sevilla y el teatro en el siglo XVIII*.   Textos y Estudios del Siglo XVIII 4 (Oviedo: Univ. de Oviedo, 1974), 426 pp.; 40 illus., plans.

UCLA

23.   Aguilar Piñal, Francisco, *Bibliografía fundamental de la literatura española del siglo XVIII*.   Colección Temas 7 (Madrid: Sociedad General Española de Librería, 1976), 304 pp. [Includes brief biographies of authors.]

CSULB

24.   Aguilar Piñal, Francisco, *La prensa española en el siglo XVIII: diarios, revistas y pronósticos*.   Cuadernos Bibliográficos 35 (Madrid: CSIC, 1978, xxi + 134 pp.

UCLA

25.   Aguilar Piñal, Francisco, 'José de Revilla: crítico de Moratín', in *Coloquio internacional sobre Leandro Fernández de Moratín*, 1980 (see No. 547), 9–22.

26.   Aguilar Piñal, Francisco, 'Moratín y Cadalso', *RLit*, 42:84 (1980), 135–50.

27.   Aguilar Piñal, Francisco, *Bibliografía de autores españoles del siglo XVIII* (Madrid: CSIC, 1981–2001), 10 vols.

UCLA, GUL

28.   Aguilar Piñal, Francisco, 'Anverso y reverso del "quijotismo" en el siglo XVIII española', *ALE*, 1 (1982), 207–17.

29.   Aguilar Piñal, Francisco, 'Cervantes en el siglo XVIII', *AC*, 21 (1983), 153–63.

30.   Aguilar Piñal, Francisco, *La biblioteca de Jovellanos (1778)* (Madrid: CSIC, 1984), 203 pp.

UCB

31.   Aguilar Piñal, Francisco, 'Cándido María Trigueros y el *Poema del Cid*', *NRFH*, 33:1 (1984), 224–33.

32.   Aguilar Piñal, Francisco, '*Solaya* en su contexto dramático', in *Coloquio internacional sobre José de Cadalso*, 1985 (see No. 546), 9–23.

33.   Aguilar Piñal, Francisco, 'La polémica teatral de 1788', in *Studies for I. L. McClelland*, 1986 (see No. 2141), 7–23.

34.   Aguilar Piñal, Francisco, *Un escritor ilustrado: Cándido María Trigueros* (Madrid: CSIC, 1987), 370 pp.; illus.; facsimiles.

                                                                                UCLA

35.   Aguilar Piñal, Francisco, 'Los escritos literarios de Jovellanos', *Ínsula*, 492 (1987), 6.

36.   Aguilar Piñal, Francisco, 'Bibliografía de Vicente García de la Huerta', *REE*, 44:2 (1988), 491–98.

37.   Aguilar Piñal, Francisco, 'El fracaso de *Los Menestrales*', in *Coloquio internacional sobre el teatro español del siglo XVIII*, 1988 (see No. 545), 31–43.

38.   Aguilar Piñal, Francisco, 'Trigueros y García de la Huerta', *REE*, 44:2 (1988), 291–310.

39.   Aguilar Piñal, Francisco, 'Un poeta ilustrado: Meléndez Valdés', *Ínsula*, 508 (1989), 10–11.

40.   Aguilar Piñal, Francisco, 'Las refundiciones en el siglo XVIII', in *Clásicos después de los clásicos*, 1990 (see No. 530), 33–41.

41.   Aguilar Piñal, Francisco, 'Conocimiento de Alemania en la España ilustrada', *ChN*, 19 (1991), 19–30.

42.   Aguilar Piñal, Francisco, *Introducción al siglo XVIII*. Historia de la Literatura Española 25 (Madrid: Ediciones Júcar, 1991), 240 pp.

                                                                                GUL

43.   Aguilar Piñal, Francisco, '*La noche terrible*: una tragedia sentimental', in *The Eighteenth Century in Spain*, 1991 (see No. 803), 191–95.

44.   Aguilar Piñal, Francisco, 'La polémica teatral de 1788', in *Ilustración y Neoclasicismo, Historia y crítica de la literatura española*, 1992 (see No. 1065), 70–78.

45.   Aguilar Piñal, Francisco, 'Trigueros: traductor, refundidor, poeta, dramaturgo, novelista', in *Ilustración y Neoclasicismo, Historia y crítica de la literatura española*, 1992 (see No. 1065), 238–45.

46.   Aguilar Piñal, Francisco, 'Análisis grafológico de Cadalso', *RLit*, 57:114 (1995), 467–76.

47.   Aguilar Piñal, Francisco, 'Fray Rafael Rodríguez Mohedano (1722–1787) y Cándido María Trigueros (1736–1798): homenaje a Trigueros en el segundo centenario de su muerte', *ChN*, 24 (1997), 317–35.

48. Aguilar Piñal, Francisco, 'Biografías de escritores españoles del siglo XVIII', in *Biografías literarias (1975–1997). Actas del VII Seminario Internacional del Instituto de Semiótica Literaria, Teatral y Nuevas Tecnologías de la UNED, Casa de Velázquez (Madrid), 26–29 de mayo, 1997*, ed. José Romera Castillo y Francisco Gutiérrez Carbajo (Madrid: Visor, 1998), 645 pp.; 109–26.

49. Aguilar Piñal, Francisco, *El académico Cándido María Trigueros, 1736–1798*. Publicaciones del Gabinete de Antigüedades de la Real Academia de la Historia. Antiquaria Hispánica 7 (Madrid: Real Academia de la Historia, 2001), 267 pp.

50. Aguilar Piñal, Francisco and Deacon, Philip, 'Bibliografía de Nicolás Fernández Moratín', *RLit* 42:84 (1980), 273–300.

GUL

51. Aguirre, Antonio [*pseudonym*], 'La Notice de Carlos Rignatelli sur Thomas de Yriarte', *RHisp*, 36 (1916), 200–52.

52. Agulló y Cobo, Mercedes, 'La colección de teatro de la Biblioteca Municipal de Madrid', *RLit*, 35 (1969), 169–213; 37 (1970), 233–74; 38 (1970), 189–252.

53. Agulló y Cobo, Mercedes, 'La colección de teatro de la Biblioteca Municipal', *RABM* (1977), 179–231; (1978), 125–87; 5 (1979), 193–218; 6 (1979), 131–90; (1980), 223–302; (1981), 103–83.

54. Agulló y Cobo, Mercedes, *El teatro en Madrid, 1583–1925: del Corral del Príncipe al Teatro de Arte* (Madrid: Ayuntamiento de Madrid, Delegación de Cultura, 1983), 179 pp.; 54 plates. [Exhibition held at the Museo Municipal, February–March 1983. Bibliographical references.]

UCLA

55. Agulló y Cobo, Mercedes, *La colección de teatro de la Biblioteca Municipal de Madrid* (Madrid: Ayuntamiento de Madrid, Depto de Archivos y Bibliotecas, 1995), 194 pp.

56. *Al margen de la Ilustración. Cultura popular, arte y literatura en la España del siglo XVIII*, ed. Javier Huerta Calvo and Emilio Palacios Fernández. Texto y Teoría: Estudios Culturales 24 (Amsterdam: Rodopi, 1998), 245 pp. (Abbreviated as *Al margen de la Ilustración*. Articles are listed under individual authors.)

57. Alarcos García, E., 'Cienfuegos en Salamanca', *BRAE*, 18 (1931), 712–30.

58. Alatorre, Antonio, 'Para la historia de la cultura literaria en Barcelona: el testimonio de Josep Vicens (1703)', *AF*, Secció F, 'Estudios de Lengua y Literatura Españolas', 9 (1998), 21–38.

59.   Alba, Jesús Aguirre y Ortiz de Zárate, Duque de, 'El conde de Aranda y la reforma de espectáculos en el siglo XVIII', in *Discurso leído por el excelentísimo señor Don Jesús Aguirre y Ortiz de Zárate, duque de Alba ante la Real Academia Española en su recepción pública el día 11 de diciembre y contestación del excelentísimo señor Don Fernando Lázaro Carreter* (Madrid: Real Academia Española, 1986), 87 pp.; illus.

60.   Albiac Blanco, Dolores, 'Grupo de familia en interior (*Solaya y los circasianos* y el derecho familiar', in *El siglo que llaman ilustrado*, 1996 (see No. 2097), 33–45.

61.   Alborg, Juan Luis, *Historia de la literatura española*, 5 vols (Madrid: Gredos, 1966–1999), Vol. III, *Siglo XVIII* (1972).
                                                                                                UCB

62.   Alcalá Galiano, Antonio, *Historia de la literatura española, francesa, inglesa e italiana en el siglo XVIII. Lecciones pronunciadas en el Ateneo de Madrid* (Madrid: Imprenta de la Sociedad Literaria y Tipográfica, 1845, 467 pp.
                                                                                                UCB

63.   Alcalá Galiano, Antonio, *Recuerdos de un anciano*. Biblioteca Clásica (Madrid: V. Saiz, 1878), 545 pp.
                                                                                                NRLF

64.   Alcalde Cuevas, Luis see Real Ramos, César.

65.   Alcaraz Lledó, Mercedes, *Pedro Francisco Lanini y Sagredo, dramaturgo del siglo XVII. Estudio bibliográfico-crítico* (unpublished Doctoral thesis, Universidad Complutense de Madrid, 1983). [Lanini (d.1715) was *censor de comedias* and collaborated with José de Cañizares.]

66.   Alcayde y Vilar, Antonio, *Don Antonio Valladares de Sotomayor, autor dramático del siglo XVIII, y la comedia 'El vinatero de Madrid'* (Madrid: Artes Gráficas 'Mateu', 1915), 120 pp.
                                                                                                SRLF

67.   Alcocer Martínez, Mariano, *Catálogo razonado de obras impresas en Valladolid, 1481–1800* (Valladolid: Imprenta de la Casa Social Católica, 1926), 890 pp.; illus.
                                                                                                UCB

68.   Alenda y Mira, Jenaro, *Relaciones de solemnidades y fiestas públicas de España* (Madrid: Sucesores de Rivadeneyra, 1903), 2 vols in 1. [See especially Vol. II, *Solemnidades y fiestas públicas de España (1727–1828)*.]

69.   Alfaro Lapuerta, Emilio, *El teatro en Zaragoza durante el siglo XVIII. El P. Antonio Garcés. Antonia Vallejo Fernández, 'la Caramba'. Fray Diego José de Cádiz* (Zaragoza, 1951), 23 pp.

70.   Alier i Aixalà, Roger, *L'Òpera a Barcelona.   Orígens, desenvolupament i consolidació de l'òpera com a espectacle teatral a la Barcelona del segle XVIII* (Barcelona: Institut d'Estudis Catalans/Societat Catalana de Musicologia, 1990), 651 pp. (Doctoral thesis, Universitat de Barcelona, 1979).

71.   Allen, John J., *The Reconstruction of a Spanish Golden Age Playhouse: El Corral del Príncipe, 1583–1744* (Gainesville: University Presses of Florida, 1983), xii + 129 pp.; illus.

                                                                                CSULB

72.   Allué y Morer, F., 'Jácara al nacimiento del Hijo de Dios', *PH*, 240 (1972), 25–29.

73.   Almodóvar, Duque de [Pedro de Góngora y Luján], *Década epistolar sobre el estado de las letras en Francia* (Madrid: Antonio de Sancha, 1781), 292 pp.

74.   Almuiña Fernández, Celso, *Teatro y cultura en el Valladolid de la Ilustración: los medios de difusión en la segunda mitad del XVIII*, prólogo de L. M. Enciso Recio (Valladolid: Ayuntamiento de Valladolid, 1974), xxxii + 245 pp.; illus. [2nd ed. (Valladolid: Sever-Cuesta, 1984), 245 pp.; illus.]

                                                                            UCLA, LC

75.   Alonso, D., 'El pobre Cañizares', *BRAE*, 41:164 (1961), 413–24.

76.   Alonso Asenjo, Julio, '*Alcides alegórico*: máscara o mojiganga estudiantil por el triunfo de Felipe V en Villaviciosa (1710)', *Scriptura*, 17 (2002), 7–31.

77.   Alonso Cortés, Narciso, 'El teatro en Valladolid', *BRAE*, 4 (1917), 598–611; 5 (1918), 24–51, 151–68, 298–311, 422–34; 6 (1919), 22–42, 372–85, 709–34; 7 (1920), 234–48, 482–95, 633–53; 8 (1921), 5–39, 226–63, 571–84, 9 (1922), 366–86, 471–87, 650–65; 10 (1923), 55–71.

78.   Alonso Cortés, Narciso, *El teatro en Valladolid* (Madrid: Tip. de la *RABM*, 1923), 428 pp.

                                                                                UCLA

79.   Alonso Cortés, Narciso, 'Sobre la "Fiesta de toros en Madrid" ', *RABM*, 9 (1932), 323–27.

80.   Alonso Cortés, Narciso, 'Don Vicente García de la Huerta', *HR*, V (1937), 333–43.

81.   Alonso Cortés, Narciso, 'García de la Huerta' and 'López de Sedano', in *Sumandos biográficos*, ed. Narciso Alonso Cortés (Valladolid: Librería Santarén, 1939), 146 pp.; 91–109; 111–17.

                                                                                 HUL

82.   Alonso de Santos, José Luis and Cabal, Fermín, 'Sobre Ramón de la Cruz', *Ínsula*, 574 (1994), 21–23.

83.   Alonso Luengo, Luis, *El teatro en Astorga: su pequeña historia, autores y creaciones escénicas* (León: S. García [1986]), 213 pp.; illus.

                                                                    UCLA

84.   Alonso Seoane, María José, 'Una adaptación española de Blanchard: *El sepulcro en el monte* de Vicente Rodríguez de Arellano', *Crisol*, 8 (1988), 5–19.

85.   Alonso Seoane, María José, 'Novela y teatro en el último período de la Ilustración', in *Teatro español del siglo XVIII*, 1996 (see No. 2209), I, 11–31.

86.   Alvar, Manuel, 'Un texto de Luzán sobre el rético', *RF*, 69:1–2 (1957), 49–57.

                                                                    UCLA

87.   Álvarez, Román, 'The Idea of the Theater and its Relation to the Public in 18th Century Spanish Literature', *Senara*, 4 (1982), 183–90.

88.   Álvarez, Román and Braun, Theodore, 'An Example of Luzán's Influence on Eighteenth-century Spanish Dramatic Practice: A Question of Prologues', *ECL*, 8:3 (1983), 88–91.

89.   Álvarez, Román and Braun, Theodore, 'Two Eighteenth-century Spanish Translations of Voltaire's *Alzire*: The "Connaturalización" of a Text', *SVEC*, 242 (1986), 128–44.

90.   Álvarez Barrientos, Joaquín, 'Actitud y lenguaje románticos en el teatro popular del siglo XVIII', in *Romanticismo 2. Atti del III Congresso sul Romanticismo Spagnolo e Ispanoamericano (12–14 aprile 1984). Il Linguaggio Romantico*, ed. Ermanno Caldera. Biblioteca di Letterature (Genova: Facultà di Magistero dell'Univ. di Genova, Istituto di Lingue e Letterature Straniere, Centro di Studi sul Romanticismo Iberico, 1984), 179 pp.; 127–32.

                                                                    YUL

91.   Álvarez Barrientos, Joaquín, *La comedia de magia (estudio de su estructura y recepción popular)* (Doctoral thesis, Universidad Complutense de Madrid, 1986).

92.   Álvarez Barrientos, Joaquín, 'Desarrollo del teatro popular a finales del siglo XVIII', in *Actas de las jornadas sobre teatro popular*, 1987 (see No. 5), 215–25.

93.   Álvarez Barrientos, Joaquín, 'Plan de una casa-escuela de teatros del siglo XVIII', in *Arcadia. Estudios y textos dedicados a Francisco López Estrada*, *Dicenda*, 6 (1987), 455–71.

94.   Álvarez Barrientos, Joaquín, 'El actor español en el siglo XVIII: formación, consideración social y profesionalidad', *RLit*, 50:100 (1988), 445–66.

95.   Álvarez Barrientos, Joaquín, 'Aproximación a la incidencia de los cambios estéticos y sociales de finales del siglo XVIII y comienzos del XIX en el teatro de la época: comedias de magia y dramas románticos', *Castilla*, 13 (1988), 17–33.

96.   Álvarez Barrientos, Joaquín, 'Acercamiento a Félix Enciso Castrillón', in *II Seminario de Historia de la Real Sociedad Bascongada de los Amigos del País: ponencias y comunicaciones, días 1, 2 y 3 de diciembre de 1988* (San Sebastián, 1989), 628 pp.; 59–84.

97.   Álvarez Barrientos, Joaquín, *José Antonio de Armona, Corregidor de Madrid en tiempos de Carlos III*. Ciclo de Conferencias. El Madrid de Carlos III 25 (Madrid: Ayuntamiento de Madrid/Instituto de Estudios Madrileños, 1989), 24 pp.

98.   Álvarez Barrientos, Joaquín, 'La música teatral en entredicho. Imitación y moral en algunos preceptistas de los siglos XVI a XVIII', *CTC*, 3 (*Música y teatro*) (1989), 157–69.

99.   Álvarez Barrientos, Joaquín, 'Problemas de género en la comedia de magia', in *Teatro español a fines del siglo XVII*, 1989 (see No. 2207), II, 301–10.

100.   Álvarez Barrientos, Joaquín, 'Del pasado al presente. Evolución del concepto de imitación en la literatura española del siglo XVIII', *NRFH*, 38:1 (1990), 219–45.

101.   Álvarez Barrientos, Joaquín, 'El hombre de letras español en el siglo XVIII', in *Actas del Congreso Internacional sobre Carlos III y la Ilustración* (Madrid: Ministerio de Cultura, 1990), 3 vols; illus.; III, 417–26.

102.   Álvarez Barrientos, Joaquín, 'Apariencia y realidad en la comedia de magia dieciochesca', in *La comedia de magia y de santos*, 1992 (see No. 548), 341–50.

103.   Álvarez Barrientos, Joaquín, 'La experiencia teatral de Leandro Fernández de Moratín en Italia', in *Italia e Spagna nella cultura del '700. Atti del Convegni Internazionale, Roma, 3–5 dicembre 1990*. Atti dei Convegni Lincei 97 (Roma: Accademia Nazionale dei Lincei, 1992), 186 pp.; 119–33.

104.   Álvarez Barrientos, Joaquín, 'La figura del escritor en el siglo XVIII', *CIR*, 2 (1992), 13–29.

105.   Álvarez Barrientos, Joaquín, 'Obras raras y desconocidas de Luzán', *Ínsula*, 542 (1992), 5–6.

106.   Álvarez Barrientos, Joaquín, 'La teoría dramática en la España del siglo XVIII', *Teatro*, 1 (1992), 57–73.

107.   Álvarez Barrientos, Joaquín, 'Los viajes de Moratín', *Ínsula*, 558 (1993), 7–8.

108.   Álvarez Barrientos, Joaquín, 'La comedia de magia del siglo XVIII como literatura fantástica', *Anthropos*, 154–155 (1994), 99–103.

109.   Álvarez Barrientos, Joaquín, 'El escritor según Tomás de Iriarte: su plan de una Academia de Ciencias y Buenas Letras', *ALE*, 10 (1994), 9–35.

110.   Álvarez Barrientos, Joaquín, 'Revisando el teatro clásico español: la refundición de comedias', in *El siglo XIX ... Y la burguesía también se divierte*, ed. A. S. Pérez-Bustamante, A. Romero Ferrer y M. Cantos Casenave. Congreso de Historia y Crítica del Teatro de Comedias 1 (El Puerto de Santa María [Cádiz]: Fundación Municipal de Cultura de el Puerto de Santa María/Fundación Pedro Muñoz Seca, 1995), 27–39.

111.   Álvarez Barrientos, Joaquín, 'Problemas de método: la naturalidad y el actor en la España del siglo XVIII', *QL*, 25 (1996), 5–21.

112.   Álvarez Barrientos, Joaquín, 'El vulgo en la recepción gaditana de *El sí de las niñas*', in *Teatro español del siglo XVIII*, 1996 (see No. 2209), I, 33–44.

113.   Álvarez Barrientos, Joaquín, 'El cómico español en el siglo XVIII: la pasión y reforma de la interpretación', in *Del oficio al mito*, 1997 (see No. 667), II, 287–309.

114.   Álvarez Barrientos, Joaquín, 'Teatro y espectáculo a costa de santos y magos', in *Al margen de la Ilustración*, 1998 (see No. 56), 77–95.

115.   Álvarez Barrientos, Joaquín, 'Risa e "ilusión" escénica. Más sobre el actor en el siglo XVIII', in *Risas y sonrisas*, 1999 (see No. 1869), 29–50.

116.   Álvarez Barrientos, Joaquín, 'Siglo XVIII', in *Historia de los espectáculos en España*, ed. Andrés Amorós and José Mª Díez Borque. Literatura y Sociedad 66 (Madrid: Castalia, c.1999), 575 pp.; illus.; 69–86.

117.   Álvarez Barrientos, Joaquín, 'Pedro Calderón de la Barca en los siglos XVIII y XIX. Fragmentos para la historia de una apropiación', in *Estado actual de los estudios calderonianos*, ed. Luciano García Lorenzo. Teatro del Siglo de Oro. Estudios de Literatura 50 (Kassel: Edition Reichenberger, 2000), viii + 382 pp.

118.   Álvarez Barrientos, Joaquín, 'La civilización como modelo de vida en el Madrid del siglo XVIII', *RDTP*, 56:1 (2001), 147–62.

119.   Álvarez Barrientos, Joaquín, 'Los judíos y su cultura en la producción literaria del siglo XVIII: la construcción del tópico "judeo-masón-liberal" durante la Ilustración y el Romanticismo', in *Judíos en la literatura española. IX Curso de Cultura Hispanojudía y Sefardí de la Universidad de Castilla-La Mancha, organizado por la Asociación de Amigos del Museo Sefardí*, coordinadores Iacob M. Hassán y Ricardo Izquierdo Benito (Ciudad Real: Univ. de Castilla-La Mancha, 2001), 510 pp.; 267–300.

120.   Álvarez Barrientos, Joaquín, 'El arte escénico en el siglo XVIII', in *HTE, Siglo XVIII*, 2003 (see No. 1218), 1473–517.

121.   Álvarez Barrientos, Joaquín, 'Cervantes en el siglo XVIII', *CCLE*, 10 (2004), 20–23.

122.   Álvarez Barrientos, Joaquín, 'Cervantes en el siglo XVIII. Imitadores y continuadores del *Quijote*', *CCLE*, 10 (2004), 47–52.

123.   Álvarez Barrientos, Joaquín, 'Cultura y política entre siglos', in *Se hicieron literatos para ser políticos*, 2004 (see No. 2040), 11–24.

124.   Álvarez Barrientos, Joaquín, 'Neoclassical *versus* Popular Theatre', in *The Cambridge History of Spanish Literature*, ed. David T. Gies (Cambridge: Cambridge U. P., 2004), xxxiv + 863 pp.; 333–42.
                                                                                    GUL

125.   Álvarez Barrientos, Joaquín, López, François y Urzainqui, Inmaculada, *La república de las letras en la España del siglo XVIII.* Monografías 16 (Madrid: CSIC, 1995), 226 pp.

126.   Álvarez Barrientos, Joaquín, see also Checa Beltrán, José.

127.   Álvarez Caballero, José, *La loa restituida a su primitivo ser: carta de un literato sevillano a un amigo suyo de otro pueblo, en que se demuestra el verdadero espíritu de la Loa, que sirvió para la apertura del Teatro en esta ciudad contra la interpretaciones del literato no sevillano; se impugna sólidamente el Teatro; y se descubren los errores que en su vindicación ha esparcido el Apologista* (Seville: Imprenta de los Señores Hijos de Hidalgo y González de la Bonilla, 1796), 52 pp.
                                                                                    BNM

128.   Álvarez de Colmenar, Juan, *Annales d'Espagne et de Portugal ... depuis l'établissement de ces deux Monarchies jusqu'a présent*, trad. de l'espagnol par Pierre Massuet (Amsterdam: François L.'Honoré & fils, 1741), 8 vols; illus.; maps.   [Vol. VI missing from UCLA.]
                                                                                    UCLA

129.   Álvarez de Miranda, Pedro, 'Teatro y sociedad en el Madrid del siglo XVIII', *CHA*, 340 (1978), 214–19.

130.   Álvarez de Miranda, Pedro, 'Nicolás Fernández de Moratín en la Sociedad Económica Matritense', *RLit*, 42:84 (1980), 221–46.

131.   Álvarez de Miranda, Pedro, 'A propósito del descubrimiento de *Solaya o los circasianos*, tragedia inédita de José Cadalso', *CHA*, 389 (1982), 309–21.

132. Álvarez de Miranda, Pedro, 'Proyectos y proyectistas en el siglo XVIII español', in *La Ilustración española*, 1986 (see No. 1248), 133–50. [Also published in *BRAE*, 65:236 (1985), 409–30.]

133. Álvarez de Miranda, Pedro, 'Una voz de tardía incorporación a la lengua: la palabra espectador en el siglo XVIII', in *Coloquio internacional sobre el teatro español del siglo XVIII*, 1988 (see No. 545), 45–66.

134. Álvarez de Miranda, Pedro, 'Unas cartas desconocidas entre Nicasio Álvarez de Cienfuegos y el misterio Florián Coetanfao', *Dieciocho*, 22:2 (1999), 177–212.

135. Álvarez de Miranda, Pedro, 'Perfil literario del Padre Feijoo', in *Feijoo hoy (Semana Marañón, 2000)*, ed. Inmaculada Urzainqui (Oviedo: Instituto Feijoo de Estudios del Siglo XVIII, 2003), 392 pp.; illus.; 119–29.

136. Álvarez de Morales, Antonio, *Inquisición e Ilustración (1700–1834)*. Publicaciones de la Fundación Universitaria Española. Tesis 14 (Madrid: Fundación Universitaria Española, 1982), 219 pp.

137. Álvarez Espino, Romualdo, *Ensayo histórico-crítico del teatro español, desde su origen hasta nuestros días* (Cádiz: Tip. La Mercantil, 1876), 597 pp.

138. Álvarez Gómez, Jesús, *Juan Pablo Forner (1756–1797), preceptista y filósofo de la historia* (Madrid: Editora Nacional, 1971), 586 pp.
                                                                          UCLA

139. Álvarez Soler-Quintes, Nicolás, 'Contradanzas en el teatro de los Caños del Peral de Madrid', *AMu*, 20 (1965), 74–104.

140. Álvarez Soler-Quintes, Nicolás, 'Contratiempos lírico-teatrales madrileños', *AIEM*, 1 (1966), 297–308.

141. Álvarez y Baena, José Antonio, *Compendio histórico de las grandezas de la Coronada Villa de Madrid corte de la monarquía de España* (Madrid: Antonio de Sancha, 1786), 294 pp.
                                                                          UCLA

      Facsimile editions:
      (Madrid: Ábaco Ediciones, 1978), 294 pp.; illus.; maps.   UCR
      (Madrid: El Museo Universal [1985]), 294 pp.   BNM

142. Álvarez y Baena, José Antonio, *Hijos de Madrid, ilustres en santidad, dignidad, armas, ciencias y artes. Diccionario histórico por el orden alfabético de sus nombres que consagra il illmo. y nobilísimo ayuntamiento de la imperial y coronada villa de Madrid* (Madrid: Benito Cano, 1789–1791), 4 vols. [See especially, Vol. IV, 'Nicolás Fernández de Moratín', 142–44 and 'Don Ramón Francisco de la Cruz Cano y Olmedilla', 280–81.]
                                                                          UCB

143. Ambruzzi, L., 'El "Viaje a Italia" de Moratín', *Convivium*, 8 (1930), 337–40.

144. Amorós, Andrés, 'Un aficionado al teatro: Moratín', *CR*, 4 (1981), 145–48.

145. Anaya, Ángel, *An Essay on Spanish Literature, containing its history from the commencement of the twelfth century, to the present time; with an account of the best writers, in their several departments, and some critical remarks: followed by a history of Spanish drama, and specimens of some of the writers of the different ages* (London: Boosey & Sons, 1818), vi + 176 pp.
LC

146. Andioc, Mireille, 'Diecinueve sainetes desconocidos de Ramón de la Cruz', *EE*, 21 (1976), 131–47.

147. Andioc, René, 'À propos d'une reprise de *La comedia nueva* de Leandro Fernández de Moratín', *BHi*, 63:1–2 (1961), 54–61.

148. Andioc, René, 'Dos poemas olvidados de Leandro Fernández de Moratín', *Hispania* (USA) 44:12 (1961), 39–51.

149. Andioc, René, 'Moratín et Hartzenbusch', *LNL*, 160 (1962), 48–56.

150. Andioc, René, 'Remarques sur "l'Epistolario" de D. Leandro Fernández de Moratín', in *Mélanges offerts à Marcel Bataillon*, 1962 (see No. 1509), 287–303.

151. Andioc, René, 'Leandro Fernández de Moratín, hôte de la France', *RLC*, 37 (1963), 268–78.

152. Andioc, René, 'Broutilles moratiniennes', *LNL*, 172 (1965), 26–33.

153. Andioc, René, 'Une "zarzuela" retrouvée: *El barón* de Moratín', *MCV*, 1 (1965), 289–321.

154. Andioc, René, *Sur la Querelle du théâtre au temps de Leandro Fernández de Moratín.* École des Hautes Études Hispaniques: Bibliothèque 43 (Bordeaux: Feret & Fils, 1970), 721 pp.; illus.
HUL, UCLA

155. Andioc, René, 'Teatro y público en la época de *El sí de las niñas*', in *Creación y público en la literatura española*, ed. J.-F. Botrel, S. Salaün y A. Amoros (Madrid: Castalia, 1974), 273 pp.; 93–110.
UCLA

156. Andioc, René, *Historia de la literatura española* (Madrid: Editorial Guadiana, 1975). [See especially 'El teatro en el siglo XVIII', II, 407–82; 'El teatro en el siglo XVIII', III, 199–290.]

157. Andioc, René, 'La *Raquel* de Huerta y la censura', *HR*, 43:1 (1975), 115–39.

158.   Andioc, René, *Teatro y sociedad en el Madrid del siglo XVIII.* Pensamiento
        Literario Español 2 (Madrid: Fundación Juan March, [1976]), 571 pp. [2nd ed.
        Literatura y Sociedad 43 (Madrid: Castalia, 1988), 571 pp.]

                                                                            UCLA

159.   Andioc, René, 'El teatro', in *La Ilustración, claroscuro de un siglo maldito,
        Historia 16*, extra VIII (diciembre 1978), 135–40.

160.   Andioc, René, 'Moratín, traducteur de Molière', in *Hommage des
        Hispanistes français à Noël Salomon*, publié par les soins de la Société des
        Hispanistes Français (Barcelona: Laia, 1979), 843 pp.; illus.; 49–72.

161.   Andioc, René, 'Moratín, inspirateur de Goya', in *Goya: Regards et lectures.
        Actes du Colloque tenu à Aix-en-Provence, les 11 et 12 décembre 1981* (Aix-
        en-Provence: Univ. de Provence, 1982), 93 pp.; illus.; 25–32.

162.   Andioc, René, 'Sobre Goya y Moratín hijo', *HR*, 50:2 (1982), 119–32.

163.   Andioc, René, 'La *Raquel* de Huerta et la censure', in *Le 18ème siècle en
        Espagne et en Amérique Latine. Actes du IXème Congrès de la Société des
        Hispanistes Français.* Collection Critiques et Documents (Dijon:
        Hispanistica XX, 1987), 196 pp.; 5–32 (commentary, 33–46) [First version
        published in *Actes du IXe Congrès des Hispanistes Français de
        l'Enseignment Supérieur* (Dijon: Univ. de Dijon, 1974).]

164.   Andioc, René, 'De caprichos, sainetes y tonadillas', in *Coloquio internacional
        sobre el teatro español del siglo XVIII*, 1988 (see No. 545), 67–98.

165.   Andioc, René, 'García de la Huerta en Orán: una loa para *La vida es sueño*',
        REE, 44:2 (1988), 311–29.

166.   Andioc, René, 'La novedad de Moratín', in *El teatro del siglo XVIII*, 1988
        (see No. 2205), 88–98.

167.   Andioc, René, 'Ramón Fernández será siempre Ramón Fernández', *Ínsula*,
        504 (1988), 18–19. [Argues that Ramón Fernández was not a pseudonym
        of Pedro Estala.]

168.   Andioc, René, 'Los sainetes en el siglo XVIII', in *El teatro del siglo XVIII*,
        1988 (see No. 2205), 52–60.

169.   Andioc, René, 'Teatro y sociedad', in *El teatro del siglo XVIII*, 1988 (see No.
        2205), 36–44.

170.   Andioc, René, 'Lectures inquisitoriales de *El sí de las niñas*', in *Critique
        sociale et conventions théâtrales (domaine ibérique). Colloque International
        1, 2, 3 décembre 1988.* Cahiers de l'Université de Pau 20 (Pau: Univ. de
        Pau et des Pay de l'Adour, 1989), 337 pp.; 145–64.

171.   Andioc, René, 'Le Théâtre néo-classique en Espagne au XVIIIᵉ siècle', in *Le Néoclassicisme en Espagne au XVIIIᵉ siècle: journées d'étude, 20–21 juillet 1989* (Thonon-les-Bains: Éditions de l'Albaron, 1991), 157 pp.; illus.; 54–61.

172.   Andioc, René, 'De estornudos, flatos y otros modos de "dispersar". Huerta y los fabulistas: un nuevo poema satírico', *Dieciocho*, 16:1–2 (1993), 25–48.

173.   Andioc, René, 'El primer testamento de Leandro Moratín y el último de Juan Antonio Melón', in *De místicos y mágicos*, 1993 (see No. 647), 47–67.

174.   Andioc, René, 'Le Théatre au XVIIIᵉ siècle', in *Histoire de la littérature espagnole*, ed. Jean Canavaggio, 2 vols (Paris: Fayard, *c.*1993–*c.*1994), II, 96–124. [Spanish translation: *Historia de la literatura española*, 6 vols (Barcelona: Ariel, 1995), IV, 89–118.]

175.   Andioc, René, 'Les Français vus par les "tonadilleros" de la fin du XVIIIᵉ siècle', *BHi*, 96:2 (1994), 353–75.

176.   Andioc, René, 'De algunos enigmas histórico-literarios', in *Estudios dieciochistas*, 1995 (see No. 838), I, 63–77.

177.   Andioc, René, 'Una fazaña más de García de la Huerta', *RLit*, 67:113 (1995), 49–76.

178.   Andioc, René, 'Más sobre traducciones castellanas de Molière en el XVIII', in *Teatro español del siglo XVIII*, 1996 (see No. 2209), I, 45–63.

179.   Andioc, René, 'De *La estrella de Sevilla* a *Sancho Ortiz de las Roelas* (notas a dos refundiciones o arreglos)', *Criticón*, 72 (1998), 143–64.

180.   Andioc, René, '*Doña María Pacheco*, ¿mensaje preliberal?', in *Ideas en sus paisajes: homenaje al profesor Russell P. Sebold*, ed. Guillermo Carnero, Ignacio Javier López y Enrique Rubio (Alicante: Univ. de Alicante, 1999), 417 pp.; 71–84.

181.   Andioc, René, 'El teatro nuevo español, ¿antiespañol?', in *Homenaje a John H. R. Polt*, 1999 (see No. 1224), 351–71.

182.   Andioc, René, '*El sitio de Calés*, de Comella ¿es traducción?, en *Homenaje a Elena Catena* (Madrid: Editorial Castalia, *c.*2001), xiii + 554 pp.; 37–46.

183.   Andioc, René, 'El extraño caso del estreno de *Munuza*', *BHi*, 104:1 (2002) (*Hommage à François Lopez*), 71–100.

184.   Andioc, René and Coulon, Mireille, *Cartelera teatral madrileña del siglo XVIII: 1708–1808*. Anejos de *Criticón* 7 (Toulouse: Presses Universitaire du Mirail, 1996), 2 vols, 938 pp. [Includes bibliographical references and index.]
                                                                              UCLA

185.   Andioc, René and Coulon, Mireille, 'Cartelera teatral madrileña del siglo
        XVIII: 1708–1808: addenda et corrigenda', BHi, 101:1 (1999), 111–24.

186.   Andioc, René and Subirá, José, 'Repertorio teatral madrileño y resplandor
        transitorio de la zarzuela (años 1763 a 1771)', BRAE, 39:158 (1959), 429–62.

187.   Andrés, Juan [Giovanni], Origen, progresos y estado actual de toda la
        literatura, trad. Carlos Andrés (Madrid: Antonio de Sancha, 1784–1806), 10
        vols.
                                                                              UCLA

188.   Anguera, Pere, Bibliografía catalana reusenca (1598–1974) (Tarragona:
        Omnium Cultural, 1975), 103 pp.

189.   Ángulo Egea, María, 'María Pulpillo: los problemas de una cantatriz del
        siglo XVIII', in Autoras y actrices, 2000 (see No. 234), 309–26.

190.   Ángulo Egea, María, 'Cadalso en la obra de Comella.   Con la edición de El
        violeto universal o el Café', Dieciocho, 24:1 (2001), 33–83.

191.   Ángulo Egea, María, 'Fingir y aparentar.   La imagen de las mujeres en el
        teatro sentimental de Luciano Francisco Comella (1751–1812)', Dieciocho,
        25:2 (2002), 281–302.

192.   Anon., 'El cómico retirado', in Carta de un cómico retirado á los diaristas,
        sobre los teatros (Madrid, 1788), 38 pp.
                                                                              BNM

193.   Anon., 'Reseña histórica sobre el teatro español y la literatura dramática
        en el siglo XVIII y principios del actual'.   [Reproduced in Leandro
        Fernández de Moratín, Orígenes del teatro español (see No. 884).]
                                                                              BNM

194.   Anon., Ramón de la Cruz en la Biblioteca Histórica Municipal: materiales
        para su estudio (Madrid: Ayuntamiento de Madrid, 1996), 108 pp.

195.   Antequera, J. A., 'Clavijo: su biografía apresurada', EL, 304 (1964), 11–12.

196.   Antología del teatro breve español del siglo XVIII, ed. Fernando Doménech
        Rico.   Clásicos de Biblioteca Nueva 4 (Madrid: Biblioteca Nueva, [1997]),
        411 pp.

197.   Aradra Sánchez, Rosa María, 'Crítica y método en la Ilustración temprana',
        in Semiótica y modernidad.   Actas del V Congreso Internacional de la
        Asociación Española de Semiótica, celebrado en La Coruna, 3–5 de diciembre
        de 1992, ed. José M. Paz Gago, José Ángel Fernández Roca y Carlos J. Gómez
        Blanco (A Coruña: Univ. da Coruña, 1994), 2 vols; II, 331–40.

198.   Aradra Sánchez, Rosa María, 'El papel de la retórica en el discurso
        literario', in El mundo hispánico en el Siglo de las Luces, 1996 (see No.
        1604), II, 341–52.

199.   Aradra Sánchez, Rosa María, 'La traducción en la teoría retórico-literaria española (1750–1830)', in *La traducción en España (1750–1830)*, 1999 (see No. 2249), 167–76.

200.   *Aragón y el Conde de Aranda. Aportación bibliográfica de la Biblioteca Universitaria. Catálogo* (Zaragoza: Diputación General de Aragón, Depto de Cultura y Educación, 1986), 83 pp.; illus.; facsimiles.

201.   Araujo-Costa, Luis, 'Las influencias de Huet sobre Forner', *RLit*, 4 (1953), 307–18.

202.   Arce Fernández, Joaquín, 'Jovellanos y la sensibilidad pre-rromántica', *BBMP*, 36 (1960), 139–77.

203.   Arce Fernández, Joaquín, 'Contatti di cultura e civiltà fra il Veneto e la Spagna', in *Umanità dei veneti* (Roma: Società Dante Alighieri, 1967), 71–93.

204.   Arce Fernández, Joaquín, 'Cadalso y la poesía del siglo ilustrado', *CILH*, 1 (1978), 195–206.

205.   Arco y Garay, Ricardo, 'Misterios, autos sacramentales y otras fiestas en la Catedral de Huesca', *RABM*, 41 (1920), 263–74.

206.   Arco y Garay, Ricardo, 'La estética poética de Ignacio de Luzán y los poetas', *RIE*, 6 (1948), 27–57.

207.   Arellano, Ignacio, '*El triunfo de las mujeres*, loa mariana y sacramental del poeta dieciochesco Eugenio Gerardo Lobo (materiales para el estudio del género y su evolución)', *Criticón*, 55 (1992), 141–61.

208.   Arellano, Ignacio, '*La virtud coronada*. Comedia historial y pedagógica de Luzán. Cuestiones de transición hacia una dramaturgia dieciochesca', *RILCE*, 8:2 (1992), 189–251.

209.   Arenas Cruz, María Elena, 'Las representaciones de Rojas en el siglo XVIII y su valoración en el *Memorial Literario*', in *Francisco de Rojas Zorrilla, poeta dramático*, 2000 (see No. 956), 379–94.

210.   Areta Armentia, Luis María, 'El teatro francés en los albores de la Real Sociedad Vascongada de Amigos del País', *BRSV*, 30 (1974), 223–40.

211.   Areta Armentia, Luis María, *La ilustración en Álava* (Vitoria: Diputación Foral de Álava [1984]), 23 pp.

212.   Arias de Cossío, Ana María, *Dos siglos de escenografía en Madrid*, prólogo de Jesús Hernández Perera (Madrid: Mondadori, 1991), 341 pp.; illus.

213.   Ariza Viguera, Manuel, 'Algunos aspectos de la lengua literaria de García de la Huerta', *REE*, 44:2 (1988), 331–47.

214.   Armona y Murga, José Antonio de, *Memorias cronológicas desde el origen de la representación de las Comedias en España, y particularmente en Madrid, desde que, por haberse hecho pública esta diversión, empezó a merecer las atenciones del gobierno* (Madrid, 1785). [MSS BNM 18 474 and 18 475.]

BNM

215.   Armona y Murga, José Antonio de, *Memorias cronológicas sobre el teatro en España (1785)*, prólogo, ed. y notas de Emilio Palacios Fernández, Joaquín Álvarez Barrientos y María del Carmen Sánchez García. Alaveses en la Historia 1 (Vitoria-Gasteiz: Servicio de Publicaciones, Diputación Foral de Alava, [1989]), 341 pp.; illus.

UCLA

216.   Armona y Murga, José Antonio de, *Noticias privadas de casa, útiles para mis hijos: recuerdos históricos de mi carrera ministerial en España y América* (Madrid, 1787)

BNM

217.   Armona y Murga, José Antonio de, *Noticias privadas de casa útiles para mis hijos: recuerdos del Madrid de Carlos III*, ed., intro. y notas de Joaquín Álvarez Barrientos, Emilio Palacios Fernández y María del Carmen Sánchez García (Madrid: Ayuntamiento de Madrid [1989]), 241 pp., illus.; facsimiles; documents.   [Biography of Armona included.]

UCLA

218.   Armstrong, Martin, *Spanish Circus* (London: Collins, 1937), 360 pp.; illus.

UCSB

219.   Arolas Juani, Juan, *Teatro de Moratín: discurso inaugural leído en la solemne apertura del curso académico de 1897–1898 [en el Instituto de Manresa]* (Manresa: Antonio Esparte, 1897), 48 pp.

BNM

220.   *Arquitectura teatral en España*, 2nd ed. (Madrid: Servicio de Publicaciones, Secretaría General Técnica, MOPU, 1985), 215 pp.; illus.; plans. [Publication resulting from the Exposición de la Dirección General de Arquitectura y Vivienda (December 1984 to January 1985).]

PUL, UCI

221.   Arregui, Juan P., 'Acerca del perspectivismo escenográfico y del teatro cortesano en España: finales del XVII y principios del XVIII', *Castilla*, 27 (2002), 31–62.

222.   *El arte del teatro, en que se manifiestan los verdaderos principios de la declamación teatral y la diferencia que hay de esta á la del púlpito y tribunales*, trad. del francés por Joseph de Resma (Madrid: Joachin Ibarra, 1783), xix + 144 pp.

UCLA, SRLF

223.   *El arte en las Cortes europeas del siglo XVIII.   Comunicaciones.*
       Congreso, Madrid-Aranjuez, 27–29 abril, 1987 (Madrid: Dirección General
       de Patrimonio Cultural, 1989), 828 pp.; illus.   (Abbreviated as *El arte en*
       las Cortes europeas del siglo XVIII.   Articles are listed under individual
       authors.)

224.   Arteaga, Joaquim de, *Índice alfabético de comedias, tragedias y demás*
       piezas del teatro español.   MS BNM 14698 (n.d.)

                                                                            BNM

225.   Artís, José, *El mundo teatral barcelonés* (Barcelona: Quintilla y Cardona,
       1950), 58 pp.

                                                                            UCLA

226.   Artola, G. T., 'Ramón de la Cruz et les comédies de Legrand', *CMLR*, 23:2
       (1966), 22–29.

227.   Asenjo Barbieri, F., *Documentos sobre teatro del siglo XVIII.*   MSS BNM
       14004, 14015, 14016, 14057, 14076.

                                                                            BNM

228.   Asensio, José María, 'Estimación de Moratín: un manuscrito de la
       Biblioteca Nacional de París sobre *El sí de las niñas*', *Estudios*, 17 (1961),
       83–144.

229.   Asensio, José María, 'La tragedia *Raquel*, de Huerta, fue estrenada en
       Orán', *Estudios,* 18 (1962), 507–11.   [Also published in *Miscelánea*
       Hispánica: Canadá (1967), 239–44.]

230.   *Atti del Convegno Internazionale di Studi Goldoniani, Venezia, 28*
       settembre–1 ottobre 1957, a cura de Vitore Branca e Nicola Mangini.
       Civiltà Veneziana 6 (Venezia: Istituto per la Collaborazione Culturale,
       1960), 2 vols: xxiv + 1002 pp.; illus.   (Abbreviated as *Studi Goldoniani.*
       Articles are listed under individual authors.)

231.   Aubrun, Charles-Vincent, *Histoire du théâtre espagnol.*   Qui Sais-Je? 1179
       (Paris: Presses Universitaires de France, 1965), 128 pp.; illus.

232.   Aubrun, Charles-Vincent., '*El sí de las niñas* o más allá de la mecánica de
       una comedia', *RHM*, 31:1–4 (1965) (*Homenaje a Ángel del Río*), 29–35.

233.   *Autoras en la historia del teatro español (1500–2000): catálogo de índices*,
       ed. Juan Antonio Hormigón.   Teoría y Práctica del Teatro 18 (Madrid:
       Asociación de Directores de Escena, 2000), 736 pp.

234.   *Autoras y actrices en la historia del teatro español*, ed. Luciano García
       Lorenzo (Murcia: Univ. de Murcia/Festival de Almagro, 2000), 349 pp.
       (Abbreviated as *Autoras y actrices.*   Articles are listed under individual
       authors.)

235.   *Ayer y hoy de Calderón. Actas seleccionadas del congreso internacional celebrado en Ottawa del 4 al 8 de octubre del 2000*, ed José Ruano de la Haza y Jesús Pérez-Magallón. Literatura y Sociedad 74 (Madrid: Castalia, 2002), 326 pp. (Abbreviated as *Ayer y hoy de Calderón*. Articles are listed under individual authors.)

236.   Azagra Murillo, Víctor, 'Un incendio destruyó el Coliseo de Comedias de Zaragoza, el día 12 de noviembre de 1778', *Heraldo de Aragón* (29 de noviembre de 1981).

237.   *Azorín*, see Martínez Ruiz, José.

238.   Azpitarte Almagro, Juan M., 'La "ilusión" escénica en el siglo XVIII', *CHA*, 303 (1975), 657–75.

239.   Baasner, Frank, ' "¿Nuestra primera obra romántica?": trasparenza linguistica e sentimentalismo illuminista in *El sí de las niñas* di Leandro Fernández de Moratín', in *Un 'hombre de bien'*, 2004 (see No. 1222), I, 65–74,

240.   Bagüés, Jon, 'La música teatral en Euskal Herria durante el siglo XVIII', in *De musica hispana et aliis*, 1990 (see No. 648), I, 431–50.

241.   Bajini, Irina, '*Il pomo d'oro* alla corte di Filippo V Re di Spagna', in *La scena e la storia*, 1997 (see No. 2028), 115–90.

242.   Baker, Edward, 'In Moratín's Café', in *The Institutionalization of Literature in Spain*, 1987 (see No. 1253), 101–23.

243.   Baker, Edward, *Materiales para escribir Madrid: literatura y espacio urbano de Moratín a Galdós* (Madrid: Siglo XXI de España Editores, 1991), xiv + 152 pp.; illus.

                                                                        UCSB

244.   Balbín N. de Prado, Rafael, *Tres autores neoclásicos: Cadalso, Jovellanos y L. F. Moratín*. Cuadernos de Estudio. Serie Literatura 12 (Madrid: Cincel, 1981), 80 pp.

245.   Balcells, José María, 'Octavas reales de Forner y Moratín en la polémica sobre el *Theatro Hespañol*', in *Teatro español del siglo XVIII*, 1996 (see No. 2209), I, 65–76.

246.   Ballew, Hal Lackney, *The Life and Work of Dionisio Solís* (Doctoral thesis, University of North Carolina, 1957) [*DAI*, XVII (1957), 115].

247.   Bances Candamo, Francisco, *Theatro de los theatros de los passados y presentes siglos*, prólogo, ed. y notas de Duncan W. Moir. Colección Támesis. Serie B, Textos 3 (London: Tamesis, 1970), cii + 191 pp. [Text of BN MS 17459]

                                                                        UCR

248.   Banda y Vargas, Antonio., 'Juan de Gálvez, pintor de escenas moratinianas', *AUH*, 24 (1963), 55–59.

249.   Barbolani, Mª Cristina, *'La razón contra la moda*: reflexiones sobre Luzán traductor', in *Traducción y adaptación cultural*, 1991 (see No. 2250), 551–59.

250.   Barceló Jiménez, Juan, *Historia del teatro en Murcia* (Murcia: Diputación Provincial, 1958), 214 pp. [2nd enlarged ed. (Murcia: Academia Alfonso X el Sabio, 1980), 292 pp.]

NRLF, UCSB

251.   Barceló Jiménez, Juan, *El Teatro Romea y otros teatros de Murcia* (Murcia: Sucesores de Nogués, 1962), 58 pp.; illus.

UCLA

252.   Barceló Jiménez, Juan, *Notas a la obra del dramaturgo Quadrado y Fernández de Anduga* (Murcia: Academia de Alfonso X el Sabio, 1963), 40 pp.

253.   Barclay, T. B., 'Reflections of Reality', in *The Theatre and Hispanic Life. Essays in Honour of Neale H. Tayler*, ed. Angelo Augusto Borrás (Waterloo, Ontario: Wilfrid Laurier U. P., 1982), xiv + 97 pp; illus.; 33–53. [Deals with *sainetes* and Ramón de la Cruz.]

UCLA

254.   Baretti, Joseph, *A Journey from London to Genoa, through England, Portugal, Spain and France* (Arundel, Sussex: Centaur Press, 1970) 2 vols in one: I, xv + 427; II, iii + 424 pp. [1st ed. published in London and printed for T. Davies, 1770 in 4 vols.]

UCB

255.   Barja, César, *Libros y autores modernos.   Siglos XVIII y XIX* (Los Angeles: Campbell, 1935), 442 pp.

256.   Barlow, Joseph W., 'Zorrilla's Indebtedness to Zamora', *RR*, 17:4 (1926), 303–18.

257.   Baroja, Ricardo, *Clavijo.   Tres versiones de una vida.*   Colección Vidas y Memorias (Barcelona: Juventud, 1942), 190 pp.

258.   Barrera López, Trinidad and Bolaños Donoso, Piedad, 'La labor teatral en Sevilla del peruano Pablo de Olavide', in *Andalucía y América en el siglo XVIII: Actas de las IV Jornadas de Andalucía y América.   Universidad de Santa María de la Rábida, marzo 1984*, ed. Bibiano Torres Ramírez y José Hernández Palomo (Sevilla: Escuela de Estudios Hispano-Americanos de Sevilla, 1985) 2 vols; illus.; II, 23–56.

259.   Barrera y Leirado, Cayetano Alberto de la, *Catálogo bibliográfico y biográfico del teatro antiguo español desde sus orígenes hasta mediados del siglo XVIII* (Madrid: M. Rivadeneyra, 1860), xiii + 724 pp. [Facsimile eds, with identical pagination (Madrid: Gredos, 1969) and (London: Tamesis, 1968).]

                                                                                        UCLA

260.   Batcave, L., 'Acte de decés de Cienfuegos', *BHi*, 11 (1909), 96.

261.   Becker, Danièle, 'Don Juan et la fiction dramatique. III, B: Don Juan et le théâtre espagnol de la fin du XVIIIe au XIXe siècle', *MCV*, 16 (1980), 273–98.

262.   Bedera, Cristina, 'Una adaptación española (1778) de *Achille in Sciro*', in *Teatro y música en España*, 1996 (see No. 2214), 189–93.

263.   Belda, Joaquín, *Máiquez, actor, guerrillero y hombre de amor. Biografía* (Madrid: Ediciones Nuestra Raza, 1935), 189 pp.

                                                                                        UCB

264.   Belorgey, Jean, 'Un Exemple des infortunes de la censure en Espagne: les traductions espagnoles de *La Zaire* de Voltaire', *Crisol*, 7 (1987), 11–31.

265.   Belorgey, Jean, 'Le Théâtre de la Réforme dans le *Diario de Madrid*', in *Teatro español del siglo XVIII*, 1996 (see No. 2209), I, 77–93.

266.   Benavent, C., 'Moratín y la mujer', *RIT*, 49 (1961), 10.

267.   Benítez Claros, Rafael, 'Notas a la tragedia neoclásica española', in *Homenaje a Fritz Krüger*, ed. Toribio M. Lucero and Alfredo Dornheim (Mendoza, Argentina: Facultad de Filosofía y Letras, Univ. Nacional de Cuyo, 1952), 2 vols: I, xxx + 466 pp.; II, 696 pp.; I, 431–64.

268.   Benítez Claros, Rafael, *Visión de la literatura española* (Madrid: Ediciones Rialp, 1963), 322 pp. [See especially, 'La tragedia neoclásica española', 155–98 and 'Las ideas en el teatro de Moratín', 209–25.]

                                                                                        UCLA

269.   Benítez Pérez, Pedro, *'El Sainete' de Juan Ignacio González del Castillo* (Doctoral thesis, State University of New York, Albany, 1986). [Also published (Ann Arbor: UMI Dissertation Services, 1990), 334 pp.]

270.   Berbel Rodríguez, José Juan, 'La tragedia *Ataúlfo* de Montiano y el concordato de 1753', *RLit*, 63:125 (2001), 115–28.

271.   Berbel Rodríguez, José Juan, *Orígenes de la tragedia neoclásica española (1737–1754): la Academia del Buen Gusto*. Serie Literatura 69 (Sevilla: Univ. de Sevilla, 2003), 502 pp.; illus.

272.   Berenguer, Ángel, 'Bases históricas para el estudio del teatro español del siglo XVIII, sus teorías y prácticas escénicas', *Teatro*, 11 (1997), 7–43.

273.   Bernaldo de Quirós Mateo, José Antonio, *Teatro y actividades afines en la ciudad de Ávila (siglos XVII, XVIII y XIX)* (Ávila: Institución Gran Duque de Alba, 1997), 342 pp.

274.   Bertaux, A., 'À propos de Ramón de la Cruz', *BHi*, 38 (1936), 166–72.

275.   Besso, Henry V., 'Dramatic Literature of the Spanish and Portuguese Jews of Amsterdam in the Seventeenth and Eighteenth Centuries', *BHi*, 39 (1937), 215–38; 40 (1938), 37–47, 158–75; 41 (1939), 316–44.

276.   Beverley, John, 'The Dramatic Logic of *El delincuente honrado*', *RHM*, 37 (1972–73), 151–61.

277.   Bezhanova, Olga, see Pérez-Magallón, Jesús.

278.   Bianconi, Lorenzo and Walker, Thomas, 'Production, Consumption and Political Function of Seventeenth-century Italian Opera, *EMH*, 4 (1984), 209–96.

279.   *Bicentenario de Carlos III.   Carlos III: alcalde de Madrid*, ed. Carlos Cambricio (Madrid: Ayuntamiento de Madrid, 1988), 705 pp.; illus. [Includes catalogue of exhibition, 631–705.]

                                                                                    UCLA

280.   Birules, Josep Maria *et al.*, *Història del Teatro Municipal de Girona: apunts històrics i arquitectònics (1769–1985)* (Girona: Ajuntament, Servei Municipal de Publicaciones, 1985), 231 pp.

281.   Bittoun-Debruyne, Nathalie, 'Petite pièce y *sainete*', in *Teatro español del siglo XVIII*, 1996 (see No. 2209), I, 95–113.

282.   Bittoun-Debruyne, Nathalie, 'Moratín y Marivaux: ¿influencia o convergencia?', *RLit*, 60:120 (1999), 431–62.

283.   Bittoun-Debruyne, Nathalie, 'Le Théâtre de Marivaux en Espagne (XVIIIᵉ et XIXᵉ siècles', in *Recepción de autores franceses*, 2001 (see No. 1822), 191–204.

284.   Bittoun-Debruyne, Nathalie, 'La crítica del comportamiento aristocrático de las clases medias en el teatro del siglo XVIII', in *Historia social y literatura*, 2003 (see No. 1221), II, 93–108.

285.   Blanco Martínez, Rogelio, *Pedro Montengón y Paret (1745–1824): un ilustrado entre la utopía y la realidad.   Colección Letras Humanas 4 (Valencia: Editorial de la UPV, 2001), 414 pp.

286. Bobes Naves, Jovita, *Análisis semiológico de 'Cristóbal Colón' de Comella*. Acta Columbina 9 (Kassel: Reichenberger, 1991), 40 pp.

UCLA, GUL

287. Bobes Naves, María del Carmen, 'The Translation of *Hamlet* by Leandro Fernández de Moratín: Neoclassical Genius and Dramatic Rules', in *Post/Imperial Encounters: Anglo-Hispanic Cultural Relations*, ed. Juan E. Tazón and Isabel Carrera Suárez (Amsterdam/New York: Rodopi, 2005), 239 pp.; 87–100.

288. Bohigas Tarrago, Pedro, *Las compañías dramáticas extranjeras en Barcelona*. Publicaciones del Instituto del Teatro. Investigaciones 2 (Barcelona: Instituto del Teatro, 1946), 137 pp.; 20 illus.

UCLA

289. Bolaños Donoso, Piedad, 'La "escuela-seminario" teatral sevillana. Nuevas aportaciones', *El Crotalón*, 1 (1984), 749–67.

290. Bolaños Donoso, Piedad, 'Un coliseo de comedias para la ciudad de Écija (1772)', in *El siglo que llaman ilustrado*, 1996 (see No. 2097), 113–24.

291. Bolaños Donoso, Piedad, 'Comedias y comediantes en el Coliseo de Écija (1772–1774)', in *Teatro español del siglo XVIII*, 1996 (see No. 2209), I, 115–51.

292. Bolaños Donoso, Piedad, 'Éstas son las finezas que Sevilla ofreció al rey Felipe V (1729–1733)', in *Théâtre, musique et arts dans les cours européennes de la Renaissance et du Baroque. Actes du congrés international. Varsovie, 23–28 septembre 1996*, ed. Kazimierz Sabik (Warsaw: Univ. of Warsaw, 1997), 606 pp.; 227–67.

293. Bolaños Donoso, Piedad, 'De cómo hostigó la Iglesia el teatro de Sevilla y su Arzobispado (1679–1731)', *Scriptura*, 17 (2002), 65–87.

294. Bolaños Donoso, Piedad, 'Luis Vélez de Guevara y la recepción de su obra teatral en los siglos XVIII y XIX. Modernidad de *La serrana de la vera*', in *En torno al teatro del Siglo de Oro: XVI–XVII Jornadas de Teatro del Siglo de Oro*, ed. Olivia Navarro y Antonio Serrano (Almería: Instituto de Estudios Almerienses, 2004), 287 pp.; 117–30.

295. Bolaños Donoso, Piedad and Reyes Peña, Mercedes de los, 'Reconstrucción de la vida teatral de los pueblos de la provincia de Sevilla: el teatro en Carmona (siglos XVI–XVIII)', in *Teatros y vida teatral en el Siglo de Oro*, 1991 (see No. 2217), 155–66.

296. Bolaños Donoso, Piedad, see also Barrera López, Trinidad.

297. Bolaños Donoso, Piedad, see also Reyes Peña, Mercedes de los.

298. Bolufer Peruga, Mónica, *Mujeres e Ilustración. La construcción de la feminidad en la España del siglo XVIII*. Estudios Universitarios 70 (Valencia: Institució Alfons el Magnànim, Diputació de València, 1998), 427 pp.

299. Bolufer Peruga, Mónica, 'Mujeres y hombres en el debate cultural de la Ilustración', *Debats*, 66 (1999), 156–68.

300. Bolufer Peruga, Mónica, 'Los intelectuales valencianos y la cultura británica del siglo XVIII', *Estudis*, 27 (2001), 299–348.

301. Bombi, Andrea, *Entre tradición y modernización, el italianismo musical en Valencia (1685–1738)* (Doctoral thesis, Universidad de Zaragoza, 2002).

302. Borao, Jerónimo, 'Juicio crítico de Moratín', *RCat*, 1 (1862), 62–68, 106–14, 158–65.

303. Bordiga Grinstein, Julia, *Dramaturgas españolas de fines del siglo XVIII y principios del siglo XIX. El caso de María Rosa Gálvez*, xv + 414 pp. (Doctoral thesis, University of Pennsylvania, 1996).

304. Bordiga Grinstein, Julia, 'Panorama de la dramaturgia femenina española en la segunda mitad del siglo XVIII y principios del siglo XIX', *Dieciocho*, 25:2 (2002), 195–218.

305. Bordiga Grinstein, Julia, *La Rosa Trágica de Málaga: vida y obra de María Rosa de Gálvez*, *Dieciocho* (Spring 2003), Anejo 3, 223 pp.; facsimiles. [See especially Chapter IV, 'El teatro trágico' and Chapter V, 'Las comedias'.]

306. Bourgoing, Jean-Francois de, *Nouveau voyage en Espagne* (Barcelona, 1790), 3 vols.   [Also (Paris Regnault, 1789), 3 vols + 1 map.]

                                                                   BMM, BNM

307. Bourgoing, Jean-Francois de, *Tableau de l'Espagne Moderne*, 2nd ed. (Paris: L'Auteur, 1797), 3 vols. [First issued anonymously in Paris in 1788 and again in 1789 under the title *Nouveau voyage en Espagne, ou Tableau de l'état actuel de cette monarchie* (see above No. 306);   4th ed. (Paris: Tourneisen fils, 1807), 3 vols; illus.]

308. Bourgoing, Jean-Francois de, *Travels in Spain: containing a new, accurate, and comprehensive view of the present state of that country down to the year 1806* (London: Richard Phillips, 1809), 392 pp.

                                                                   BMM

309. Boussagol, Gabriel, 'Montiano et son *Athaulfo*', in *Mélanges offerts à Marcel Bataillon*, 1962 (see No. 1509), 436–46.

310. Braun, Theodore, see Álvarez, Román.

311. Bravo, Isidre, *L'escenografia catalana* (Barcelona: Diputació de Barcelona, 1986), 350 pp.; illus.

312.   Bravo Villasante, Carmen, 'Un sainetero del siglo XVIII: González del Castillo', *CHA*, 341 (1978), 383–93.

313.   Bravo Villasante, Carmen, 'Valoración del siglo XVIII: el teatro de Iriarte', *CHA*, 350 (1979), 421–25.

314.   Breisemeister, Dietrich, 'La recepción de la literatura española en Alemania en el siglo XVIII', *NRFH*, 33 (1984), 285–310.

315.   Brito, Manuel Carlos de, 'Ópera e teatro musical en Portugal no século XVIII: uma perspectiva ibérica', in *Teatro y música en España*, 1996 (see No. 2214), 177–87.

316.   Brito, Manuel Carlos de, 'El conde de Aranda y el Marqués de Pombal: dos ilustrados ante la ópera italiana', in *BMICA*, 75–76 (1999), 285–300.

317.   Brooks, Mary Elizabeth, *Gabriel de Espinosa, El pastelero de Madrigal, in History and Literature*, 374 pp. (Doctoral thesis, New Mexico, 1960) [*DA* 20:4394].

318.   Brown, Kenneth, 'Los "juegos olímpicos" de Barcelona en 1702/1703: un episodio en la historiografía literaria y en la historia político-militar de Cataluña', in *Teatro español a fines del siglo XVII*, 1989 (see No. 2207), III, 903–14.

319.   Brüggemann, Werner, 'Apologie der spanischen Kultur und kritische Rückgesinnung auf das traditionelle Theater im spanischen Schriftum des 18. Jahrbunderts', in *Homenaje a Johannes Vincke para el 11 de mayo de 1962/Festschrift für Johannes Vincke zum 11. Mai 1962*, ed. por el CSIC y la Goerres-Gesellschaft zur Pflege der Wissenschaft (Madrid: CSIC, 1962–63), 2 vols, 926 pp; illus.; facsimiles; II, 675–712.

320.   Brüggemann, Werner, *Spanisches Theater und deutsche Romantik* (Münster: Aschendorffsche Verlagsbuchhandlung, 1964), 275 pp.

321.   Bruguet, M., see Vila, P.

322.   Brunori, Livia, 'Bibliografía de José Cadalso', in *Coloquio internacional sobre José de Cadalso*, 1985 (see No. 546), 367–98.

323.   Bruzen de la Martinière, Antoine Augustine, *Introducción general al estudio de las ciencias y de las Bellas Letras*, trad. del francés por Antonio Robles (Madrid: Viuda de Ibarra, 1790), xxvi + 308 pp.

                                                                                        USC

324.   Buchwalter, Grace May, *The Don Carlos Theme in European Literature*, iii + 224 pp. + [4] pp. (Doctoral thesis, Northwestern University, 1930–31).

325.   Buck, Donald C., *Theatrical Production in Madrid's Cruz and Príncipe Theatres during the Reign of Philip V*, xii + 437 pp. (Doctoral thesis, University of Texas, 1980) [*DAI* 41A:3128].   [Also published (Ann Arbor: UMI Research Press, 1980).]

326.   Buck, Donald C., 'Popular Theology, Miracles and Stagecraft in the *Comedia de santo*: Cañizares, *Cual mejor confesada y confesor ...*', *Dieciocho*, 5:1 (1982), 3–17.

327.   Buck, Donald C., 'Pedro Calderón de la Barca and Madrid's Theatrical Calendar', 1700–1750: A Question of Priorities', *ThS*, 25:1 (1984), 69–81.

328.   Buck, Donald C., 'Comic Structures and the *Sainetes* of Ramón de la Cruz', in *Studies in Eighteenth-century Spanish Literature and Romanticism*, 1985 (see No. 2142), 65–75.

329.   Buck, Donald C., 'Administrative Reform in Madrid's Theaters: The Montero Report of 1720', in *Studies for I. L. McClelland*, 1986 (see No. 2141), 35–50.

330.   Buck, Donald C., 'Juan Salvo y Vela and the Rise of the *Comedia de magia*: The Magician as Anti Hero', *Hispania* (USA) 49:2 (1986), 251–61.

331.   Buezo, Catalina, *La mojiganga dramática.   Historia y teoría* (Doctoral dissertation, Universidad Complutense de Madrid, 1991).

332.   Buezo, Catalina, 'El niño ridículo en el teatro breve: plasmación dramática de una práctica festiva', *Criticón*, 56 (1992), 161–78.

333.   Buezo, Catalina, 'En torno a la presencia de *Celestina* en el teatro breve de los siglos XVII y XVIII.   Edición de *Los gigantones*, entremés de Francisco de Castro', *Celestinesca*, 17:1 (1993), 67–86.

334.   Buezo, Catalina, *La mojiganga dramática.   De la fiesta al teatro.   I. Estudio.*   Teatro del Siglo de Oro.   Estudios de Literatura 19 (Kassel: Reichenberger, 1993), xv + 550 pp.

335.   Burgos, Javier de, *El baile de máscaras*, in *Colección de los Mejores Autores Españoles*, XXVIII (Paris: Baudry, 1840), 268 pp.

336.   Busquets, Loreto, 'Iluminismo e ideal burgués en *El sí de las niñas*', *Segismundo*, 17:37–28 (1983), 61–88.

337.   Busquets, Loreto, 'La tragedia neoclásica española y el ideario de la Revolución Francesa', in *Cultura hispánica y Revolución Francesa*, ed. Loreto Busquets.   Letterature e Culture dell'America Latina.   Saggi e Ricerche (Roma: Bulzoni, 1990), 220 pp.; 87–127.

338.   Busquets, Loreto, 'Modelos humanos en el teatro español del siglo XVIII', in *Teatro español del siglo XVIII*, 1996 (see No. 2209), I, 152–67.

339. Bussey, William M., *French and Italian Influence on the Zarzuela, 1700–1770* (Doctoral thesis, University of Michigan, 1980). [Also published in Studies in Musicology 53 (Ann Arbor, MI: UMI Research Press, 1982), xii + 297 pp.]

340. Cabal, Fermín, see Alonso de Santos, José Luis.

341. Cabañas, Pablo, 'Documentos moratinianos', *RBibN*, 4 (1943), 267–82.

342. Cabañas, Pablo, 'Un nuevo dato sobre Isidoro Máiquez', *RFE*, 27 (1943), 424–25.

343. Cabañas, Pablo, 'Moratín, anotador de Voltaire', *RFE*, 28 (1944), 73–82.

344. Cabañas, Pablo, 'Moratín y la reforma del teatro de su tiempo', *RBibN*, 5 (1944), 63–102.

345. Cabañas, Pablo, 'Leandro Fernández de Moratín', *RIE*, 11 (1953), 59–81.

346. Cabañas, Pablo, 'Comella visto por Galdós', *RLit*, 29:57–58 (1966), 91–99.

347. Cabañas, Pablo, 'Moratín en la obra de Galdós', in *Actas del Segundo Congreso Internacional de Hispanists celebrado en Nijmegan del 20 al 25 de agosto de 1965*, ed. Jaime Sánchez Romeralo and Norbert Poulussen (Nijmega: Instituto Español de la Univ. de Nijmega, por la Asociación Internacional de Hispanistas, 1967), 714 pp.; 217–26.

348. Cadalso, José, *Solaya o los circasianos: tragedia inédita*, ed., intro. y notas de Francisco Aguilar Piñal (Madrid: Castalia, 1982), 129 pp.

UCI

349. Calahorra, Pedro, *Historia de la música en Aragón: siglos I–XVIII*. Colección Aragón 8 (Zaragoza: Librería General, 1977), 159 pp.; illus.

350. Caldera, Ermanno, 'Il metateatro di Ramón de la Cruz', *LL*, 11:2 (1977), 81–113.

351. Caldera, Ermanno, *La commedia romantica in Spagna*. Collana di Testi e Studi Ispanici. Sezione 2, Saggi 1 (Pisa: Giardini Editori, 1978), 194 pp. [Chapter 1 deals with pre-Romanticism, 1762–1812.]

UCLA

352. Caldera, Ermanno, 'Il riformismo illuminato nei *sainetes* di Ramón de la Cruz', *Letterature*, 1 (1978), 31–50.

353. Caldera, Ermanno, 'Le iperboli di González del Castillo', in *Aspetti e problemi delle letterature iberiche. Studi offerti a Franco Meregalli*, a cura di Giuseppe Bellini (Rome: Bulzoni, 1981), 404 pp., 79–93.

UCLA

354.   Caldera, Ermanno, 'Sulla spettacolarità delle commedie di magia', in *Teatro di magia*, 1983 (see No. 2206), 11–33.

355.   Caldera, Ermanno, 'Entre cuadro y tramoya', in *Studies for I. L. McClelland*, 1986 (see No. 2141), 51–56.

356.   Caldera, Ermanno, 'De la comedia de santos barroca a la comedia de magia dieciochesca', in *Coloquio internacional sobre el teatro español del siglo XVIII*, 1988 (see No. 545), 99–111.

357.   Caldera, Ermanno, 'Il teatro del pathos e dell'orrore al principio dell'ottocento: fedeltà ai canoni del classicismo e presentimenti romantici', in *EntreSiglos 1*, 1991 (see No. 820), 57–74.

358.   Caldera, Ermanno, 'De la tragedia neoclásica al drama histórico romántico: por qué y cómo', in *EntreSiglos 2*, 1993 (see No. 821), 67–74.

359.   Caldera, Ermanno, 'Presenza del teatro sentimentale nella *Conjuración de Venecia*', in *El Girador. Studi di letterature iberiche e ibero-americane offerti a Giuseppe Bellini*, a cura di Giovanni Battista de Cesare e Silvana Serafin (Roma: Bulzoni Editore, 1993), 2 vols, 1,036 pp.; I, 109–16.

360.   Caldera, Ermanno, 'Sobre los ideales neoclásicos y su realización escénica', in *Teatro español del siglo XVIII*, 1996 (see No. 2209), I, 169–79.

361.   Caldera, Ermanno, 'La figura del déspota ilustrado en el teatro sentimental dieciochesco', *Dieciocho*, 25:2 (2002), 219–28.

362.   *Calderón. Actas del Congreso Internacional sobre Calderón y el teatro español del Siglo de Oro (Madrid, 8–13 de junio de 1981)*, ed. Luciano García Lorenzo. Anejos de la Revista *Segismundo* 6 (Madrid: CSIC, 1983), 3 vols; illus. (Abbreviated as *Calderón. Actas del Congreso Internacional sobre Calderón y el teatro español del Siglo de Oro*. Articles are listed under individual authors.)

363.   Calderone, Antonietta, 'Amore, scienza e trasgressione nella maga settecentesca', in *Teatro di magia*, 1983 (see No. 2206), 147–64.

364.   Calderone, Antonietta, 'Catalogo delle commedie di magia rappresentate a Madrid nel secolo XVIII', in *Teatro di magia*, 1983 (see No. 2206), 236–71.

365.   Calderone, Antonietta, 'El conformismo reformador de José López Sedano', in *Coloquio internacional sobre el teatro español del siglo XVIII*, 1988 (see No. 545), 113–22.

366.   Calderone, Antonietta, 'De *La joven isleña* (1770) a *La joven India* (1828). La riforma sociale como tema teatrale "entre siglos" ', in *EntreSiglos 1*, 1991 (see No. 820), 75–91.

367.   Calderone, Antonietta, 'La buena criada e La serva amorosa: una traduzione migliore dell'originale?', in De místicos y mágicos, 1993 (see No. 647), 87–109.

368.   Calderone, Antonietta, 'De La bella selvaggia a La bella guayanesa: Carlo Goldoni e la commedia di tema americano in Spagna', in Il letterato tra miti relate del Nuovo Mondo: Venezia, il mondo iberico e l'Italia. Atti del Convegno di Venezia, 21–23 ottobre 1992, a cura di Angela Caracciolo Aricò (Roma: Bulzoni, c.1994), 573 pp.; 117–29.

369.   Calderone, Antonietta, 'Gli adattamenti settecenteschi in Spagna di Il servitore di due padroni', in La festa teatrale ispanica. Atti del convegno di studi, Napoli, 1–3 dicembre, 1994, ed. Giovanni Battista de Cesare (Napoli: Dipartimento di Studi Letterari i Linguistici dell'Occidente, Istituto Universitario Orientale, 1995), 353 pp.; 317–43.

370.   Calderone, Antonietta, 'Los sainetes de José López de Sedano', in Teatro español del siglo XVIII, 1996 (see No. 2209), I, 181–208.

371.   Calderone, Antonietta, 'Todo el año es carnaval, sainete inédito de Ramón de la Cruz', in El siglo que llaman ilustrado, 1996 (see No. 2097), 131–52.

372.   Calderone, Antonietta and Doménech Rico, Fernando, 'La comedia neoclásica.   Moratín', in HTE, Siglo XVIII, 2003 (see No. 1218), 1603–51.

373.   Cambronero, Carlos, 'Un certamen dramático', RCont, 100 (1895), 240–47, 384–93, 472–81.

374.   Cambronero, Carlos, 'Colección de tonadillas', RCont (15 July 1895).

375.   Cambronero, Carlos, 'Un censor de comedias' [Santos Díez González], RCont, 101 (1896), 150–59, 292–300, 378–85, 492–502.

376.   Cambronero, Carlos, 'Comella, su vida y sus obras', RCont, 102 (1896), 567–82; 103, 41–58, 187–99, 308–19, 380–90, 479–91, 637–44; 104, 49–60, 206–11, 288–96, 398–405, 497–509.

377.   Cambronero, Carlos, 'Apuntes para la historia de la censura dramática', RCont, 116 (1899), 594–605.

378.   Cambronero, Carlos, Catálogo de la Biblioteca Municipal de Madrid (Madrid: Imprenta Municipal, 1902), xiii + 536 pp. + 4 Apéndices (Madrid: Imprenta Municipal, 1903–16).

                                                                                                        SJL

379.   Cambronero, Carlos, ' "El género chico" a fines del siglo XVIII', EMod, 223 (1907), 5–39.

380.   Cambronero, Carlos, 'Bailarinas.   Apuntes para la historia de la coreografía matritense', Em, 256 (1910), 136–52.

381.   Cameron, William J., *A Bibliography in Short-title Catalogue Form of Reprints by Diego López de Haro of Pamphlets by and about Diego de Torres y Villarroel*. WHSTC Bibliography 34 (London, Ontario: Dept of Modern Languages & Literatures, Univ. of Western Ontario, 1986), 34 pp.

382.   Campos, Jorge, 'Hernán Cortés en la dramática española', in *Estudios Cortesianos recopilados con motivo del IV centenario de la muerte de Hernán Cortés (1547–1947)* (Madrid: CSIC, 1948) 615 pp.; illus.; facsimiles; 171–97.

383.   Campos, Jorge, *Teatro y sociedad en España (1780–1820)*. Seminario de Estudios de Humanidades 7 (Madrid: Editorial Moneda y Crédito/Sociedad de Estudios y Publicaciones, 1969), 215 pp.

                                                                                            UCLA

384.   Cañada Solaz, Rosa Julia, 'El col·loqui valenciano en los siglos XVIII y XIX', in *Actas de las jornadas sobre teatro popular*, 1987 (see No. 5), 85–107.

385.   Cañas Murillo, Jesús, '*La Petimetra* entre la tradición y la vanguardia', *AEF*, V (1982), 17–31.

386.   Cañas Murillo, Jesús, *Juan Pablo Forner*. Cuadernos Populares 19 (Mérida: Editora Regional de Extremadura 1987), 32 pp.; illus.

387.   Cañas Murillo, Jesús, '*Las paces de los reyes y judía de Toledo* de Lope de Vega, un primer preludio de *Raquel*', *AEF*, 11 (1988), 59–81.

388.   Cañas Murillo, Jesús, 'Tipología de los personajes en las tragedias de García de la Huerta', *REE*, 44:2 (1988), 349–78.

389.   Cañas Murillo, Jesús, 'Apostillas a una historia del teatro español del siglo XVIII', *AEF*, 13 (1990), 53–63.

390.   Cañas Murillo, Jesús, *Blas Nasarre, 'Disertación o prólogo sobre las comedias de España'*. Trabajos del Departamento de Filología Hispánica 7 (Cáceres: Univ. de Extremadura, 1992), 109 pp.

391.   Cañas Murillo, Jesús, 'Una nota sobre la polémica del teatro en el siglo XVIII: el *Manifiesto por los teatros españoles y sus actores*, de Manuel García de Villanueva', *AEF*, 15 (1992), 27–38.

392.   Cañas Murillo, Jesús, *La comedia sentimental: género español del siglo XVIII*. Trabajos del Departamento de Filología Hispánica, Universidad de Extremadura 14 (Cáceres: Univ. de Extremadura, 1994), 77 pp.

393.   Cañas Murillo, Jesús, 'La poética del sainete en Ramón de la Cruz: de personajes, su tratamiento y su construcción', *Ínsula*, 574 (1994), 17–19.

394.   Cañas Murillo, Jesús, 'Hacia una poética del sainete: de Ramón de la Cruz a Juan Ignacio González del Castillo', in *Teatro español del siglo XVIII*, 1996 (see No. 2209), I, 209–41.

395.   Cañas Murillo, Jesús, 'Sobre posbarroquismo y prerromanticismo en la literatura española del siglo XVIII (de periodización y cronología en la época de la Ilustración)', in *El siglo que llaman ilustrado*, 1996 (see No. 2097), 159–69.

396.   Cañas Murillo, Jesús, 'Juan Pablo Forner y su "Apologia del vulgo con relación a la poesía dramática" ', *Castilla*, 22 (1997), 37–56.

397.   Cañas Murillo, Jesús, 'Humor y drama en *El asombro de Jerez, Juana la Rabicortona* de José de Cañizares', in *Risas y sonrisas*, 1999 (see No. 1869), 121–31.

398.   Cañas Murillo, Jesús, 'Juan Pablo Forner y su Introducción ó Loa para la apertura del teatro en Sevilla', *Hesperia*, 2 (1999), 5–38.

399.   Cañas Murillo, Jesús, 'Leandro Fernández de Moratín, traductor dramático' in *La traducción en España (1750–1830)*, 1999 (see No. 2249), 463–76.

400.   Cañas Murillo, Jesús, 'Leandro Fernández de Moratín, traductor y adaptador dramático', *AEF*, 22 (1999), 73–98.

401.   Cañas Murillo, Jesús, 'Sobre la poética de la tragedia neoclásica española', *RFL*, 25:1 (1999), 115–31.

402.   Cañas Murillo, Jesús, '*Raquel*, de Vicente García de la Huerta, en la tragedia neoclásica española', *AEF*, 23 (2000), 9–36.

403.   Cañas Murillo, Jesús, *Tipología de los personajes en la comedia española de buenas costumbres*.   Trabajos del Departamento de Filología Hispánica 17 (Cáceres: Univ. de Extremadura, 2000), 85 pp.

404.   Cañas Murillo, Jesús, 'Manuel José Quintana y su "Contestación ... a los rumores y críticas que se han esparcido contra él en estos días" ', *AEF*, 24 (2001), 85–94.

405.   Cañas Murillo, Jesús, 'Sobre los medios de transmisión de textos teatrales en la España del siglo XVIII', *VyL*, 12:2 (2001), 85–96.

406.   Cañas Murillo, Jesús, 'Teatro y propaganda monárquica en los primeros años de la Ilustración: el mejor representante de "el catholico colesio" y la exaltación de Fernando VI', *Archivum*, 52–53 (2002), 569–601.

407.   Cañas Murillo, Jesús, 'García de la Huerta y la tragedia neoclásica', in *HTE, Siglo XVIII*, 2003 (see No. 1218), 1577–602.

408. Cañas Murillo, Jesús, 'Relaciones de comedias en la época de la Ilustración: *Los hijos de la fortuna* de Juan Pérez de Montalbán', in *Estudios ofrecidos al profesor José Jesús de Bustos Tovar*, ed. José Luis Girón Alconchel *et al.* Homenajes de la Universidad Complutense (Madrid: Editorial Complutense, 2003), 2 vols; illus.; II, 1329–37.

409. Cañas Murillo, Jesús, 'Inquisición y censura de libros en la España de Carlos III: la Real Cédula de junio de 1768', *AEF*, 27 (2004), 5–11.

410. Cañas Murillo, Jesús and Lama Hernández, Miguel Ángel, *Vicente García de la Huerta*. Cuadernos Populares 14 (Mérida: Editora Regional de Extremadura, 1986), 31 pp.; illus.

411. Cañizares, José de, *El anillo de Giges*, ed. Joaquín Álvarez Barrientos. Anejos de la Revista *Segismundo* 9 (Madrid: CSIC, 1983), 228 pp. [See especially 'Introducción', 11–100.]

412. Cañizares, José de, *Don Juan de Espina en su patria; Don Juan de Espina en Milán*, ed., intro. y notas de Susan Paun de García. Clásicos Madrileños 17 (Madrid: Editorial Castalia, [1997]), 281 pp.; illus.

413. Cano, José Luis, 'Cienfuegos y la amistad', *Clavileño*, 34 (1955), 35–40.

414. Cano, José Luis, 'Amores de Moratín', *Ínsula*, 161 (1960), 6.

415. Cano, José Luis, 'Una "poética" desconocida del XVIII. Las reflexiones sobre la poesía de N. Philoaletheias (1787)', *BHi*, 63:1–2 (1961), 62–87.

416. Cano, José Luis, 'Cienfuegos durante la invasión francesa', in *Mélanges à la mémoire de Jean Sarraillh*, 1966 (see No. 1508), I, 167–76.

417. Cano, José Luis, 'Un amor de Moratín', in *Heterodoxos y prerrománticos*. La Vela Latina 29 (Madrid: Ediciones Júcar, 1975), 305 pp.; 13–22.

418. Cano, Juan, *La poética de Luzán* (Toronto: Univ. of Toronto Press, 1928), 141 pp.
                                                                            UCLA

419. Canovas del Castillo, Antonio, *Le Théâtre espagnol contemporain*, trad. par J. G. Magnabal (Paris: Ernest Leroux, 1886), liv + 186 pp. [Translation of the 'Prólogo general' to *Autores dramáticos contemporáneos y joyas del teatro español del siglo XIX*, ed. Antonio Cánovas del Castillo (Madrid: Fortanet, 1881–1882), 2 vols: I, lxix + 468 pp.; II, 608 pp.]
                                                                            UCLA

420. Cánovas del Castillo, Antonio, 'Documentos sobre Moratín', in his *El teatro español* (Barcelona: Editorial Ibero-Americana, [1906], 200 pp.

421.   Cantero García, Víctor, 'El oficio de censor en nuestra historia literaria (siglos XVII–XIX): estudio y consideración de la censura dramática en la España decimonónica', *LD*, 32:96 (2002), 63–90.

422.   Capdepón Verdú, Paulino, 'La capilla musical del Monasterio de la Encarnación', in *Teatro y música en España*, 1996 (see No. 2214), 195–205.

423.   Capmany y Montpalau, Antonio de, *Teatro histórico-crítico de la elocuencia española* (Madrid: A. de Sancha, 1786–1794), 5 vols.   [Microfiche (Oviedo: Pentalfa Microediciones, 1989), 10 microfiches.]

                                                                        UCLA

424.   Carmena y Millán, Luis, *Crónica de la ópera italiana en Madrid desde el año 1738 hasta nuestros días*, con un prólogo histórico de Francisco Asenjo Barbieri (Madrid: Imprenta de M. Minuesa de los Ríos, 1878), lx + 451; 11 plates.   [Republished: (Madrid: Instituto Complutense de Ciencias Musicales, 2002).]

                                                                        UCLA

425.   Carnero, Guillermo, 'Sobre Agustín Durán', *Ínsula*, 404–405 (1980), 29.

426.   Carnero, Guillermo, *La cara oscura del Siglo de las Luces* (Madrid: Fundación Juan March/Cátedra, 1983), 123 pp.

                                                                        UCLA

427.   Carnero, Guillermo, 'Sensibilidad y exotismo en un escritor entre dos siglos: Gaspar Zavala y Zamora', *Canelobre* (Alicante), 10 (1987), 9–16.

428.   Carnero, Guillermo, 'El teatro pre-romántico', in *El teatro del siglo XVIII*, 1988 (see No. 2205), 118–27.

429.   Carnero, Guillermo, 'Un alicantino ... de Aranda de Duero (dos precisiones biográficas sobre Gaspar Zavala y Zamora', *Castilla*, 14 (1989), 41–45.

430.   Carnero, Guillermo, 'Recursos y efectos escénicos en el teatro de Gaspar Zavala y Zamora', *BHi*, 91:1 (1989), 21–36.

431.   Carnero, Guillermo, 'Temas políticos contemporáneos en el teatro de Gaspar Zavala y Zamora', in *Teatro politico spagnolo del primo ottocento*, ed. Ermanno Caldera.   Biblioteca di Cultura 438 (Roma: Bulzoni, 1991), 251 pp.; 19–41.

432.   Carnero, Guillermo, '*La holandesa* de Gaspar Zavala y Zamora y la literatura gótica del XVIII español', in *Homenaje al profesor José Fradejas Lebrero*, 1993 (see No. 1227), II, 517–50.

433.   Carnero, Guillermo, 'Ignacio García Malo (1760–1812) y su actividad de traductor', *Sharq Al-Andalus*, 10–11 (1993), 275–89.

434.   Carnero, Guillermo, 'Los dogmas neoclásicos en el ámbito teatral', *ALE*, 10 (1994), 37–67.

435.   Carnero, Guillermo, '*Doña María Pacheco* (1788) de Ignacio García Malo y las normas de la tragedia neoclásica', *Dieciocho*, 17:2 (1994), 107–27.

436.   Carnero, Guillermo, 'Una tragedia burguesa con música en el teatro español de fines del siglo XVIII: *Las víctimas del amor* de Gaspar Zavala y Zamora', *RLit*, 56:111 (1994), 39–72.

437.   Carnero, Guillermo, 'Datos para la biografía del novelista dieciochesco Ignacio García Malo (1760–1812)', *HR*, 1 (1996), 1–18.

438.   Carnero, Guillermo, 'Sobre el canon literario español dieciochesco', *Ínsula*, 600 (1996), 12–14.

439.   Carnero, Guillermo, *Estudios sobre el teatro español del siglo XVIII*. Humanidades 29 (Zaragoza: Prensas Universitarias de Zaragoza, 1997), 310 pp.

440.   Carnero, Guillermo, 'La oposición entre el campo y la ciudad en Meléndez Valdés', in *Homenaje a José María Martínez Cachero* (Oviedo: Univ. de Oviedo, 2000), 3 vols; illus.; II, 357–92.

441.   Carnero, Guillermo, 'La obra de tema político de Ignacio García Malo (1760–1812), in *Un 'hombre de bien'*, 2004 (see No. 1222), I, 221–31.

442.   Caro Baroja, Julio, *Teatro popular y magia* (Madrid: Ediciones de la *Revista de Occidente*, 1974), 280 pp.

UCB

443.   Caro Baroja, Julio, 'Los majos', *CHA*, 299 (1975), 281–349.

444.   Caro Baroja, Julio, *La comedia de magia. Estudio de estructura y recepción popular* (Doctoral thesis, Universidad Complutense de Madrid, 1986).

445.   Caro Baroja, Julio, 'Los títeres del teatro', in *Actas de las jornadas sobre teatro popular*, 1987 (see No. 5), 109–10.

446.   Carrara, Enrico, *Studio sul teatro ispano-veneto di Carlo Gozzi* (Cagliari: P. Valdes, 1901), 61 pp.

UCB

447.   Carrasco, Hugo, '*Manolo*: una tragedia paradójica', *NRP*, 21 (1982), 31–45.

448.   Carrasco Urgoiti, María Soledad, *El moro de Granada en la literatura (del siglo XV al XX)* (Doctoral thesis, Columbia University, 1954) [Also published (Madrid: *Revista de Occidente*, 1956), 499 pp. Facsimile published, with a preliminary study, by Juan Martínez Ruiz (Granada: Univ. de Granada, 1989), lxvi + 500 pp.; illus.]

449.   Carrascosa Miguel, Pablo, 'Pensamiento, virtud y voluntad conciliadora en los dramas clásicos de Nicasio Álvarez de Cienfuegos', *Dieciocho*, 12 (1989), 89–102.

450.   Carrascosa Miguel, Pablo, see also Domínguez de Paz, Elisa.

451.   Carreira, Xoán Manuel, 'La tasa y regulación del Coliseo de Óperas y Comedias fabricado por Setaro (La Coruña, 1772)', *RMus*, 10 (1987), 601–21.

452.   Carreira, Xoán Manuel, 'El teatro de ópera en la Península Ibérica, ca. 1750–1775: Nicolà Setaro', in *De musica hispana et aliis*, 1990 (see No. 648), II, 28–117.

453.   Carreira, Xoán Manuel, 'Ballet d'action', in *Diccionario de la música española e hispanoamericana*, director Emilio Casares Rodicio (Madrid: Sociedad General de Autores y Editores, 1999–2002), 10 vols; II *(B–Ca)*, 115–20.

454.   Carrera Pujal, Jaime, *La Barcelona del segle XVIII*, dibuixas originals de Joan Fort Galcerán (Barcelona: Bosch, [1951]), 2 vols: I, viii + 534 pp.; II, viii + 483 pp.; illus. [See Vol II, pp. 412–53 for section on theatres.]

UCLA

455.   Carreras, Juan José, 'El baile en la ópera de corte de la primera mitad del siglo XVIII en España', in *Creature di Prometeo. Il ballo teatrale. Dal divertimento al dramma. Studi offerti a Aurel M. Milloss*, a cura di Giovanni Morelli (Firenze: Leo S. Olschki Editore, 1996), ix + 516 pp.; illus.; music; 103–10.

456.   Carreras, Juan José, 'Entre la zarzuela y la ópera de corte: representaciones cortesanas en el Buen Retiro entre 1720 y 1724', in *Teatro y música en España*, 1996 (see No. 2214), 49–77.

457.   Carreras, Juan José, ' "Terminare a schiaffoni": la primera compañía de ópera italiana en Madrid (1738/9)', *Artigrama*, 12 (1996–1997), 99–121.

458.   Carreras, Juan José, 'La cantata de cámara española a principios del siglo XVIII: el manuscrito M 2618 de la Biblioteca Nacional de Madrid y sus concordancias', in *Música y literatura en la Península Ibérica 1600–1750*, 1997 (see No. 1612), 65–126.

459.   Carreras, Juan José, 'En torno a la introducción de la ópera de corte en España: *Alessandro nell'Indie* (1736)', in *España festejante*, 2000 (see No. 830), 323–47.

460.   Carreras, Juan José, 'L'Opera di corte a Madrid (1700–1759)', in *Il teatro dei due mondi. L'opera italiana nei paesi di lingua iberica*, ed. Anna Laura Bellina (Padua: Diastema Libri, 2000), 304 pp.; 11–35.

461. Carreras, Juan José, 'Amores difíciles: la ópera de corte en la España del siglo XVIII', in *La ópera en España*, 2001 (see No. 1646), I, 205–30.

462. Carreras, Juan José and Leza, José Máximo, 'La recepción española de Metastasio durante el reinado de Felipe V (c.1730–1746)', in *Pietro Metastasio (1698–1782), uomo universale. Festgabe der Österreichischen Akademie der Wissenschaften zum 300. Geburtstag von Pietro Metastasio*, ed. Andrea Sommer-Mathis und Elisabeth Theresia Hilscher (Vienna: Verlag der Österreichischen Akademie der Wissenschaften, 2000), 418 pp.; illus.; 251–67.

463. Casalduero, Joaquín, 'Forma y sentido de *El sí de las niñas*', NRFH, 11 (1957), 36–56.

464. Casalduero, Joaquín, 'El reló y la ley de las tres unidades (Jovellanos y Moratín)', *CA*, 159:4 (1968), 167–78.

465. Casalduero, Joaquín, *Contribución al estudio del tema de Don Juan en el teatro español* (Madrid: José Porrua Turanzas [1975]), 149 pp. [1st ed. *Smith College Studies in Modern Languages*, XIX (1938), Nos 3–4 , 108 pp.]
BNM

466. Casalduero, Joaquín, *Estudios sobre el teatro español*, 4th enlarged ed. (Madrid: Gredos, 1981 [1st ed. 1962]), 374 pp. [Includes studies on several dramatists including Jovellanos and Moratín.]
LC

467. Casalduero, Joaquín, '*El sí de las niñas*', in *El teatro del siglo XVIII*, 1988 (see No. 2205), 110–15.

468. Cáseda Teresa, Jesús, *Vida y obra de José Mor de Fuentes* (Monzón [Huesca]: Centro de Estudios de la Historia de Monzón, 1994), 477 pp. [Originally Doctoral thesis.]

469. Caso González, José Miguel, 'Una sátira inédita de Jovellanos', *Archivum*, 3 (1953), 49–62.

470. Caso González, José Miguel, 'Jovellanos y la Inquisición', *Archivum*, 7 (1957), 221–60.

471. Caso González, José Miguel, '*El delincuente honrado* drama sentimental', *Archivum*, 14 (1964), 103–33.

472. Caso González, José Miguel, 'El comienzo de la Reconquista en tres obras dramáticas. (Ensayo sobre estilos de la segunda mitad del siglo XVIII)', in *El Padre Feijoo y su siglo: ponencias y comunicaciones presentados al simposio celebrado en la Universidad de Oviedo del 28 de septiembre al 5 de octubre de 1964. Cuadernos de la Cátedra Feijoo 18* (Oviedo: Univ. de Oviedo, Facultad de Filosofía y Letras, 1966), 3 vols; III, 499–509.

473.   Caso González, José Miguel, 'Rococó, prerromanticismo y neoclasicismo en el teatro español del siglo XVIII', in *Los conceptos de rococó, neoclasicismo y prerromanticismo en la literatura española del siglo XVIII*. Cuadernos de la Cátedra Feijoo 22 (Oviedo: Facultad de Filosofía y Letras, Univ. de Oviedo, 1970), 71 pp.; 7–29.

474.   Caso González, José Miguel, *La poética de Jovellanos*. El Soto. Estudios de Crítica y Filología 18 (Madrid: Prensa Española, 1972), 234 pp.

                                                                        UCLA

475.   Caso González, José Miguel, 'De la Academia del Buen Gusto a Nicolás Fernández de Moratín', *RLit*, 43 (1980), 5–18.

476.   Caso González, José Miguel, 'Las dos versions de *La mojigata*', in *Coloquio internacional sobre Leandro Fernández de Moratín*, 1980 (see No. 547), 37–60.

477.   Caso González, José Miguel, 'La literatura del Barroquismo al Rococó', in Ramón Menéndez Pidal, *Historia de España*, Vol. XXIX–II (Madrid: Espasa-Calpe, 1985), 261–310.

478.   Caso González, José Miguel, 'La literatura de 1759 a 1800', in Ramón Menéndez Pidal, *Historia de España*, Vol. XXXI–I (Madrid: Espasa-Calpe, 1987), 545–98.

479.   Caso González, José Miguel, 'Acercamiento a la historia del texto de *La Raquel*', *REE*, 44:2 (1988), 379–94.

480.   Caso González, José Miguel, 'Estilos en el teatro del siglo XVIII', in *El teatro del siglo XVIII*, 1988 (see No. 2205), 10–20.

481.   Caso González, José Miguel, 'Notas sobre la comedia histórica en el siglo XVIII', in *Coloquio internacional sobre el teatro español del siglo XVIII*, 1988 (see No. 545), 123–32.

482.   Caso González, José Miguel, 'Educación y desarrollo en Jovellanos', *TLu*, 30 (1995), 43–54.

483.   Caso González, José Miguel, 'Jovellanos y la Ilustración', in *Lecciones de literatura universal: siglos XII a XX*, ed. Jordi Llovet. Crítica y Estudios Literarios (Madrid: Cátedra, 1995), 1,173 pp.; 419–28.

484.   Cassamayor Vizcaíno, Juan, 'Sobre Juan del Valle, seudónimo de Cadalso', *RLit*, 59:118 (1997), 579–86.

485.   Castañeda, Vicente, 'Un curioso bando sobre representación de comedias en Valencia en el siglo XVIII', in *Homenaje ofrecido a Menéndez Pidal. Miscelánea de estudios lingüísticos, literarios e históricos*, ed. La Comisión Organizadora-s.i. excepto discípulos y amigos (Madrid: Hernando, 1925), 3 vols: I, 848 pp.; II, 718 pp.; III, 696 pp.; I, 577–82.

486.   Castañón, J., *La crítica literaria en la prensa española del siglo XVIII (1700–1750)*.   Colección Persiles 66 (Madrid: Taurus, 1973), 319 pp.

487.   Castro, Américo, *Lengua, enseñanza y literatura (esbozos)* (Madrid: V. Suárez, 1924), 334 pp.   [References to the eighteenth century, 281–334.]
                                                                                                    UCB

488.   Castro-Sethness, María A., 'Madrid, las ferias y la historia: la convergencia de lo ilustrado y lo popular en Manuel y Ramón de la Cruz', *Dieciocho*, 17:2 (2004), 345–54.

489.   Castro-Sethness, María A., 'Amor, libertad y matrimonio en *El sí de las niñas* de Moratín y el *Capricho 14* de Goya', *Ínsula*, 706 (2005), 5.

490.   *Catálogo de autores dramáticos, desde Lope de Vega hasta Luzán, que comprende desde el año 1600 hasta el de 1750*, Biblioteca Menéndez y Pelayo, MS No. 177, Cuaderno de 71 f. numerados.

491.   *Catálogo de comedias sueltas del Museo Nacional del Teatro de Almagro*, ed. Ubaldo Cerezo Rubio y Rafael González Cañal.   Colección Corral de Comedias.   Estudios 4 (Madrid: Centro de Documentación Teatral, Instituto Nacional de las Artes Escénicas y la Música, Ministerio de Cultura/Univ. de Castilla-La Mancha, 1994), 319 pp.

492.   Catena, Elena, *Vida y obras de D. Pedro Montengón y Paret* (Doctoral thesis, Universidad de Madrid, 1947).

493.   Catena, Elena, 'Noticia bibliográfica sobre las obras de Don Pedro Montengón y Paret (1745–1824)', in *Homenaje a Antonio Rodríguez-Moñino*, 1975 (see No. 1226), 195–204.

494.   Catena, Elena, 'Don Pedro Montengón y Paret: algunos documentos biográficos y una precisión bibliográfica', in *Actas del Cuarto Congreso Internacional de Hispanistas*, 1982 (see No. 6), 297–304.

495.   Catena, Elena, 'Dramaturgia dieciochesca española', in *El teatro del siglo XVIII*, 1988 (see No. 2205), 34–35.

496.   Cattaneo, Mariateresa, 'En torno a *Sancho García*', in *Coloquio internacional sobre José de Cadalso*, 1985 (see No. 546), 63–78.

497.   Cattaneo, Mariateresa, 'En torno a *La Poncella de Orleans* de Antonio Zamora', in *Coloquio internacional sobre el teatro español del siglo XVIII*, 1988 (see No. 545), 133–40.

498. Cavanilles, Antonio José, *Observaciones sobre el artículo 'España' de la nueva Encyclopedia* (Madrid: Imprenta Real, 1784), iv + 115 pp. [Also published as *Observations sur l'article 'Espagne' de la nouvelle Encyclopédie* (Paris: A. Jombert, 1784), ii + 155 pp.] [Criticism of an article by Nicholas Masson de Morvilliers which appeared in the *Encyclopédie Méthodique* of D. Robert de Vangondy and N. Masson de Monvilliers.]

UCB, BMM, NRLF

499. Cave, Michael, *La obra dramática de Luciano Francisco Comella*, 209 pp. (Doctoral thesis, University of Connecticut, Storrs-Manfield, 1972) [*DAI*, 33A (1972) 2926].

500. Cave, Michael, 'Comella and the Spanish Baroque Drama', *RI*, 3 (1974), 340–50.

501. Cazenave, J., 'Première représentation de *Raquel*', *LNL* (1951), 118.

502. Cea Gutiérrez, Antonio, 'La cofradía de penitencia en Llanes: los *exempla* como programa iconográfico y la escenificación de la *vanitas* (1660–1781)', in *El siglo que llaman ilustrado*, 1996 (see No. 2097), 197–207.

503. Ceán Bermúdez, Juan Agustín, *Memorias para la vida del Excmo. Sr. D. Gaspar Melchor de Jovellanos y noticias analíticas de sus obras* (Madrid: Imprenta 'que fue de' Fuentenebro, 1814), 395 pp. [Also published (Gijón: Silverio Cañada, 1989), xiv + 358 pp.]

BMM, UCB

504. Ceán Bermúdez, Juan Agustín, *Diccionario histórico de los más ilustres profesores de las bellas artes en España* (Madrid: Imprenta de la Viuda de Ibarra, 1880), 6 vols. [Reprinted (Madrid: Reales Academias de Bellas Artes de San Fernando y de la Historia, 1965), 6 vols in 3.]

BMM

505. Cebrián, José, 'Del epistolario de Viera y Clavijo y sus amigos de Viena', in *El siglo que llaman ilustrado*, 1996 (see No. 2097), 209–20.

506. Cedeño, Aristófanes, 'La función teatral de la reforma social en *El delincuente honrado*', *Dieciocho*, 24:2 (2001), 279–96.

507. Cerreta, F. V., 'An Italian Source of Luzán's Theory of Tragedy', *MLN*, 72 (1957), 518–23.

508. Cetrangolo, Annibale, *Esordi del melodramma in Spagna, Portogallo e America: Giacomo Facco e le cerimonie del 1729* (Firenze: Leo S. Olschki Editore, 1992), 274 pp.

509. Chasles, Philarète, *Études sur l'Espagne et sur les influences de la littérature espagnole en France et en Italie* (Paris: Amyot, 1847), viii + 567 pp. (Abbreviated as *Études sur l'Espagne*. Articles are listed under individual authors.)

UCLA

510.   Chaves McClendon, Carmen, 'Satan and the Stars: Zamora's Treatment of Fatalism in *Judas Iscariote*', *CH*, 4:1 (1982), 29–35.

511.   Checa Beltrán, José, 'Ideas poéticas y dramáticas de Santos Díez González. La tragedia urbana', *RLit*, 51:102 (1989), 411–32.

512.   Checa Beltrán, José, 'Los clásicos en la preceptiva dramática del siglo XVIII', in *Clásicos después de los clásicos*, 1990 (see No. 530), 13–31.

513.   Checa Beltrán, José, 'El debate literario español en el prólogo del romanticismo (1782–1807)', *RLit*, 56:112 (1994), 391–416.

514.   Checa Beltrán, José, 'Bibliografía de teoría literaria del siglo XVIII' [coordinado por Joaquín Álvarez Barrientos], in *El siglo que llaman ilustrado*, 1996 (see No. 2097), 221–29.

515.   Checa Beltrán, José, 'La teoría de la tragedia en Estala', in *Teatro español del siglo XVIII*, 1996 (see No. 2209), I, 243–63.

516.   Checa Beltrán, José, *Razones del buen gusto (poética española del neoclasicismo).*   Anejos de *Revista de Literatura* 44 (Madrid: CSIC, Instituto de Filología, 1998), 357 pp.

517.   Checa Beltrán, José, 'Poética de la risa', in *Risas y sonrisas*, 1999 (see No. 1869), 11–27.

518.   Checa Beltrán, José, 'La teoría teatral neoclásica', in *HTE, Siglo XVIII*, 2003 (see No. 1218), 1519–52.

519.   Chen Sham, Jorge, 'La sátira del letrado en el siglo XVIII español: ¿cliché o sociotipo?', *Dieciocho*, 25:2 (2002), 229–42.

520.   Chiareno, Osvaldo, 'Viaggiaori del Settecento.   Moratín a Genova', *Il Lavoro* (4 & 24 August 1968).

521.   Chiareno, Osvaldo, 'Genova settecentesca nel giudizio di Leandro Fernández de Moratín', *La Casana* (October–December 1971), 47–52.

522.   Chiclana, Ángel, 'Algunas reflexiones sobre la traducción de Goldoni', in *Teatro y traducción*, 1995 (see No. 2216), 399–404.

523.   Cid de Sirgado, Isabel Mercedes, *Afrancesados y neoclásicos: su deslinde en el teatro español del siglo XVIII* (Doctoral thesis, New York University, 1971), 237 pp. [DAI, 32A (1972), 4587]. [Also published (Madrid: Ediciones de Cultura Hispánica, 1973), 311 pp.]
                                                                    UCI, UCLA

524.   Cilley, Melissa Annis, *El teatro español, las épocas en el desarrollo del drama* (Madrid: Blass, 1934), 163 pp. [A bibliography.]
                                                                    UCLA

525.   Ciplijauskaité, Biruté, 'Lo nacional en el siglo XVIII español', *Archivum*, 22 (1972), 99–122.

526.   Cirot, Georges, 'Une des imitations de Molière par Ramón de la Cruz', *RLC*, 3 (1932), 422–26.

527.   [Cladera, Cristóbal], *Examen de la tragedia intitulada Hamlet, escrita en inglés por Guillermo Shakespeare y traducida al castellano por Inarco Celenio, Poeta Arcade*. Escribíalo D. C. C., T. D. D. U. D. F. D. B (Madrid: Viuda de Ibarra, 1800), 75 pp. [Criticism of Leandro Fernández de Moratín's translation of *Hamlet*.]

528.   Clarke, Dorothy C., 'Some Observations on Castilian Versification in the Neoclassical Period', *HR*, 20 (1952), 223–39.

529.   Clarke, R. P., *Don Juan: Studies in Dramatic Characterization* (MA thesis, University of Sheffield, 1960).

530.   *Clásicos después de los clásicos*. *CTC* 5 (Madrid: Ministerio de Cultura, Instituto Nacional de las Artes Escénicas y de la Música/Compañía Nacional de Teatro Clásico, 1990), 271 pp.; illus. (Abbreviated as *Clásicos después de los clásicos*. Articles are listed under individual authors.)

531.   Clavijo Provencio, Ramón, see López Romero, J.

532.   Clavijo y Fajardo, José, *Diario de los literatos de España, en que se reducen a compendio los escritos de los autores españoles, y se hace juicio de sus obras desde al año 1737*, ed. Jesús Ruíz Veintemilla. Biblioteca Hispánica Puvill. Sección Literatura 2 (Barcelona: Puvill Libros, *c*.1987), 7 vols; illus. [Originally published (Madrid: A. Marín, 1737–1742), 7 vols, illus.]
                                                                                      YUL

533.   Coca Ramírez, Fátima, 'Confluencia y divergencia en la dramaturgia histórica en los siglos XVIII al XIX', in *Retórica, política e ideología: desde la antigüedad hasta nuestros días*. *Actas del II congreso internacional, Salamanca, noviembre 1997*, ed. Antonio López Eire, Juan Miguel Labiano Induráin y Antonio Miguel Seone Pardo (Salamanca: Logo, 1998–2000), 3 vols; II, *Desde la modernidad hasta nuestros días*, 99–106.

534.   Coca Ramírez, Fátima, 'La poética de la risa: la influencia de Quintiliano en la poética y la retórica de Ignacio de Luzán', in *Quintiliano: historia y actualidad de la retórica. Actas del congreso internacional 'Quintiliano: historia y actualidad de la retórica, XIX centenario de la Institutio Oratoria*, ed. Tomás Albaladejo *et al.* (Logroño: Instituto de Estudios Riojanos/Calahorra: Ayuntamiento de Calahorra, 1998), 3 vols; III, 1189–98.

535.   Coca Ramírez, Fátima, 'La realización afectiva de la "persuasio" como determinante en la definición de un género híbrido del teatro del siglo XVIII', in *Retórica y texto. III Encuentro Interdisciplinar (Cádiz, 1995)*, ed. Antonio Ruiz Castellanos, Antonia Viñez Sánchez y Juan Sáez Durán (Cádiz: Univ. de Cádiz, 1998), 548 pp.; 227–30.

536.   Coe, Ada May, 'Additional Notes on Corneille in Spain in the 18th Century', *RR*, 24 (1933), 233–35.

537.   Coe, Ada May, *Catálogo bibliográfico y crítico de las comedias anunciadas en los periódicos de Madrid desde 1661 hasta 1819*. The Johns Hopkins Studies in Romance Literatures and Languages 9 (Baltimore: The Johns Hopkins Press/London: H. Milford, Oxford U. P./Paris: Les Belles Lettres, 1935), xii + 270 pp.

UCLA, GUL

538.   Coe, Ada May, 'Richardson in Spain', *HR*, 3:1 (1935), 56–63.

539.   Coe, Ada May, *Entertainments in the Little Theatres of Madrid (1759–1819)* (New York: Hispanic Institute, 1947), 144 pp.; map.

UCI

540.   Coe, Ada May, *Carteleras madrileñas, (1677–1792, 1819)* (Mexico: Imprenta Nuevo Mundo, 1952), 256 pp.

UCLA, GUL

541.   Coester, Alfred, 'Influence of the Lyric Drama of Metastasio on the Spanish Romantic Movement', *HR*, 6:1 (1938), 10–20.

542.   *Colección de los mejores papeles poéticos y composiciones dramáticas de Don Francisco Mariano Nifo [Nipho]*. Offered to the public by Manuel Nipho, Captain in the Royal Army (Madrid: Cano, 1805), 2 vols: I, 237 pp., II, 240 pp.

HUL

543.   *Colección general de comedias escogidas del teatro antiguo español, con el examen crítico de cada una de ellas* (Madrid: Imp. de Ortega y Cía., 1829–34), 26 vols.   [Vols 19–26 deal with plays by José de Cañizares.]

544.   Colford, W. E., *Juan Meléndez Valdés: A Study in the Transition from Neo-Classicism to Romanticism in Spanish Poetry* (New York: Hispanic Institute in the United States, 1942), 369 pp.   [See especially Chapter VI, 'A Dramatical Attempt: *Las bodas de Camacho*', 297–303.   Originally Doctoral thesis, Columbia University.]

545.   *Coloquio internacional sobre el teatro español del siglo XVIII: Bolonia, 15–18 de octubre de 1985*.   Centro di Studi sul Settecento Spagnolo 3 (Abano Terme: Piovan Editore, 1988), 415 pp. (Abbreviated as *Coloquio internacional sobre el teatro español del siglo XVIII*.   Articles are listed under individual authors.)

HUL

546.   *Coloquio internacional sobre José de Cadalso, Bolonia, 26–29 de octubre de 1982*, ed. Mario di Pinto, Maurizio Fabbri and Rinaldo Froldi (Abano Terme: Piovan Editore, 1985), 399 pp.   (Abbreviated as *Coloquio internacional sobre José de Cadalso*. Articles are listed under individual contributors.)

547.   *Coloquio internacional sobre Leandro Fernández de Moratín.   Bolonia, 27–29 de octubre 1978*, presentación Mario di Pinto, Maurizio Fabbri y Rinaldo Froldi.   Centro di Studi sul Settecento Spagnolo 1 (Abano Terme: Piovan Editore, 1980), 296 pp.   (Abbreviated as *Coloquio internacional sobre Leandro Fernández de Moratín*.   Articles are listed under individual authors.)

                                                                                                                    CSIC

548.   *La comedia de magia y de santos.   Congreso Internacional Comedias de Magia y de Santos (ss. XVI–XIX), Valladolid 22, 23 y 24 de abril de 1991*. Ensayos Júcar 5 (Madrid: Ediciones Júcar, 1992), 465 pp.; illus. (Abbreviated as *La comedia de magia y de santos*.   Articles are listed under individual authors.).

549.   Comella, Carmela, 'Note per una definizione ideologica e storica del costumbrismo nella letteratura spagnola', *AIUO*, 19 (1977), 435–54.

550.   Comella, Luciano Francisco and Zavala Zamora, Gaspar, *Colección de las mejores comedias nuevas que se van representando en los teatros de esta corte* (Madrid: Imp. de Manuel González, 1789–99), 11 vols.

551.   Comitato per le Onoranze a Filippo Juvarra, *Filippo Juvarra*, Vol. I, ed. C. M. de Vecchi di Val Cismon; prefazione di L. Rovere e V. Viale, regesto delle vita e delle opere di A. E. Brinckmann (Milan: Casa Editrice Oberdan Zucchi, 1937), 473 pp.; illus.; plates; plans; facsimiles. [Relationship of Juvarra's work and the Teatro de la Cruz.]

                                                                                                                    UCB

552.   Comoli Mandracci, Vera, *La invenzioni di Filippo Juvarra per la chiesa di S. Filippo Neri in Torino.   Con notizie dei vari desegni e della realizzazione dell'opera* (Turin: Albra, 1967), 96 pp.; illus.

                                                                                                                    UCLA

553.   Conesa Cánovas, Leandro, *Moratín*, Grandes Escritores Contemporáneos 51 (Madrid: Epesa, 1972), 207 pp.

                                                                                                                    UCLA

554.   Consiglio, Carlo, 'Más sobre Moratín y Goldoni (1707–1793)', *RFE*, 26 (1942), 311–14.

555.   Consiglio, Carlo, 'Moratín y Goldoni', *RFE*, 26 (1942), 1–14, 269–78.

556.   Consiglio, Carlo, 'El *Don Juan* y una venganza de Goldoni', *Escorial*, 45 (1944), 283–89.

557.   Contreras Álvarez, Amparo, *Beaumarchais y su teatro en España*. Col·lecció de Tesis Doctorals Microfitxades (Barcelona: Publicacions Univ. de Barcelona, 1992) [microfiche].

558.   Cook, John A., *Neo-Classic Drama in Spain: Theory and Practice* (Dallas: Southern Methodist Univ., 1959), xvii + 576 pp.   [2nd ed. (Westport, Connecticut: Greenwood Press, 1974).]

                                                                UCLA

559.   Corral, José del, *El Madrid de los Borbones* (Madrid: Avapiés, 1985), 168 pp.; illus.   [References to eighteenth-century theatres, pp. 60 *ff.*]

                                                                UCLA

560.   *El corral de comedias.   Escenarios.   Sociedad.   Actores*, coord. David Castillejo (Madrid: Concejalía de Cultura, Ayuntamiento de Madrid, 1984), xvii + 314 pp.; illus.; facsimiles; plans.

561.   Cortines Murube, Felipe, 'Una defensa del teatro y su contestación.   Las comedias en Sevilla', *AH*, 74 (1955), 205–13.

562.   Coso Marín, Miguel Ángel, Higueras Sánchez-Pardo, Mercedes and Sanz Ballesteros, Juan, *El Teatro Cervantes de Alcalá de Henares, 1602–1866: estudio y documentos*.   Colección Támesis.   Serie C, Fuentes para la Historia del Teatro en España 18 (London: Tamesis, en colaboración con el Ayuntamiento de Alcalá de Henares, 1989), 390 pp.; 44 illus.; facsimiles; plans.

                                                                UCLA

563.   Cossio, José María, 'Don Nicolás Fernández de Moratín.   La fiesta de toros en Madrid.   *Oda a Pedro Romero*', *BBMP*, 8 (1926), 234–42.

564.   Costa Pimpão, Alvaro Julio da, 'La Querelle du théâtre espagnol et du théâtre français au Portugal dans la première moitié du XVIIIe siècle', *RHLP*, 1 (1968), 43–86.

565.   Cotarelo y Mori, Emilio, *María Ladvenant y Quirante, primera dama de los teatros de la Corte* (Madrid: Sucesores de Rivadeneyra, 1896), 205 pp. [Vol. I of *Estudios sobre la historia del arte escénico en España*.]

                                                                UCLA

566.   Cotarelo y Mori, Emilio, *Iriarte y su época* (Madrid: Tip. Sucesores de Rivadeneyra, 1897), viii + 588 pp.; illus.

                                                                UCSB

567.   Cotarelo y Mori, Emilio, *María de Rosario Fernández, 'La Tirana', primera dama de los teatros de la Corte* (Madrid: Tip. Sucesores de Rivadeneyra, 1897), viii + 287 pp.; illus. [Vol. II of *Estudios sobre la historia del arte escénico en España*.]

                                                                HUL, NRLF

568. Cotarelo y Mori, Emilio, *Don Ramón de la Cruz y sus obras. Ensayo biográfico y bibliográfico* (Madrid: Imprenta de José Perales y Martínez, 1899), 612 pp.; illus. [Apendices include: works of Ramón de la Cruz, list of companies of Madrid theatres and actors who appeared in his works and also 'Fragmentos musicales de la zarzuela *Las labradoras de Murcia*'.]

UCSB

569. Cotarelo y Mori, Emilio, 'Traductores castellanos de Molière', in *Homenaje a Menéndez y Pelayo en el año vigésimo de su profesorado: estudios de erudición española*, prólogo de Juan Valera (Madrid: V. Suárez, 1899), 2 vols; illus.; I, 69–141.

570. Cotarelo y Mori, Emilio, 'Quintana, censor de teatros', *RABM*, 4 (1900), 410–04.

571. Cotarelo y Mori, Emilio, *Catálogo de obras dramáticas impresas pero no conocidas hasta el presente: con un apéndice sobre algunas piezas raras de los antiguos teatros francés e italiano* (Madrid: Felipe Marqués, 1902), 46 pp.

572. Cotarelo y Mori, Emilio, *Isidoro Máiquez y el teatro de su tiempo* (Madrid: Imprenta de José Perales y Martínez, 1902), 856 pp., illus. [Vol. III of *Estudios sobre la historia del arte escénico en España*. Contains appendixes on theatre companies and performances.]

HUL, UCLA

573. Cotarelo y Mori, Emilio, *Bibliografía de las controversias sobre la licitud del teatro en España* (Madrid: *RABM*, 1904), 739 pp. [Facsimile ed., with 'Estudio preliminar' and indexes by José Luis Suárez García. Colección 'Archivum' (Granada: Univ. de Granada, 1997), cx + 739 pp.] (Abbreviated as *Bibliografía de las controversias*.)

GUL

574. Cotarelo y Mori, Emilio, *Don Juan de Espina: noticias de este célebre y enigmático personaje* (Madrid: Imp. de la Revista de Archivos, 1908), 62 pp.

575. Cotarelo y Mori, Emilio, *Colección de entremeses, loas, bailes, jácaras y mojigangas desde fines del siglo XVI a mediados del XVIII*. Nueva Biblioteca de Autores Españoles XVII–XVIII (Madrid: Bailly-Baillière, 1911), 2 vols. [Facsimile ed. with 'Estudio preliminar' and indexes by José Luis Suárez and Abraham Madroñal (Granada : Univ. de Granada, 2000), 2 vols, 847 pp.]

UCB, UCSB

576. Cotarelo y Mori, Emilio, *Orígenes y establecimiento de la ópera en España hasta 1800* (Madrid: Tip. de la *RABM*, 1917), 459 pp.

UCLA (MUSIC)

577.   Cotarelo y Mori, Emilio, *Teatro español.   Catálogo abreviado de una colección dramática española hasta finales del siglo XIX y de obras relativas al teatro español* (Madrid: Viuda e Hijos de J. Ratés, 1930), 164 pp.

UCLA

578.   Cotarelo y Mori, Emilio, *Catálogo descriptivo de la gran colección de 'Comedias escogidas' que consta de cuarenta y ocho volúmenes, impresos de 1652 a 1704* (Madrid: Tip. de la *RABM*, 1932), 266 pp.; 2 plates.

UCLA, GUL

579.   Cotarelo y Mori, Emilio, 'Ensayo histórico sobre la zarzuela, o sea el drama lírico español desde su origen a fines del siglo XIX', *BRAE*, 19 (1932), 625–71, 753–817; 20 (1933), 97–147, 271–315, 445–506, 601–42, 735–87; 21 (1934), 113–61, 273–317, 463–505, 629–71, 859–913; 22 (1935), 81–156, 229–80, 388–425, 497–533; 23 (1936), 57–88.

580.   Cotarelo y Mori, Emilio, *Historia de la zarzuela, o sea el drama lírico en España desde su origen a fines del siglo XIX* (Madrid: Tip. de la *RABM*, 1934), 618 pp.; illus.   [Republished, with an intro., by Emilio Casares Rodicio (Madrid: ICCMU, 2000), xvi + 938 pp.; illus.]

UCB

581.   Cotarelo y Mori, Emilio and Pérez Pastor, Cristóbal, 'Noticias y documentos relativos a varios escritores españoles de los siglos XVI, XVII, XVIII', *MRAE*, 10 (1910), 9–307.

582.   Cotrait, René, 'Pour une bibliographie de Fernán González. II: Une "comedia nueva" anonyme de 1797: *La conquista de Madrid por el Rey Don Ramiro y conde Fernán González*', *BHi*, 72 (1970), 346–59.

583.   Coughlin, Edward V., *Neo-Classical 'Refundiciones' of Golden Age Comedies (1772–1831)*, 154 pp. (Doctoral thesis, Univ. of Michigan, Ann Arbor, 1965) [*DAI*, 26A: 2746].

UMI

584.   Coughlin, Edward. V., *'Habides' de Ignacio López de Ayala*.   Colección Tirant lo Blanch (Barcelona: Ediciones Hispam, 1974), 135 pp.

UCR

585.   Coughlin, Edward V., Jiménez, Fernando and Jiménez, Beatriz, 'Una obra inédita de D. Ramón de la Cruz: su introducción para la tragedia *Numancia destruida*', *BBMP*, 53 (1977), 307–16.

586.   Coughlin, Edward V., '*La tertulia*: An Unpublished *Sainete* by Ramón de la Cruz', *Dieciocho*, 1:1 (1978), 46–62.

587.   Coughlin, Edward V., '*La tertulia de moda*: sainete inédito de Ramón de la Cruz', *Dieciocho*, 2:2 (1979), 166–88.

588.   Coughlin, Edward V., *Nicasio Álvarez de Cienfuegos*.   Twayne's World
         Authors Series 804 (Boston: Twayne, 1988), 139 pp.

589.   Coughlin, Edward, *La teoría de la sátira en el siglo XVIII*.   Juan de la
         Cuesta Hispanic Monographs (Newark, Delaware: Juan de la Cuesta, 2002)
         155 pp.

590.   Coulon, Mireille, 'L'Image du public dans les *sainetes* de l'époque de Ramón
         de la Cruz', in *IV Table Ronde sur le Théâtre Espagnol (XVII–XVIII siècle)*,
         1983 (see No. 1806), 1–14.

591.   Coulon, Mireille, 'El sainete de costumbres teatrales en la época de don
         Ramón de la Cruz', in *El teatro menor en España*, 1983 (see No. 2213),
         235–49.

592.   Coulon, Mireille, 'De l'intermède "de figuras" au "sainete de costumbres" ',
         CahiersP, 20 (1988), 133–44.

593.   Coulon, Mireille, 'Ramón de la Cruz et le mythe des Amazones', *BHi*, 91:1
         (1989), 5–19.

594.   Coulon, Mireille, *Le 'sainete' à l'époque de Don Ramón de la Cruz*.   Lille-
         Thèses (Lille: A.N.R.T., Univ. de Lille III, 1989), 3 microfiches (Doctoral
         thesis, Univ. de Bourdeaux, 1987).

595.   Coulon, Mireille, 'Ramón de la Cruz 1731–1794', in *Siete siglos de autores
         españoles*, 1991 (see No. 2096), 203–06; illus.

596.   Coulon, Mireille, *Le 'sainete' à Madrid à l'époque de Don Ramón de la Cruz*
         (Pau: Univ. de Pau, 1993), 602 pp.

                                                                              UCB

597.   Coulon, Mireille, 'Don Ramón de la Cruz y las polémicas de su tiempo',
         Ínsula, 574 (1994), 9–12.

598.   Coulon, Mireille, 'Un exemple d' "afición" dans la seconde moitié du XVIIIe
         siècle: le "sainete" *Los buenos consejos, y función de Illescas* de Sebastián
         Vázquez', *BHi*, 96:2 (1994), 377–95.

599.   Coulon, Mireille, 'La Campagne dans les *sainetes* de Ramón de la Cruz', in
         Le Monde rural: réalités, mythes et représentations (domaine ibérique), ed.
         Claude Allaigre (Pau: Publications de l'Univ. de Pau, 1995), 65–70.

600.   Coulon, Mireille, 'De lo difícil que es devolverle al César de los saineteros lo
         que le pertenece', in *Teatro español del siglo XVIII*, 1996 (see No. 2209), I,
         265–87.

601.   Coulon, Mireille, 'Representación y significación de la fiesta en el sainete
         de la segunda mitad del siglo XVIII', in *España festejante*, 2000 (see No.
         830), 165–74.

602.   Coulon, Mireille, 'Transmisión y recepción del teatro dieciochesco', in *HTE, Siglo XVIII*, 2003 (see No. 1218), 1715–36.

603.   Coulon, Mireille, see also Andioc, René.

604.   Couper, Mary Morrison, *The Evolution of the Spanish 'comedia' from the Close of the Seventeenth Century to the Present Day, with Special Reference to the Period 1835–1898*, [3] + 316 pp. (Doctoral thesis, University of Edinburgh, 1936).

605.   Courgey, P., 'À propos d'un air de famille: réflexiones sur le *Manolo* de Ramón de la Cruz et la *Farsa y licencias de la Reina castiza*', in *Mélanges à la mémoire de Jean Sarraillh*, 1966 (see No. 1508), I, 281–99.

606.   Cox, R. Merritt, 'The Literary Maturation of Tomás de Iriarte', *RomN*, 13 (1971), 117–23.

607.   Cox, R. Merritt, *Tomás de Iriarte*. Twayne's World Authors Series 228 (New York: Twayne Publishers, 1972), 161 pp.

                                                                                    UCLA

608.   Cox, R. Merritt, 'Iriarte and the Neoclassical Theatre: A Reappraisal', *REH*, 8 (1974), 229–46.

609.   Cox, R. Merritt, *Eighteenth-century Spanish Literature*. Twayne's World Authors Series 526 (Boston: Twayne Publishers, 1979), 161 pp. [See especially Chapter 3, 'Eighteenth-Century Spanish Drama', 80–109.]

                                                                                    UCLA

610.   Cox, R. Merritt, 'Calderón and the Spanish Neoclassicists', *RomN*, 24 (1983), 43–48.

611.   Cózar Martínez, Fernando de, *Noticias y documentos para la historia de Baeza* (Jaen: Estab. Tip. de los señores Rubio, 1834), 592 pp.; illus.

612.   Crespo Matellán, Salvador, *La parodia dramática en la literatura española: esbozo de una historia y análisis de 'Los amantes de Teruel', comedia burlesca de Vicente Suárez de Deza*. Acta Salmanticensia. Filosofía y Letras 107 (Salamanca: Ediciones Univ. de Salamanca, 1979), 195 pp. [Includes, from p. 197, unpaginated facsimile of *Los amantes de Teruel*. Originally Doctoral thesis (Salamanca: Univ. de Salamanca, 1973), 2 vols: I, 357 pp.; II, 355 + [1] pp.]

                                                                                    SJL

613.   Crespo Matellán, Salvador, 'La parodia en el teatro de Ramón de la Cruz', *CIR*, 9 (2001), 47–77.

614. *La crítica ante el teatro barroco español (siglos XVII–XIX)*, estudio introductorio, selección y ed. de María José Rodríguez Sánchez de León. Colección Patio de Escuelas 6 (Salamanca: Ediciones Almar, 2000), 372 pp. [For the 18th century, see particularly the section, 'El siglo XVIII: el establecimiento de la crítica y su contribución al progreso nacional'.]

615. Crooks, Esther J., 'The Renegade in the Spanish Theatre of the XVIIIth Century', *Hispania* (USA), 17:1 (1934), 45–52.

616. Cruz Cano y Olmedilla, Juan de la, *Colección de trajes de España, tanto antiguos como modernos, que comprehende todos los de sus dominios, dividida en dos volúmenes con ocho cuadernos de a doce estampas cada uno* (Madrid: Casa de M. Copin, Carrera de S. Gerónimo, 1777–1784) [in 2 parts]. [Reproduction (Madrid: Ediciones Turner, 1988), 28 pp.; illus.]

LC, YUL

617. Cruz Cano y Olmedilla, Ramón Francisco de la, *Teatro, ó colección de los saynetes y demás obras dramáticas de D. Ramón de la Cruz y Cano* (Madrid, 1786–1791), 10 vols.

618. Cruz Cano y Olmedilla, Ramón Francisco de la, *Colección de los sainetes, tanto impresos como inéditos de D. Ramón de la Cruz, con un discurso preliminar de don Agustín Durán y los juicios críticos de los sres. Martínez de la Rosa, Signorelli, Moratín y Hartzenbush* (Madrid: Librería Europea de Hidalgo, [1843]), 2 vols.

UCB

619. Cruz Cano y Olmedilla, Ramón Francisco de, *Teatro selecto de don Ramón de la Cruz*, colección completa de sus mejores sainetes, precedida de una biografía por Roque Barcia, ilustrada con láminas-acuarelas por Manuel Cubas (Madrid: J. M. Faquineto, 1882), vi + [7]–736 pp.; illus.

620. Cruz Cano y Olmedilla, Ramón Francisco de la, *Sainetes de Don Ramón de Cruz en su mayoría inéditos*, ed. Emilio Cotarelo y Mori (Madrid: Bailly-Ballière, 1915–1928), 2 vols. [Annotated with critical commentaries.]

621. Cruz Cano y Olmedilla, Ramón Francisco de la, *Five Sainetes*, ed., with intro., notes and a vocabulary, by C. E. Kany. International Modern Languages Series (Boston/New York: Ginn & Co, [1926]), xxxi + 303 pp.

622. Cruz Cano y Olmedilla, Ramón Francisco de la, *Sainetes*, ed., estudio y notas de José María de Castro y Calvo (Zaragoza: Editorial Ebro, n.d. [c.1941]), 118 pp.; illus.

623. Cruz Cano y Olmedilla, Ramón Francisco de la, *Doce sainetes*, ed., prólogo y notas de José Francisco Gatti. Textos Hispánicos Modernos 17 (Barcelona: Editorial Labor, 1972), 334 pp.

624.   Cruz Cano y Olmedilla, Ramón Francisco de la, *Sainetes*, ed., intro. y notas de John Dowling.   Clásicos Castalia 124 (Madrid: Castalia, [1982]), 2 vols; illus.; 4 plates.

UCB

625.   Cruz Cano y Olmedilla, Ramón Francisco de la, *Sainetes*, estudio preliminar, ed. y notas de Mireille Coulon.   Temas de España 163 (Madrid: Taurus [1985]), 288 pp.

626.   Cruz Cano y Olmedilla, Ramón Francisco de la, *Sainetes*, ed., prólogo y notas de J. M. Sala Valldaura, con la colaboración de Nathalie Bittoun-Debruyne, con un estudio preliminar de Mireille Coulon.   Biblioteca Clásica 84 (Barcelona: Crítica, 1996), 470 pp.

627.   Cruz Casado, Antonio, 'El tema de Boabdil en el teatro lucentino del siglo XVIII', *BRAC*, 62:120 (1991), 191–202.

628.   Cruz Moya, Olga, *Mentalidad popular y gusto teatral en el siglo XVIII a través de las acotaciones de 'Brancanelo el herrero'* (Jerez de la Frontera: Ayuntamiento, 1996), 20 pp.   [Separata de *Trivium.   Anuario de Estudios Humanísticos*, VIII [1996], 307–36.]

629.   *Cuatro siglos de teatro en Madrid: Museo Municipal, Teatro Albeniz, Teatro Español, Teatro María Guerrero*, ed. El Consorcio para la Organización de Madrid, Capital Europea de la Cultura, 1992 (Madrid: Rivas-Vacía/APSEL, 1992), 568 pp.; illus.

630.   Cueto, Leopoldo Augusto de, marqués de Valmar, *Poetas líricos del siglo XVIII*.   BAE LXI, LXIII & LXVII (Madrid: Ediciones Atlas, 1952–53), 3 vols.

631.   Cuevas, Jesús de las, 'El poeta sevillano José María Roldán (1771–1828): el *Danilo*, su drama pastoral inédito', *AH*, 31:98 (1959), 245–305.

632.   Curet, Francisco, *El arte dramático en el resurgir de Cataluña* (Barcelona: Editorial Minerva, [1917]), 406 pp.; illus.

UCLA

633.   Curet, Francisco, *Teatres particulars a Barcelona en el segle XVIII*ᵉ (Barcelona: Publicacions de la Institució del Teatre, 1935), 135 pp.

UCLA

634.   Curet, Francisco, *Visions barcelonines, 1760–1860: La Rambla, passeigs i jardins*, dibuixos de Lola Anglada (Barcelona: Dalmau i Jover, 1952), 297 pp.; illus.

SRLF

635.   Curet, Francisco, *Historia del teatre català* (Barcelona: Editorial Aedos, 1967), 641 pp.; illus.; facsimiles.

UCLA

636. Curtis, Margarita O'Byrne, 'Entre el deber y el placer: la función del libro en Cadalso y Torres Villarroel', *Dieciocho*, 20:1 (1997), 25–42.

637. Dahlhaus, Carl, 'Drammaturgia dell'opera italiana', in *Storia dell'opera italiana*. VI, *Teorie e techniche. Immagini e fantasmi*, ed. L. Bianconi e G. Pestelli (Torino: EDT, 1988), x + 504 pp.; illus.; facsimiles; 77–162.

638. Danvila, Manuel, 'Una carta de don Leandro Fernández de Moratín', *BRAH*, 36 (1900), 434–43.

639. Davis, Charles, 'Análisis por base de datos de los libros de cuentas de los corrales de Madrid 1708–1719', in *Teatros y vida teatral en el Siglo de Oro*, 1991 (see No. 2217), 191–204.

640. Davis, Charles, *Los aposentos del Corral de la Cruz, 1581–1823: estudio y documentos*. Colección Támesis. Serie C, Fuentes para la Historia del Teatro en España 30 (Woodbridge, Suffolk/Rochester, NY: Tamesis, 2004), 320 pp.

641. Davis, Charles and Varey, John E., 'Las compañías de actores de los corrales de comedias de Madrid: 1708–1719', in *En torno al teatro del Siglo de Oro: Actas de las Jornadas I–VI, Almería*, ed. Heraclia Castellón Alcalá, Agustín de la Granja y Antonio Serrano Agulló. Colección Actas 7 (Almería: Instituto de Estudios Almerienses, 1991), x + 186 pp.; illus.; 163–86.

642. Davis, Charles and Varey, John E., 'The *taburetes* and *lunetas* of the Madrid *corrales de comedias*: Origins and Evolution', in *The Eighteenth Century in Spain*, 1991 (see No. 803), 125–38.

643. Davis, Charles see also Shergold, Norman D.

644. Davis, Charles, see also Varey, John E.

645. *De la Ilustración al Romanticismo 1750–1850. VI encuentro 'Juego, fiesta y transgresión' (Cádiz 16, 17 y 18 de octubre de 1991)*, ed. Alberto Romero Ferrer, Fernando Durán López y Yolanda Vallejo Márquez (Cádiz: Univ. de Cádiz, 1995), 657 pp. (Abbreviated as *Juego, fiesta y transgresión*. Articles are listed under individual authors.)

646. *De la Ilustración al Romanticismo 1750–1850. VIII encuentro 'La identidad masculina en los siglos XVIII y XIX' (Cádiz 17, 18 y 19 de mayo de 1995)*, ed. Alberto Ramos Santana (Cádiz: Univ. de Cádiz, 1997), 317 pp. (Abbreviated as *La identidad masculina en los siglos XVIII y XIX*. Articles are listed under individual authors.)

647. *De místicos y mágicos, clásicos y románticos. Homenaje a Ermanno Caldera*, ed. Antonietta Calderone (Messina: Armando Siciliano, 1993), 523 pp. (Abbreviated as *De místicos y mágicos*. Articles are listed under individual contributors.)

648.   *De musica hispana et aliis.   Miscelánea en honor al Prof Dr José López-Calo, SJ, en su 65 cumpleaños*, coordinación de Emilio Casares y Carlos Villanueva (Santiago de Compostela, Univ. de Santiago de Compostela, 1990), 2 vols; illus.; music.   (Abbreviated as *De musica hispana et aliis.* Articles are listed under individual authors.)

649.   Deacon, Philip, 'García de la Huerta, *Raquel* y el motín de Madrid de 1766', *BRAE*, 56 (1976), 369–87.

650.   Deacon, Philip, *The Life and Works of Nicolás Fernández de Moratín (1737–1780)* (Doctoral thesis, Trinity College, Dublin, 1977).

651.   Deacon, Philip, 'El cortejo y Nicolás Fernández de Moratín', *BBMP*, 55 (1979), 85–95.

652.   Deacon, Philip, 'Nicolás Fernández de Moratín: tradición e innovación', *RLit*, 42:84 (1980), 99–120.

653.   Deacon, Philip, 'José Cadalso, una personalidad esquiva', *CHA*, 389 (1982), 327–30.

654.   Deacon, Philip, 'Vicente García de la Huerta y el círculo de Montiano: la amistad entre Huerta y Margarita Hickey', *REE*, 44:2 (1988), 395–421.

655.   Deacon, Philip, 'El censor y la crisis de las luces en España: el diálogo crítico-político de Joaquín Medrano de Sandoval', *EHS*, 52–53 (1990), 131–40.

656.   Deacon, Philip, 'Golden Age Drama in an Eighteenth-century Context: The Debate on the Theatre in the Reign of Carlos III', in *Golden Age Spanish Literature: Studies in Honour of John Varey by his Colleagues and Pupils*, ed. Charles Davis and Alan Deyermond (London: Westfield College, [1991]), 247 pp.; 73–82

657.   Deacon, Philip, 'The Removal of Louis Reynaud as Director of the Madrid Theatres in 1776', in *The Eighteenth Century in Spain*, 1991 (see No. 803), 163–72.

658.   Deacon, Philip, 'En busca de nuevas sensibilidades: el proceso civilizador en la cultura española del siglo XVIII', in *El mundo hispánico en el Siglo de las Luces*, 1996 (see No. 000), I, 53–72.

659.   Deacon, Philip, 'La ironía en *El sí de las niñas*', in *Teatro español del siglo XVIII*, 1996 (see No. 2209), I, 280–307.

660.   Deacon, Philip, 'Luzán y Moratín en los programas escolares del siglo XVIII', in *El siglo que llaman ilustrado*, 1996 (see No. 2097), 237–44.

661.   Deacon, Philip, 'La comicidad de Doña Irene en *El sí de las niñas* de Leandro Fernández de Moratín', in *Risas y sonrisas*, 1999 (see No. 1869), 145–58.

662.   Deacon, Philip, ' "Efectos de la crianza": *La mojigata* de Leandro Fernández de Moratín', *Dieciocho*, 27:1 (2004), 89–102.

663.   Deacon, Philip, see also Aguilar Piñal, Francisco.

664.   Défourneaux, Marcelin, *Pablo de Olavide, ou l'Afrancesado (1725–1803)* (Paris: Presses Universitaires de France, 1959), xi + 500 pp.; portrait. [Spanish translation: *Pablo de Olavide, el afrancesado*, trad. de Manuel Martínez Camaró (Sevilla: Padilla, 1990), 550 pp.; illus.]

                                                                                       UCLA

665.   Défourneaux, Marcelin, 'Une Adaptation inéditée du *Tartuffe*: *El Gazmoño ou Juan de Buen Alma*, de Cándido María Trigueros', *BHi*, 64 (1962), 43–60.

666.   Défourneaux, Marcelin, *L'Inquisition espagnole et les libres français au XVIIIe siècle* (Paris: Presses Universitaires de France, 1963), 214 pp. [Spanish translation: *Inquisición y censura de libros en la España del siglo XVIII*, trad. de J. Ignacio Tellechea Idígoras (Madrid: Taurus, 1973), 268 pp.]

667.   *Del oficio al mito: el actor en sus documentos*, ed. Evangelina Rodríguez Cuadros (Valencia: Servei de Publicacions de la Universitat, 1997), 2 vols. (Abbreviated as *Del oficio al mito*.   Articles are listed under individual authors.)

668.   Deleito y Piñuela, José, *También se divierte el pueblo.   Recuerdos de hace tres siglos.   Romerías, verbenas, bailes, carnaval, torneos, toros y cañas, academias poéticas, teatros* (Madrid: Espasa-Calpe, 1944 [2nd ed. 1954]), 302 pp.; illus.; facsimiles

669.   Delgado Bedmar, José Domingo, 'El Coliseo de Comedias de San Ildefonso en el siglo XVIII', in *El arte en las Cortes europeas del siglo XVIII*, 1989 (see No. 223), 230–36.

670.   Delpy, Gaspard, *Bibliographie des sources françaises de Feijoo* (Paris: Hachette, 1936), vii + 94 pp.

                                                                                       UCLA

671.   Delpy, Gaspard, *L'Espagne et l'esprit européen: l'oeuvre de Feijoo (1725–1760)* (Paris: Hachette, [1936]), ix + 387 pp.

                                                                                       UCLA

672.   Demerson, G., 'Acerca de un supuesto madrileño: D. Pedro Estala', *AIEM*, 1 (1966), 309–13.

673.   Demerson, G., *Don Juan Meléndez Valdés et son temps* (Paris: C. Klincksieck, 1961 [1962]), xv + 665 pp.   [Spanish translation: *Don Juan Meléndez Valdés y su tiempo (1754–1817)* (Madrid: Taurus, 1971), 2 vols.]

674.   Demerson, G., 'Para una biografía de Fray Diego González', *BRAE*, 53 (1973), 377–90.

675.   Demerson, G., *Carlos González de Posada: aproximación a su biografía*,
        prólogo de José Miguel Caso González (Oviedo: Centro de Estudios del
        Siglo XVIII/Carreño: Ayuntamiento de Carreño, 1984), 81 pp.

676.   Demerson, G., 'Une occasion manquée: l'europeisation de l'Espagne dans la
        seconde moitié du XVIIIᵉ siècle', Mémoires, *MAL*, 39 (1984), 181–93.

677.   Demerson, G, 'Cadalso y Extremadura', in *Homenaje a José Antonio
        Maravall*, ed. Mª Carmen Iglesias, Carlos Moya y Luis Rodríguez Zúñiga
        (Madrid: Instituto de Investigaciones Sociológicas, 1985), 3 vols; illus.; I,
        443–56.

678.   Demerson, G., 'Don Carlos González de Posada y la historia', in *Homenaje a
        Luis Morales Oliver*, 1986 (see No. 1225), 467–76.

679.   Demerson, G., 'Leandro Fernández de Moratín y José de Lugo en Londres
        (1792–1793)', *ALE*, 8 (1992), 53–62.

680.   Dérozier, Albert, *Manuel José Quintana y el nacimiento del liberalismo en
        España*, trad. Manuel Moya (Madrid: Ediciones Turner, 1978), 817 pp.

681.   Dérozier, Albert, 'El significado de las polémicas de la época en torno al
        teatro de Leandro F. de Moratín', in *Coloquio internacional sobre Leandro
        Fernández de Moratín*, 1980 (see No. 547), 61–74.

682.   Desdevises du Dézert, George, *Les Institutions de l'Espagne au XVIIIᵉ siècle*
        (Madrid: *Revista Hispanoamericana*, 1927), lxx + 554 pp.

683.   Devine, Mary V., *A Critical Edition of the Anonymous Play 'El bandido más
        honrado, y que tuvo mejor fin, Matheo Vicente Benet, Primera Parte',
        Together with a Study of the Figure of the 'bandido generoso' in the
        'comedia' of the Spanish Golden Age*, 323 pp. (Doctoral thesis, Wayne State
        University, Detroit, 1972) [*DAI*, 33A (1973), 6350].   [Also published (Ann
        Arbor: Xerox University Microfilms, 1975), 318 pp.]

684.   Di Pinto, Mario, 'La tesis feminista de Moratín.   Una hipótesis de lectura
        de *El viejo y la niña*', in *Coloquio internacional sobre Leandro Fernández de
        Moratín*, 1980 (see No. 547), 75–91.

685.   Di Pinto, Mario, 'Comella *vs.* Moratín.   Historia de una controversia', in
        Coloquio internacional sobre el teatro del siglo XVIII, 1988 (see No. 2205),
        141–66.

686.   Di Pinto Mario, 'La conciencia poética del coronel Cadalso', in *La literatura
        española de la Ilustración*, 1988 (see No. 1392), 73–92.

687.   Di Pinto, Mario, 'En defensa de Comella', *Ínsula*, 504 (1988), 16–17.

688.   Díaz Castañón, Carmen, 'La teoría dramática de Bances Candamo y la
        crítica teatral dieciochesca en España', in *SVEC*, 263–265 (1989), 1362–68.

689.   Díaz de Escovar, Narciso, *El teatro en Málaga: apuntes históricos de los siglos XVI, XVII y XVIII* (Málaga: Tip. de *El Diario de Málaga*, 1896), 116 pp.; 3 plates.

BL, UCB

690.   Díaz de Escovar, Narciso, *Galería literaria malagueña. Apuntes para un Índice biográfico bibliográfico relativos a escritores hijos de esta Provincia, residentes en ella o que han escrito respecto a la misma* (Málaga: n.p., 1898), 648 pp.

691.   Díaz de Escovar, Narciso, *Rita Luna. Apuntes biográficos de la eminente actriz malagueña.* Biblioteca de Eco de Málaga (Málaga: Tip. Zambrana Hermanos, 1900), 128 pp.

692.   Díaz de Escovar, Narciso, 'Anales de la escena española', *La Ciudad de Dios*, 80–94 (1909–1913).

693.   Díaz de Escovar, Narciso, 'Anales de la escena española desde 1750', *UIA*, 18 (1914). [Also published in *RCast*, 4 (1918), 95–96, 122–25; 5 (1919), 13–15, 132–33, 190–92, 206–08, 275–78.]

694.   Díaz de Escovar, Narciso, *Siluetas escénicas del pasado: colección de artículos históricos de costumbres, anécdotas, biografías etc. del teatro español* (Barcelona: Viuda de Luis Tasso, [1914?]), 256 pp.

UCLA

695.   Díaz de Escovar, Narciso, *Anales de la escena española correspondientes a los años 1680–1700: o sea colección de noticias curiosas sobre comediantes, obras dramáticas, formaciones de compañías, disposiciones legales etc., referentes al teatro español en dicha época* (Valladolid: Viuda de Montero, 1916), 46 pp. [Also appears in *RCast*, 1 (1905), 123–25, 146–50, 181–85.]

UCR

696.   Díaz de Escovar, Narciso, *Intimidades de la farándula: colección de artículos referentes a la escena, comediantes y escritores dramáticos desde el siglo XVI hasta el día* (Cádiz: Ed. España y América, [1916]), 160 pp. [Reprinted (Cádiz: Manuel Álvarez, 1925])

UCLA

697.   Díaz de Escovar, Narciso, *Anales de la escena española* (Madrid: Impr. Helénica, 1917), 3 vols; Vol. III, *1701–1750*, 84 pp. [Also published in *UIA* (1914), 6–9; 1 (1915), 14–15; 2 (1915), 29–31; 8 (1915), 19–22; 3 (1916), 15–16; 4 (1916), 19–20; 5 (1916), 22–24; 6 (1916), 12–13; 7 (1916), 21–22; 3 (1917), 26–27; 4 (1917), 38; 5 (1917), 37–38; 6 (1917), 30; 2 (1918), 33–35; 3 (1918), 41–42; 4 (1919), 31–32.]

UCB

698.   Díaz de Escovar, Narciso, *Añoranzas histriónicas* (Madrid: Edit. Madrid, 1925), 218 pp.

699. Díaz de Escovar, Narciso, 'Comediantes del siglo XVIII', *BRAH*, 87 (1925), 60–77.

700. Díaz de Escovar, Narciso, 'Autores dramáticos de otros siglos. Dionisio Solís', *BRAE*, 94 (1929), 440–48.

701. Díaz de Escovar, Narciso and Lasso de la Vega, Francisco de Paula, *Historia del teatro español. Comediantes. Escritores. Curiosidades escénicas*, con un 'Apéndice sobre los teatros catalán y valenciano' por José Bernat y Durán (Barcelona: Montañer y Simón, 1924), 2 vols: I, xxiv + 472 pp.; II, lix + 422 pp.; illus.; 2 plans. [See Vol. I, 'Tercer período. El teatro español en el siglo XVIII', 277–380; Vol II, 'Los teatros regionales catalán y valenciano', 325–418 (esp. 336–45).]
UCLA, GUL

702. Díaz-Jiménez y Molleda, Eloy, *Epistolario inédito del poeta d. Juan Manuel Quintana: observaciones preliminares* (Madrid: V. Suárez, 1933), 182 pp.

703. Díaz Larios, Luis F., 'Moreto refundido por Zorrilla', in *De místicos y mágicos*, 1993 (see No. 647), 225–36.

704. Díaz Plaja, Fernando, *La vida española en el siglo XVIII* (Barcelona: A. Martín, 1946), 269 pp.; illus.
UCLA

705. Díaz-Plaja, Guillermo, 'Perfil del teatro romántico español', *EE*, 8 (1963), 29–56.

706. Díaz-Regañón, José María, 'Una parodia española de *Ifigenia en Aulide*', *Argensola*, 8:32 (1957), 297–305.

707. Dibdin, Charles, *A Complete History of the English Stage* (New York: Garland, 1970), 5 vols. [Facsimile edition of the work originally published in 1800 which includes a review of Asiatic, Grecian, Roman, Spanish, Italian, Portuguese, German, French and other theatres. Vols II–V are titled: *A Complete History of the Stage*.]
HUL

708. Dickenson, Thomas *et al.*, *The Theatre in a Changing Europe* (London: Putnam, [1938?], vi + 492 pp. [See especially, pp. 320–29 for notes on Spanish actors and theatre.]

709. Díez Borque, José María, 'Teatro popular y magia en el siglo XVIII español', *CHA*, 301 (1975), 213–18.

710. Díez Borque, José María, 'Teatro español del siglo XVIII: los perfiles teóricos del cambio', *Ínsula*, 462 (1985), 9.

711. Díez González, Santos, 'Discurso sobre el estado actual del teatro español', *La Espigadera*, 1 (1790), 1–27.

712. Díez González, Santos, 'Informe' [on the State of the Theatres], *RCont* (15 February 1896). [Published in 'Comella' by Carlos Cambronero in *RCont*, see No. 376.]

713. Díez González, Santos, 'Informe' [on the Petition by Comella in 1789], *RCont* (30 June 1896), pp. 578 *ff*. [Published in 'Comella' by Carlos Cambronero in *RCont*, see No. 376.]

LC

714. Díez González, Santos, *Conversaciones de Lauriso Traginense, pastor arcade, sobre los vicios y defectos del teatro moderno y el modo de corregirlos y enmendarlos* (Madrid, 1798).

715. Díez González, Santos, Jouvency, Joseph de and Massieu, Guillaume, *Instituciones poéticas, con su discurso preliminar en defensa de la poesía, y un compendio de la historia poética o mitología, para inteligencia de los poetas* (Madrid: En la oficina de B. Cano, 1793), lxxii + 443 pp.

BNM

716. Doménech, Rico, Fernando, 'El teatro breve en el siglo XVIII', *Ínsula*, 639–640 (2000), 20–23.

717. Doménech Rico, Fernando, *Leandro Fernández de Moratín*. Historia de la Literatura Universal. Literatura Española. Serie Autores 27 (Madrid: Editorial Síntesis, 2003), 206 pp.

718. Doménech Rico, Fernando, see also Calderone, Antonietta.

719. Domergue, Lucienne, 'Dos reformadores del teatro: Nifo y Moratín', in *Coloquio internacional sobre Leandro Fernández de Moratín*, 1980 (see No. 547), 93–106.

720. Domergue, Lucienne, 'Nicolás de Moratín, censor', *RLit*, 42:84 (1980), 247–60.

721. Domergue, Lucienne, *Censure et lumières dans l'Espagne de Charles III* (Paris: Éditions du CNRS, 1982), x + 216 pp.

722. Domergue, Lucienne, 'El Alcalde de Casa y Corte en el "Coliseo". Teatro y policía en España a fines del Antiguo Régimen', in *Coloquio internacional sobre el teatro español del siglo XVIII*, 1988 (see No. 545), 167–88.

723. Domergue, Lucienne, 'La censura en los albores de las luces: el caso del Padre Feijoo y sus aprobantes', in *Estudios dieciochistas*, 1995 (see No. 838), I, 227–38.

724. Domínguez de Paz, Elisa, 'Un aspecto del feminismo en las comedias de capa y espada de Juan de la Hoz y Mota', *Castilla*, 9–10 (1985), 9–14.

725. Domínguez de Paz, Elisa, *La obra dramática de Juan de la Hoz y Mota* (Valladolid: Univ. de Valladolid, 1986), 176 pp.; illus. [Collaborator with Lanini and Cañizares; see especially pp. 73–77, 116–27.] [Originally Doctoral thesis, Universidad de Valladolid, 1984.]

726. Domínguez de Paz, Elisa, 'Problemas documentales para el estudio de la vida y obra de Juan de la Hoz y Mota', in *Teatros y vida teatral en el Siglo de Oro*, 1991 (see No. 2217), 317–26.

727. Domínguez de Paz, Elisa, 'Algunos aspectos técnico-dramáticos de *El encanto del olvido* de Juan de la Hoz y Mota', in *Actas del Décimo Congreso de la Asociación Internacional de Hispanistas*, 1992 (see No. 7), I, 893–904.

728. Domínguez de Paz, Elisa, 'Reflexiones en torno al feminismo en la obra dramática de Juan de la Hoz y Mota: *La más valiente guerrera*', in *Studia aurea. Actas del III Congreso de la AISO (Toulouse 1993)*, ed. Ignacio Arellano et al. (Pamplona: GRISO/Toulouse: LEMSO, 1996), 3 vols; II, 129–40.

729. Domínguez de Paz, Elisa, '*El Abraham castellano y blasón de los Guzmanes* de Hoz y Mota: originalidad e imitación', in *Actas del IV Congreso Internacional de la Asociación Internacional Siglo de Oro (AISO) (Alcalá de Henares, 22–27 de julio de 1996)*, ed. María Cruz García de Enterría y Alicia Cordón Mesa (Alcalá de Henares: Univ. de Alcalá de Henares, 1998), 2 vols; I, 553–62.

730. Domínguez de Paz, Elisa, 'Una comedia de enredo de Juan de la Hoz y Mota: *Los disparates de la Encina*', in *La comedia de enredo. Actas de las XX Jornadas de Teatro Clásico (1997), Almagro 8, 9 y 10 de julio*, ed. Felipe B. Pedraza Jiménez y Rafael González Cañal (Cuenca: Univ. de Castilla-La Mancha/Almagro: Festival de Almagro, 1998), 388 pp.; 255–68.

731. Domínguez de Paz, Elisa and Carrascosa Miguel, Pablo, 'Aproximaciones a algunos problemas de la técnica dramática en *El niño inocente de La Guardia* de Lope y *La viva imagen de Cristo* de Hoz y Cañizares', *Canente*, 5 (1987), 25–38.

732. Domínguez de Paz, Elisa and Carrascosa Miguel, Pablo, '*El niño inocente de La Guardia*, de Lope y *La viva imagen de Cristo*, de Hoz y Cañizares: semejanzas y diferencias', in *Teatro español a fines del siglo XVII*, 1989 (see No. 2207), II, 343–57.

733. Domínguez Díez, Rosalía and Gallego García, Ángela, 'El teatro y los tipos populares en el Madrid del siglo XVIII', in *El arte en las Cortes europeas del siglo XVIII*, 1989 (see No. 223), 244–54.

734. Domínguez Matito, Francisco, *El teatro en La Rioja: 1580–1808. Los patios de comedias de Logroño y Calahorra. Estudio y documentos*. Biblioteca de Investigación 23 (Logroño: Univ. de La Rioja, 1998), 568 pp.; illus.

735.   Domínguez Matito, Francisco, 'Calderón fuera de la Corte. Sobre la fortuna del teatro calderoniano en el siglo XVIII', in *Ayer y hoy de Calderón*, 2002 (see No. 235), 203–28.

736.   Domínguez Ortiz, Antonio, *La sociedad española en el siglo XVIII*, prólogo de Carmelo Viñas y Mey. Monografías Histórico-Sociales 1 (Madrid: Instituto Balmes de Sociología/Depto de Historia Social, CSIC, 1955), 396 pp.

                                                                                    UCLA

737.   Domínguez Ortiz, Antonio, 'Don Leandro Fernández de Moratín y la sociedad española de su tiempo', *RUM*, 9:35 (1960), 607–42. [Republished in *Moratín y la sociedad española de su tiempo*, 1961 (see No. 1591) and reproduced in his *Hechos y figuras del siglo XVIII español* (Madrid: Ed. Siglo XXI, 1973), xi + 268 pp., 193–245.]

738.   Domínguez Ortiz, Antonio, *Sociedad y estado en el siglo XVIII español*. Ariel Historia 9 (Barcelona: Ariel, 1976), 532 pp.

                                                                                    UCLA

739.   Domínguez Ortiz, Antonio, 'La batalla del teatro en el reinado de Carlos III', *ALE*, 2 (1983), 177–96; 3 (1984), 207–34.

740.   Domínguez Ortiz, Antonio, 'Un episodio de la lucha por el teatro en el siglo XVIII español', *NRFH*, 33:1 (1984), 213–18.

741.   Doms, Jaime, *Carta al Señor D. Agustín de Montiano y Luyando, del Consejo de S.M. [criticando la Tragedia 'Virginia' del mismo]* (Barcelona: Calle y Casa de la Imprenta, 1753).

742.   Doms, Jaime, *Examen de la carta que se supone impressa en Barcelona y escrita por ... Jaime Doms contra el discurso sobre las tragedias españolas, y la 'Virginia' de el señor Don Agustín de Montiano y Luyando* (Madrid: En la Imp. De Murcia, [1753]), 66 pp.

743.   *Don Agustín de Montiano y Luyando*, ed. Francisco Rafael de Uhagón y Guardamino, Marqués de Laurencín (Madrid: Tip. de la *RABM*, 1926), 369 pp.; portrait.

                                                                                    UCLA

744.   Dorca, Toni, 'Goya, Ramón de la Cruz y los orígenes de la España pintoresca', *Dieciocho*, 28:1 (2005), 175–90.

745.   Doreste, Ventura, 'Estudio sobre Clavijo y Fajardo', *AEAtl*, 12 (1966), 201–19.

746.   Doreste, Ventura, 'José Clavijo y Fajardo', *ECan*, 2 (1968), 82–84.

747.   Dowling, John C., 'A Farce Attributed to Corneille and Moratín', *RomN*, 1:1 (1959), 43–45.   [The Department of Manuscripts of the Biblioteca Nacional in Madrid holds a one act play whose title page reads: '*La Estera*. Pieza heroica en un acto: original francés. Del célebre Corneille. Traducida al castellano por Dn. Leandro Fernández Moratín'.   BN, MS 14.599. Item 3240, Paz, *Catálogo de las piezas de teatro que se conservan en el Departamento de Manuscritos de la Biblioteca Nacional*, Vol. I (see No. 1713).]

748.   Dowling, John C., 'Moratín, suplicante.   La primera carta conocida de Don Leandro', *RABM*, 68 (1960), 499–503.

749.   Dowling, John C., 'La primera comedia de Moratín, *El viejo y la niña*', *Ínsula*, 161 (1960), 11.

750.   Dowling, John C., 'The Inquisition Appraises *El sí de las niñas*', *Hispania* (USA) 44:2 (1961), 237–44.

751.   Dowling, John C., 'The Taurine Works of Nicolás Fernández de Moratín', *SCB*, 22:4 (1962), 31–34.

752.   Dowling, John C., 'La noticia de Leandro de Moratín sobre la interpretación de lenguas', *Hispanófila*, 20 (1964), 49–54.

753.   Dowling, John C., 'Moratín's History of the Spanish Drama', in *Hispanic Studies.   Homage to John M. Hill.   In Memoriam*, ed. W. Poesse (n.p.: Indiana U. P., 1968), 336 pp., 177–88.

754.   Dowling, John C., 'Moratín's *La comedia nueva* and the Reform of the Spanish Theater', *Hispania* (USA), 53:3 (1970), 397–402.

755.   Dowling, John C., *Leandro Fernández de Moratín*, Twayne's World Author Series 149 (New York: Twayne Publishers, 1971), 178 pp.

UCLA, PUM

756.   Dowling, John C., 'La génesis de *El viejo y la niña* de Moratín', *HR*, 44:2 (1976), 113–25.

757.   Dowling, John C., 'A Poet Rewrites History: Nicolás Fernández de Moratín and the Burning of Cortés' Ships', *SAB*, 41:4 (1976), 66–73.

758.   Dowling, John C., 'La regla de la verosimilitud demostrada en las dos primeras ediciones de *El sí de las niñas*', *Dieciocho*, 3 (1980), 108–14.

759.   Dowling, John C., 'Moratín's Creation of the Comic Role for the Older Actress', *ThS*, 24:1–2 (1983), 55–63.

760.   Dowling, John C., 'La sincronía de *El delincuente honrado* de Jovellanos y las *Noches lúgubres* de Cadalso', *NRFH*, 33:1 (1984), 218–23.

761.   Dowling, John C., 'Words and Music: Moratín and the Musical Culture of
        His Age', in *Ideas and Letters in Eighteenth-century Spain*, 1984 (see No.
        1247), 84–95.

762.   Dowling, John C., 'Autocrítica y defensa del mardoqueo de Juan Clímaco
        Salazar', in *Coloquio internacional sobre el teatro español del siglo XVIII*,
        1988 (see No. 545), 189–202.

763.   Dowling, John C., 'La cómica y el fraile: La Caramba y Fray Diego José de
        Cádiz, o la crisis de dirección en el teatro del reinado de Carlos III', in *La
        literatura española de la Ilustración*, 1988 (see No. 1392), 93–112.

764.   Dowling, John C., 'La farsa al servicio del naciente siglo de las luces: *El
        hechizado por fuerza* (1697), de Antonio de Zamora', in *Teatro español a
        fines del siglo XVII*, 1989 (see No. 2207), II, 275–86.

765.   Dowling, John C., 'Ramón de la Cruz: libretista de zarzuelas', in *The
        Eighteenth Century in Spain*, 1991 (see No. 803), 173–82.

766.   Dowling, John C., 'Autobiografía y romanticismo en *El viejo y la niña*', in
        Ilustración y Neoclasicismo, Historia y crítica de la literatura española,
        1992 (see No. 1065), 208–12.

767.   Dowling, John C., 'Características y estructura del sainete', in *Ilustración y
        Neoclasicismo, Historia y crítica de la literatura española*, 1992 (see No.
        1065), 136–42.

768.   Dowling, John C., 'Los críticos del XVIII ante el teatro del presbítero don
        Tomás Añorbe y Corregel', in *La comedia de magia y de santos*, 1992 (see
        No. 548), 293–306.

769.   Dowling, John C., 'Sentimentalismo y pasión en Jovellanos y Cadalso', in
        Ilustración y Neoclasicismo, Historia y crítica de la literatura española,
        1992 (see No. 1065), 175–80.

770.   Dowling, John C., 'Vida azarosa y drama llorón de Pablo de Olavide y
        Gaspar de Jovellanos: agonistas en la reforma del teatro español', in *Pen
        and Peruke*, 1992 (see No. 1724), 1–24.

771.   Dowling, John C., 'El comerciante gaditano: el don Roque de Moratín',
        Dieciocho, 16:1–2 (1993), 67–76.

772.   Dowling, John C., 'Los tres fines de siglo de Ramón de la Cruz', *Ínsula*, 574
        (1994), 7–9.

773.   Dowling, John C., 'Poetas y cómicos en la reforma del teatro español: casos
        concretos desde *Manolo* y *Hormesinda* a *El muñuelo* y *La comedia nueva*',
        in *Letras de la España contemporánea: homenaje a José Luis Varela*, ed.
        Nicasio Salvador Miguel (Alcalá de Henares: Centro de Estudios
        Cervantinos, 1995), 406 pp.; 127–33.

774.   Dowling, John C., 'El teatro del siglo XVIII (II)', in *Historia de la literatura española*, dir. Víctor García de la Concha, coord. Guillermo Carnero, VI, *Siglo XVIII (I)* (Madrid: Espasa-Calpe, 1995), 295–477.

775.   Dowling, John C., '*Las castañeras picadas* de Ramón de la Cruz: entonces (1787), después (1898), ahora', in *El siglo que llaman ilustrado*, 1996 (see No. 2097), 289–96.

776.   Dowling, John C., 'Ramón de la Cruz en el teatro lírico del XVIII: el poema y la música', in *Teatro español del siglo XVIII*, 1996 (see No. 2209), I, 309–327.

777.   Dowling, John C., 'Fortunes and Misfortunes of the Spanish Lyric Theater in the Eighteenth Century', *CD*, 31:1 (1997), 129–57.

778.   Dowling, John C., 'Don Quijote on the Eighteenth-century European Stage: Camacho's Wedding', in *Homenaje a John H. R. Polt*, 1999 (see No. 1224), 281–90.

779.   Dowling, John C., 'El pedante de Moratín', *Dieciocho*, 27:1 (2004), 171–84.

780.   Dufour, Gérard, 'Juan de Zabaleta et Ramón de la Cruz: du "galán" au "petimetre" ', *LNL*, 212 (1974), 81–89.

781.   Dufour, Gérard, 'El público de Ramón de la Cruz', *Ínsula*, 574 (1994), 19–20.

782.   Dufour, Gérard, 'Lujo y pauperismo en Ramón de la Cruz', in *Teatro español del siglo XVIII*, 1996 (see No. 2209), I, 329–36.

783.   Duqueroix, F., *Marthe Brossier de Romarantin dans la théâtre espagnole du XVIIIe siècle* (Paris: Faculté des Lettres de l'Univ. de Paris, 1956), 119 pp.

784.   Durán, Agustín, *Discurso sobre el influjo que ha tenido la crítica moderna en la decadencia del teatro antiguo español, y sobre el modo con que debe ser considerado para juzgar convenientemente de su mérito peculiar* (Madrid: Imprenta de Ortega y Compañía, 1828), 124 pp. [Modern edition, ed. Donald L. Shaw (Málaga: Ágora, 1994), 117 pp.)

                                                                          UCLA

785.   Durán, Manuel, 'Jovellanos, Moratín y Goya. Una nueva interpretación del siglo XVIII español', *CA*, 138:1 (1965), 193–98.

786.   Durán, Manuel and González Echevarría, Roberto, *Calderón y la crítica: historia y antología*. Biblioteca Románica Hispánica 2 (Madrid: Gredos, 1976), 2 vols, 768 pp. [See Vol. I for the eighteenth century.]

787.   Durán López, Fernando, 'Respuesta de Fray Diego de Cádiz al regidor de una de las ciudades de España en torno a la ilicitud de las comedias', *Draco*, 3–4 (1991), 207–53.

788. Durán López, Fernando, 'Autobiografía, espacio urbano e identidad intelectual ilustrado: el caso de Mor de Fuentes', *CIR*, 3 (1992), 75–88.

789. Durán López, Fernando, 'Fray Diego José de Cádiz contra el teatro', in *Juego, fiesta y transgresión*, 1995 (see No. 645), 501–12.

790. Durán López, Fernando, 'La autobiografía juvenil de José Cadalso', *RLit*, 64:128 (2002), 437–73.

791. Durrieu, Xavier, 'Théâtre moderne de l'Espagne', *RDM*, 7 (1844), 601–33.

792. Ebersole, Alva V., 'José de Cañizares y una fiesta real de 1724', *RomN*, 15 (1973), 90–95.

793. Ebersole, Alva V., *José de Cañizares, dramaturgo olvidado del siglo XVIII* (Madrid: *Ínsula*, 1974), 200 pp.

> UCLA

794. Ebersole, Alva V., *Santos Díez González, censor*. Colección Monografías 1 (Valencia/Chapel Hill: Albatros Hispanófila, [1982]), 71 pp.

> HUL

795. Ebersole, Alva V., *Los 'Sainetes' de Ramón de la Cruz: nuevo examen*. Albatros Hispanófila 26 (Valencia: Albatros, 1983), 130 pp.

> UCLA

796. Ebersole, Alva V., *La obra teatral de Luciano Francisco Comella, 1789–1806*. Colección Monografías 6 (Valencia: Albatros, 1985), 62 pp.

797. Effross, Susi Hillburn, 'Leandro Fernández de Moratín in England', *Hispania* (USA), 48:1 (1965), 43–50.

798. Egido, Aurora, *Bosquejo para una historia del teatro en Aragón hasta finales del siglo XVIII*. Publicación de la Institución Fernando el Católico 1134 (Zaragoza: Diputación Provincial, Institución Fernando el Católico, 1987), 63 pp. + 6 plates   [For eighteenth-century theatre see pp. 34–57.]

799. Egido, Aurora, 'Sobre la demonología de los burladores (de Tirso a Zorrilla)', *CTC*, 2 (1988), 37–54.

800. Egido, Teófanes, 'Los anti-ilustrados españoles', in *La Ilustración en España y Alemania*, ed. Reyes Mate y Friedrich Niewöhner (Barcelona: Anthropos, 1989), 271 pp.; 95–120.

801. Eguía Ruiz, Constancio, 'Moratín, censor censurado de nuestra escena: nuevos datos biográficos', *RyF*, 85 (1928), 119–35.

802. Eguía Ruiz, Constancio, 'Moratín, pretenso censor de nuestro teatro', *RyF*, 84 (1928), 275–88.

803. *The Eighteenth Century in Spain: Essays in Honour of I. L. McClelland*, ed. Ann L. Mackenzie. *BHS*, LXVIII (1991), 246 pp. (Abbreviated as *The Eighteenth Century in Spain*. Articles are listed under individual authors.)

GUL

804. El Sayed, Ibrahim Soheim, *Don Antonio Valladares de Sotomayor, autor dramático del siglo XVIII*. Colección Tesis Doctorales 21/93 (Madrid: Editorial de la Univ. Complutense, 1993), xiv + 525 pp. [Also on CDRom (2001).]

805. El Sayed, Ibrahim Soheim, 'Los sainetes de Antonio Valladares y Sotomayor', in *Teatro español del siglo XVIII*, 1996 (see No. 2209), II, 549–72.

806. Elías de Molíns, A., 'Noticias y documentos sobre el teatro castellano, italiano y catalán en Barcelona desde el siglo XIV a principios del XIX', *RCHL*, 5 (1900), 18–26, 71–87.

807. Elizalde, Ignacio, 'La teoría del teatro de F. A. Bances Candamo', in *Teatro español a fines del siglo XVII*, 1989 (see No. 2207), II, 219–32.

808. Elorza, Antonio, 'La polémica sobre los oficios viles en la España del siglo XVIII', *RT* (1968), 69–78.

809. *Enciclopedia del arte escénico*, dirección de Guillermo Díaz Plaja (Barcelona: Editorial Noguer, 1958), 645 pp.; illus.

UCLA

810. Enciso Recio, Luis Miguel, *Nipho y el periodismo español del siglo XVIII* (Valladolid: Univ. de Valladolid, 1956), xvii + 430 pp.

811. Enciso Recio, L. M., 'Actividades de los franceses en Cádiz, 1789–90', *Hispania* (Madrid), 19:75 (1959), 251–86.

812. Entrambasaguas Peña, Joaquín de, 'Un breve de Pío VI referente a *La Florida* y traducido por Moratín', *RABM*, 7 (1930), 275–98.

813. Entrambasaguas Peña, Joaquín de, 'Don Manuel Fermín Laviano y unas composiciones suyas inéditas', *AUM*, 1 (1932), 167–76, 505–19.

814. Entrambasaguas Peña, Joaquín de, 'El lopismo de Moratín', *RFE*, 25 (1941), 1–45.

815. Entrambasaguas Peña, Joaquín de, *La valoración de Lope de Vega en Feijoo y su época*. Cuadernos de la Cátedra Feijoo 4 (Oviedo: Univ. de Oviedo, 1956), 60 pp.

816. Entrambasaguas Peña, Joaquín de, 'Una carta inédita de Moratín', *MiscE*, 1 (1957), 157–60.

817. Entrambasaguas Peña, Joaquín de, *El Madrid de Moratín*. Temas Madrileños 20 (Madrid: Instituto de Estudios Madrileños, 1960), 38 pp.; illus. in text.

UCLA

818. Entrambasaguas Peña, Joaquín de, 'Aportaciones para una edición del *Epistolario* de Moratín', *RABM*, 75 (1968–1972), 215–63.

819. Entrambasaguas Peña, Joaquín de, 'Vanidad y temor en una actitud de Moratín', *AIEM*, 9 (1973), 387–99.

820. *EntreSiglos. Actas del Congreso Entre Siglos: cultura y literatura en España desde finales del siglo XVIII a principios del XIX, Bordighera, 3–6 abril, de 1990*, a cura di Ermanno Caldera & Rinaldo Froldi (Rome: Bulzoni, [1991]), 92 pp. (Abbreviated as *EntreSiglos 1*. Articles are listed under individual authors.)

821. *EntreSiglos. Actas del Congreso Entre Siglos: cultura y literatura en España desde finales del siglo XVIII a principios del XIX, Bordighera, 3–6 abril, de 1990*, ed. Ermanno Caldera and Rinaldo Froldi (Roma: Bulzoni, 1993), 267 pp. (Abbreviated as *EntreSiglos 2*. Articles are listed under individual authors.)

822. *Epistolario de Leandro Fernández de Moratín*, ed. René Andioc (Madrid: Castalia, 1973), 763 pp. [Includes bibliographical/theatre-references.]

UCLA

823. Equipo Madrid de Estudios Históricos, *Carlos III, Madrid y la Ilustración: contradicciones de un proyecto reformista* (Madrid: Siglo XXI de España Editores, 1988), xiii + 417 pp.; illus.

UCLA

824. Erauso y Zabaleta [Zavaleta], Tomás de, see Loyola y Oyanguren, Ignacio de.

825. Escobar, José, 'La mímesis costumbrista', *RQ*, 35 (1988), 261–70.

826. Escobar, José, 'El teatro del Siglo de Oro en la controversia ideológica entre españoles castizos y críticos. Larra frente a Durán', in *Clásicos después de los clásicos*, 1990 (see No. 530), 155–70.

827. Escosura, Patricio de la, 'Moratín en su vida íntima. Fragmento de un libro en proyecto', *IEA*, 21 (1877), 1–47.

828. Escribano Escribano, José María, *Biografía y obra de Eugenio Gerardo Lobo*. Serie Iª Monografías 42 (Toledo: Instituto Provincial de Investigaciones y Estudios Toledanos, Diputación Provincial de Toledo, 1996), 172 pp.; illus.

829.   *Espacios teatrales del barroco español: calle, iglesia, palacio, universidad.*
       XIII Jornadas de Teatro Clásico, Almagro, 7–9 de julio, 1990, ed. José
       María Diez Borque.   Teatro del Siglo de Oro.   Estudios de Literatura 9
       (Kassel: Reichenberger, 1991), vi + 253 pp.; illus.   [Principal references to
       the seventeenth century but has some data on the eighteenth century.]
                                                                            HUL

830.   *España festejante.   El siglo XVIII*, ed. Margarita Torrione (Málaga: Centro
       de Ediciones de la Diputación de Málaga, 2000), 559 pp.; illus. (Abbreviated
       as *España festejante.*   Articles are listed under individual authors.)

831.   Espina, Antonio, *Seis vidas españolas.   María Isidra de Guzmán, Diego de
       Torres Villarroel, María Luisa de Parma, Isidoro Máiquez, Lola Montes,
       Julián Romea.*   Temas de España 54 (Madrid: Taurus, 1967), 156 pp.

832.   Espinosa, Agustín, *Don José Clavijo y Fajardo*, prólogo de Ángel Valbuena
       Prat (Las Palmas: Ediciones del Excmo Cabildo Insular de Gran Canaria,
       1970), 154 pp.

833.   Espinosa, Hilma see Rodríguez, Alfred.

834.   Esquer Torres, Ramón, 'Leandro Fernández de Moratín y Pastrana:
       contribución al epistolario del dramaturgo del XVIII', *RLit*, 18:35 (1960), 3–32.

835.   Esquer Torres, Ramón, 'Las prohibiciones de comedias y autos
       sacramentales en el siglo XVIII.   Clima que rodeó a la Real Orden de
       1765', *Segismundo*, 1:2 (1965), 187–226.

836.   Esquer Torres, Ramón, 'Leandro Fernández de Moratín y Pastrana', *RLit*,
       37:73–74 (1970), 15–54.

837.   Estapa, Luis, 'Noticia sobre un género dramático desconocido: la folla',
       RLit, 55:110 (1993), 523–39.

838.   *Estudios dieciochistas en homenaje al Profesor José Miguel Caso González*
       (Oviedo: Instituto Feijoo de Estudios del Siglo XVIII/Caja de Asturias,
       1995), 2 vols: I, 463 pp.; II, 433 pp.   (Abbreviated as *Estudios dieciochistas.*
       Articles are listed under individual authors.)
                                                                            GUL

839.   *Estudios ofrecidos a Emilio Alarcos Llorach, con motivo de sus XXV años de
       docencia en la Universidad de Oviedo* (Oviedo: Servicio de Publicaciones,
       Univ. de Oviedo, 1979), 5 vols.   (Abbreviated as *Estudios ofrecidos a
       Emilio Alarcos Llorach.*   Articles are listed under individual authors.)

840.   *Exposición de antiguo Madrid.   Catálogo general ilustrado*, ed. Sociedad
       Española de Amigos del Arte (Madrid: Gráficas Reunidas, 1926), 360 pp.;
       plates.
                                                                            UCLA

841.   *Exposición en torno a Moratín en el II centenario de su nacimiento* (Madrid:
        Biblioteca Nacional, 1961), 59 pp.; illus.; facsimiles; portraits. [Catalogue.]
                                                                                    UCLA

842.   Ezquerra, J. and Trullench, P. P., *Índice alfabético de las comedias que se
        han representado en los coliseos de Madrid desde el día 1 de enero de 1784.*
        MS BNM 14758.
                                                                                    BNM

843.   Fabbri, Maurizio, *Un aspetto dell'illuminismo spagnolo: l'opera letteraria di
        Pedro Montengón.* Studi e Testi 39 (Pisa: Librería Goliardica, 1972), 169 pp.

844.   Fabbri, Maurizio, 'Il teatro tragico ispano-italiano dei Gesuiti espulsi', in *I
        Borbone di Napoli e i Borbone di Spagna*, ed. Mario Di Pinto.   Acta
        Neapolitana 3 (Napoli: Guida Editore, 1985), 2 vols; illus.; II, 405–20.

845.   Fabbri, Maurizio, Garelli, Patricia and Menarini, Piero, *Finalitá ideologiche e
        problematica litteraria in Salazar, Iriarte, Jovellanos: tre saggi sul teatro
        spagnolo dell'ultimo settecento.* Studi e Testi 44 (Pisa: Goliardica, 1974), 171 pp.
                                                                                    HUL

846.   Fàbregas, Xavier, *Teatre català d'agitació política.*   Libres 'A l'Abast'
        (Barcelona: Edicions 62, 1969), 315 pp.
                                                                                    UCLA

847.   Fàbregas, Xavier, *Història del teatre català.*   Catalunya Teatral: Estudis 1
        (Barcelona: Editorial Millà, 1978), 365 pp.

848.   Fajardo, Juan Isidro, *Índice de todas las comedias en verso español y
        portugués que se han impreso hasta el año de 1716* (Madrid, 1717).   [MS
        BNM VV1014706.]
                                                                                    BNM

849.   Falk, Heinrich Richard, 'A Census of the Provincial Theatre in Eighteenth-
        century Spain', *ThS*, 20:1 (1979), 75–123.

850.   Falk, Heinrich Richard, 'Enlightenment Ideas, Attitudes, and Values in the
        "teatro menor" of Luis Moncín', in *Studies in Eighteenth-century Spanish
        Literature and Romanticism*, 1985 (see No. 2142), 77–88.

851.   Farrell, Anthony J., '¿Imitación o debilitación? *La viva imagen de Cristo*
        de José de Cañizares y Juan de la Hoz y Mota, in *Teatro español a fines del
        siglo XVII*, 1989 (see No. 2207), II, 359–67.

852.   Farrell, Anthony J., 'Las comedias sueltas de José de Cañizares en la
        Biblioteca de Menéndez Pelayo', *BBMP*, 69 (1993), 307–44.

853.   Fernández, Carlos M., 'Espectáculos, ópera y hospitales en España', *RMus*,
        12:2 (1989), 567–89.

854.   Fernández, Melitón [*pseudonym of Leandro Fernández de Moratín*], *Lección poética: sátira contra los vicios introducidos en la poesía castellana* (Madrid: Joachín Ibarra, impresor de Cámara de S.M. y de la Real Academia Española, 1782), 32 pp.; fol. 2.

855.   Fernández Almagro, Melchor, 'Meléndez Valdés, clásico y romántico', *Clavileño*, 26 (1954), 1–8.

856.   Fernández Álvarez, Manuel, *Jovellanos* (Madrid: Espasa-Calpe, 1988), 207 pp.

857.   Fernández Cabezón, Rosalía, 'Agustín de Montiano, seguidor de Calderón de la Barca: *La lira de Orfeo*', *Castilla*, 6–7 (1983–1984), 29–39.

858.   Fernández Cabezón, Rosalía, 'Ataulfo visto por dos trágicos: D. Agustín de Montiano y el duque de Rivas', *Castilla*, 8 (1984), 95–100.

859.   Fernández Cabezón, Rosalía, *La obra dramática de Gaspar Zavala y Zamora* (Doctoral thesis, Universidad de Valladolid, 1986).

860.   Fernández Cabezón, Rosalía, 'Los sainetes de Gaspar Zavala y Zamora', *Castilla*, 12 (1987), 59–72.

861.   Fernández Cabezón, Rosalía, 'Una égloga inédita de Agustín de Montiano y Luyando', *ALE*, 6 (1988), 217–57.

862.   Fernández Cabezón, Rosalía, 'Influencia de Metastasio en la comedia heroica de Zavala y Zamora', *AEF*, 12 (1989), 81–87.

863.   Fernández Cabezón, Rosalía, 'Las loas de Gaspar Zavala y Zamora', *BBMP*, 65 (1989), 191–203.

864.   Fernández Cabezón, Rosalía, *La obra literaria del vallisoletano Agustín de Montiano y Luyando (1697–1764)* (Valladolid: Editora Provincial, 1989), 205 pp.

865.   Fernández Cabezón, Rosalía, 'Pervivencia de Calderón de la Barca en los albores del siglo XIX: *El soldado exorcista* de Gaspar Zavala y Zamora', in *Teatro español a fines del siglo XVII*, 1989 (see No. 2207), II, 623–35.

866.   Fernández Cabezón, Rosalía, *Cómo leer a Leandro Fernández de Moratín*. Guías de lectura Júcar 2 (Madrid: Ediciones Júcar, 1990), 116 pp.

867.   Fernández Cabezón, Rosalía, *Lances y batallas: Gaspar Zavala y Zamora y la comedia heroica*.   Aceña Estudios 4 (Valladolid: Acena [1990?]), 151 pp.

868.   Fernández Cabezón, Rosalía, 'Elementos maravillosos y escenografía en *Princesa, ramera y mártir.   Santa Afra*, de Tomás Añorbe y Corregel', in *La comedia de magia y de santos*, 1992 (see No. 548), 307–20.

869.   Fernández Cabezón, Rosalía, 'El confitero y la vizcaína: sainete inédito de Gaspar Zavala y Zamora', Dieciocho, 17:1 (1994), 43–64.

870.   Fernández Cabezón, Rosalía, 'Les journées amusantes de MME de Gómez: fuente para el teatro de Gaspar Zavala y Zamora', Castilla, 20 (1995), 85–104.

871.   Fernández Cabezón, Rosalía, 'La literatura francesa del siglo XVIII en la obra dramática de Gaspar Zavala y Zamora', in Estudios dieciochistas, 1995 (see No. 838), I, 283–93.

872.   Fernández Cabezón, Rosalía, 'La comedia heroica de Luciano Comella, ¿transmisora de la ideología ilustrada?', El siglo que llaman ilustrado, 1996 (see No. 2097), 327–35.

873.   Fernández Cabezón, Rosalía, 'El mundo del trabajo en la comedia sentimental de Gaspar Zavala y Zamora', in Teatro español del siglo XVIII, 1996 (see No. 2209), I, 337–61.

874.   Fernández Cabezón, Rosalía, 'Luis Moncín traductor de Goldoni', in La traducción en España (1750–1830), 1999 (see No. 2249), 477–86.

875.   Fernández Cabezón, Rosalía, 'Forner, crítico teatral de La Espigadera', REE, 57:2 (2001), 439–58.

876.   Fernández Cabezón, Rosalía, 'El teatro de Luciano Comella a la luz de la prensa periódica', Dieciocho, 25:1 (2002), 105–20.

877.   Fernández Cabezón, Rosalía, 'La mujer guerrera en el teatro español de fines del siglo XVIII', AEF, 26 (2003), 117–36.

878.   Fernández Cabezón, Rosalía, see also Vallejo González, Irene.

879.   Fernández Clemente, E., Nipho y la educación. El alcañizano que creó el primer periódico de España (1719–1803) (Alcañiz: Ayuntamiento, 1968), 35 pp.

880.   Fernández Conde, Javier, 'El teatro en Asturias entre el medioevo y la edad moderna', CNo, 12 (1982), 50–53.

881.   Fernández de Moratín, Leandro, Catálogo de las piezas dramáticas publicadas en España desde el principio del siglo XVIII hasta la época presente (1825). [Reprinted in Obras de don Nicolás y don Leandro Fernández de Moratín, ed. B. C. Aribau, BAE II (1846) (Madrid: Ediciones Atlas, 1944), 636 pp.; pp. 327–34.]

                                                                                         UCB

882.   Fernández de Moratín, Leandro, Les Comédies de Don Leandro Fernández de Moratín, trad. pour la première fois d'une manière complète par Ernest Holländer (Paris: Librairie de Firmin Didot Frères, 1855), xvi + 632 pp.

883.   Fernández de Moratín, Leandro, *Comedias, con una reseña histórica sobre el estado del teatro español y la literatura dramática en el siglo XVIII*, edición aumentada, con notas literarias y un juicio crítico sobre cada comedia arreglada por Pascual Hernández (Paris: Librería de Garnier hermanos, 1881), 606 pp.

884.   Fernández de Moratín, Leandro, *Orígenes del teatro español, con una reseña histórica sobre el teatro español en el siglo XVIII y principios del XIX* (Paris: Garnier, 1883), 500 pp.   [First published in *Obras* (Madrid: Real Academia de la Historia, 1830–31), 4 vols.   This edition was censored. The work can be found in *Obras dramáticas y líricas* (Paris: Augusto Bobée, 1825) 3 vols., and in BAE II (1846); also (Buenos Aires: Editorial Schapire, 1946), 416 pp.]

                                                                  UCB, UCLA

885.   Fernández de Moratín, Leandro, *Teatro*, ed., prólogo y notas de Federico Ruiz Morcuende.   Clásicos Castellanos 58 (Madrid: La Lectura, 1924), 302 pp.

886.   Fernández de Moratín, Leandro, 'Cartas', ed. E. Varela Hervías, *RABM*, 4 (1927), 364–65.

887.   Fernández de Moratín, Leandro, *La comedia nueva*, prólogo y notas de Rafael Ferreres (Madrid: Aguilar, 1963), 121 pp. [Useful introduction.]

888.   Fernández de Moratín, Leandro, *Diario, mayo 1780–marzo 1808*, ed. anotada por René y Mireille Andioc (Madrid: Castalia, 1968), 386 pp.; illus.; facsimiles.

                                                                        UCSB

889.   Fernández de Moratín, Leandro, *La comedia nueva*, con intro., notas y documentos de John Dowling (Madrid: Castalia, 1970) 346 pp.; illus.   [See documents concerning *La comedia nueva*, 217–311.]

890.   Fernández de Moratín, Leandro, *Teatro completo*, ed. M. Fernández Nieto (Madrid: Editora Nacional, 1977), 2 vols.

891.   Fernández de Moratín, Leandro, *La comedia nueva; El sí de las niñas*, ediciones, introducciones y notas de John Dowling y René Andioc. Clásicos Castalia 5, 3rd ed. (Madrid: Castalia, 1984), 284 pp.; illus.; 8 plates. [Includes references to most useful studies of these *comedias*; 29 introductory pages]

                                                                        UCSC

892.   Fernández de Moratín, Leandro, *La comedia nueva; El sí de las niñas*, ed. y prefacio de Jesús Pérez-Magallón, intro. de Fernando Lázaro Carreter. Biblioteca Clásica 90 (Barcelona: Crítica, 1994), xxx + 355 pp. [Contains extensive Preface (pp. 1–98), footnotes, textual apparatus and 60 pages of complementary notes.]

893.   Fernández de Moratín, Leandro, *El sí de las niñas*, ed., intro. and notes by Philip Deacon (London: Bristol Classical Press, 1995), lxxi + 72 pp.

894.   Fernández de Moratín, Leandro, *La comedia nueva, o, El café*, ed., intro. y notas de Joaquín Álvarez Barrientos; orientaciones para el montaje por José L. Alonso de Santos. Colección ¡Arriba el Telón! (Madrid: Biblioteca Nueva, c.2000), 141 pp.; illus.

895.   Fernández de Moratín, Leandro, *La comedia nueva. El sí de las niñas*, ed., notas y 'Noticia del autor' de Jesús Pérez-Magallón. Clásicos y Modernos 11 (Barcelona: Editorial Crítica, 2001), 197 pp.

896.   Fernández de Moratín, Leandro, *El sí de las niñas*, ed. de Emilio Martínez Mata. Letras Hispánicas 21 (Madrid: Cátedra, 2002), 214 pp.

897.   Fernández de Moratín, Leandro, see also Fernández, Melitón [*pseudonym*].

898.   Fernández de Moratín, Nicolás, *Desengaños al teatro español (1762)*. [Series of three pamphlets in one volume. MS BNM T–22422.]
                                                                    BNM

899.   Fernández de Moratín, Nicolás, *Desengaño al Theatro Español: Respuesta al romance liso y llano, y defensa del Pensador* (Madrid, 1763), 80 pp. [Microfiche (Oviedo: Pentalfa Microediciones, 1989), 1 microfiche.]
                                                                    BNM

900.   Fernández de Moratín, Nicolás, *La Petimetra. Desengaños al teatro español. Sátiras*, ed. David T. Gies y Miguel Ángel Lama Hernández. Clásicos Madrileños 14 (Madrid: Editorial Castalia/Comunidad de Madrid, c.1996), 219 pp.

901.   Fernández Duro, Cesáreo, 'Apuntes para la historia del teatro [en Zamora]', *IEA* (1883), 234–35; 315–18; 350–51.

902.   Fernández Fernández, Olga, '*La clemencia de Tito* de Metastasio en la traducción de Luzán y la visión de la ópera a través de los neoclásicos del siglo XVIII', *Dieciocho*, 24:2 (2001), 217–44.

903.   Fernández Gómez, Juan, 'Sobre la comedia *El guapo Julián Romero* de José de Cañizares', in *Estudios ofrecidos a Emilio Alarcos Llorach*, 1979 (see No. 839), IV, 407–17.

904.   Fernández Gómez, Juan F., *Catálogo de entremeses y sainetes del siglo XVIII*. Textos y Estudios del Siglo XVIII 18 (Oviedo: Instituto Feijoo de Estudios del Siglo XVIII, 1993), 758 pp.

905.   Fernández Gómez, Juan F., 'A vueltas con las fuentes del sainete: la realidad y la tradición literaria', in *Estudios dieciochistas*, 1995 (see No. 838), I, 295–303.

906.   Fernández Gómez, Juan F., 'El humor y la crítica como elementos didácticos del sainete', in *Teatro español del siglo XVIII*, 1996 (see No. 2209), I, 363–75.

907.   Fernández-Guerra y Orbe, Aureliano, 'Lección poética.   Primer bosquejo y posterior refundición de las celebérrimas quintillas de don Nicolás Fernández de Moratín', *RHisp*, 8 (1882), 523–53.

908.   Fernández Muñoz, Ángel Luis, *Arquitectura teatral en Madrid: del corral de comedias al cinematógrafo* (Madrid: El Avapiés, 1989), 472 pp.

CSIC

909.   Fernández Nieto, Manuel, '*El sí de las niñas* de Moratín y la Inquisición', *RLit*, 37:73–74 (1970; pub. 1974), 15–54.

910.   Fernández Nieto, Manuel, 'La estancia de Moratín en Peñíscola', *BSCC*, 50 (1974), 1–7.

911.   Fernández Nieto, Manuel, 'El festín del amor en la literatura dieciochesca', in *Al margen de la Ilustración*, 1998 (see No. 56), 185–205.

912.   Fernández Pajares, José María, 'Autógrafo de la epístola de Moratín al Príncipe de la Paz', *Archivum*, 10 (1960), 370–84.

913.   Fernández-Quintanilla, Paloma, *La mujer ilustrada en la España del siglo XVIII* (Madrid: Ministerio de Cultura, 1981), 176 pp.

914.   Fernández Shaw, Carlos, 'El sainete y D. Ramón de la Cruz', *EP* (27 March 1895).

915.   Fernández y González, Ángel Raimundo, 'Ideas estéticas y juicios críticos del P. Feijoo en torno a la problemática del teatro del siglo XVIII', *BBMP*, 40 (1964), 19–35.

916.   Fernández y González, Ángel Raimundo, *Aportación al estudio del teatro en Mallorca* (Palma de Mallorca: Estudio General Luliano, 1972), 80 pp.

917.   Fernández y González, Francisco, *Historia de la crítica literaria en España desde Luzán hasta nuestros días, con exclusión de los autores que aún viven* (Madrid: Imprenta de A. Gómez Fuentenebro, 1867), 74 pp.

UCLA

918.   Ferrer Benimeli, José Antonio, see Olaechea, Rafael.

919.   Ferreres, Rafael, *Moratín en Valencia (1812–1814): discurso leído el 12 abril de 1962 en su recepción pública y contestación del Ilmo. Sr. don Arturo Zábala López* (Valencia: Centro de Cultura Valenciana, 1962), 85 pp.; illus.

920.   Ferreres, Rafael, 'Moratín en Valencia', *RVF*, 6 (1964), 143–209.

921.   Ferreres, Rafael, *Moratín en Valencia: 1812–1814*. Collecció Debats 9 (València: Institució Alfons el Magnànim, 1999), 101 pp.

922.   *Fiestas reales en el reinado de Fernando VI. MSS. of Carlos Broschi Farinelli*, estudio por Consolación Morales Borrero (Madrid: Editorial Patrimonio Nacional, 1972), 95 pp.; illus.; 16 colour plates. [Description of the present state of the Royal Theatre of the Buen Retiro, 1758.]
                                                                        UCLA

923.   Figueiredo, Fidelino, 'Una pequeña controversia sobre teatro, 1730–1748', *RFE*, 3 (1916), 413–19.

924.   Figueras Martí, Miguel A., *Teatro escolar zaragozano, las Escuelas Pías en el siglo XVIII*. Nueva Colección Monográfica 29 (Zaragoza: Diputación Provincial/Institución 'Fernando el Católico', 1981), 63 pp.

925.   Figueras Martí, Miguel A., 'Textos y contextos de un teatro escolar: los Escolapios zaragozanos del siglo XVIII', *ACal*, 46 (julio–diciembre de 1981), 47 (enero–julio de 1982).

926.   Figueras Martí, Miguel A., ' "Para mi poética basta lo dicho": Luzán, Montiano, Llaguno y la segunda edición de *La poética*', *Tropelías*, 2 (1991), 23–39.

927.   *Filippo Juvarra a Madrid* (Madrid: Instituto Italiano de Cultura, 1978), 199 pp.; illus.; 4 plates. [Contributed to architecture of El Coliseo de la Cruz; includes bibliographical references.]
                                                                  UCLA (ART)

928.   Filippo, Luigi de, 'Las fuentes italianas de la *Poética* de Ignacio de Luzán', *Univ-Z*, 33 (1956), 207–39.

929.   Filippo, Luigi de, 'La sátira del "bel canto" en el sainete inédito de D. Ramón de la Cruz, *El italiano fingido*', *EE*, 10 (1964), 47–101.

930.   Fillol D[ay, Gustavo], *Clavijo et son oeuvre* (Paris: Fac. des Lettres de l'Univ. de Paris, 1956), 219 pp.

931.   Fiore, Beatriz M. de, *Leandro Fernández de Moratín*. Enciclopedia Literaria 31. España e Hispanoamérica (Buenos Aires: CEAL, 1968), 60 pp.

932.   Fleckniakoska, Jean-Louis, 'Un sainetero olvidado: Juan Ignacio González del Castillo (1763–1800)', in *Actas del Cuarto Congreso Internacional de Hispanistas*, 1982 (see No. 6), I, 507–25.

933.   Flor, Fernando R. de la, 'Poéticas y polémicas en el *Semanario Erudito y Curioso de Salamanca* (1793–98)', *Castilla*, 9–10 (1985), 129–42.

934.   Flor, Fernando R. de la, 'Cultura simbólica e ilustración: San Felipe el Real y las fiestas de la coronación de Carlos III y Carlos IV', *AA*, 70 (1986), 295–309.

935.   Flor, Fernando R. de la, *El Semanario Erudito y Curioso de Salamanca (1793–1798)*.   Serie Humanidades 3 (Salamanca: Ediciones de la Diputación de Salamanca, 1988), 279 pp.

936.   Flor, Fernando R. de la, 'El canto catártico: el teatro músico como utopía de la obra de arte total en la Ilustración española', in *Teatro y música en España*, 1996 (see No. 2214), 13–47.

937.   *Foi et lumières dans l'Espagne du XVIIIe siècle*, ed. Joël Saugnieux (Lyon: Presses Universitaires, 1985), 193 pp.

938.   Foresta, Gaetano, *Viaggio attraverso l'Italia di L. F. de Moratín* (Firenze: Le Monnier, 1953).

939.   Forner, Juan Pablo, *Carta de don Juan Pablo Forner, abogado de los Reales Consejos, a don Ignacio López de Ayala, catedrático de poesía en el colegio de San Isidro de esta corte, sobre haberle desaprobado su drama intitulado 'La cautiva española'* ([1784]).

940.   Forner, Juan Pablo, *Oración apologética por España y su mérito literario* (Madrid: Imprenta Real, 1786), xvii + 228 pp.

BMM, UCLA

941.   Forner, Juan Pablo, *Reflexiones sobre la lección crítica que ha publicado don Vicente García de la Huerta* (Madrid: Imprenta Real, 1786), 146 pp.

BNM

942.   Forner, Juan Pablo, *Carta del Diario de Madrid de 28 de abril impugnando la comedia del 'Filósofo enamorado' a la que sigue una defensa de la expresada crítica por un amigo del autor de la comedia* (Cádiz: Manuel Ximénez Carreño, n.d. [1796]).

943.   Forner, Juan Pablo, *Carta dirigida a un vecino de Cádiz sobre otra del L.J.A.C., un literato sevillano, con el título de 'La loa restituida a su primitivo ser', su autor Rosauro de Safo.   Con una epístola de Leandro Misono en nombre del literato sevillano* (Cádiz: Don Manuel Ximénez Carreño, n.d. [1796]).

944.   Forner, Juan Pablo, *Continuación a la carta del autor de la comedia del 'Filósofo enamorado' publicada en el Diario de Cádiz de 13 de mayo pasado de este año en respuesta a la de d. Hugo Imparcial, que también se publicó en el Diario de 28 de abril* (Cádiz: Antonio Murguia, 1796). [Unpublished at the time, but included in BAE LXIII (Madrid, 1871), 374–78.]

945.   Forner, Juan Pablo, *Diálogo entre D. Silvestre, D. Crisóstomo y D. Plácido. Precédelo un prólogo al público sevillano* (1796).   [Defence of the theatre from the charge that it corrupts the morals of the masses.   First published in Cotarelo, *Bibliografía de las controversias*, 1904 (see No. 573), 293–319.]

946.   Forner, Juan Pablo, *La escuela de la amistad o el filósofo enamorado* (Madrid: Fermín Villalpando, 1796), 141 pp. [Includes 'Apología del vulgo con relación a la poesía dramática'.] [Also published (Valencia: Imprenta de J. de Orga, 1796), 35 pp.]

CRLF,UCSD

947.   Forner, Juan Pablo, *Introducción a la loa que se recitó para la apertura del teatro en Sevilla, año de 1795, con una carta que sirve de prólogo, escrita por un literato no sevillano a un amigo suyo de Cádiz* (Cádiz: D. Antonio Murguia, 1796), 39 pp.

UCSD

948.   Forner, Juan Pablo, *Respuesta a los 'Desengaños útiles y avisos importantes del literato de Ecija'* ([1796]). [A reply to another attack on Forner's ideas about theatre. First published in Cotarelo, *Bibliografía de las controversias*, 1904 (see No. 573), 381–93.]

949.   Forner, Juan Pablo, *Comedia nueva. La escuela de la amistad ó El filósofo enamorado* (Barcelona: Por Juan Francisco Piferrer, 1797), 35 pp.

UCSB

950.   Forner, Juan Pablo, *Exequías de la lengua castellana*, ed. Pedro Sainz y Rodríguez (Madrid: Espasa-Calpe, 1956), xxxix + 211 pp. [The 'Reflexiones sobre el teatro en España' (115–21) was first published unsigned in the journal *La Espigadera* [1790].]

UCI

951.   Foster, David W. and Foster, Virginia Ramos, *Manual of Hispanic Bibliography*, 2nd ed. revised & expanded (New York: Garland Publishing, 1977), 329 pp. [Annual Library publication for the use of booksellers and *literati*. It includes a general index of the books and papers printed and published in Madrid and the provinces of Spain, Madrid, 1784–1787'.]

UCLA

952.   Fradejas, José, 'La forma litánica en el teatro. Siglos XVI–XVIII', *RFE*, 81:1–2 (2001), 89–135.

953.   Francastel, Pierre *et al.*, *Arte, arquitectura y estética en el siglo XVIII*, selección, trad. e intro. de Juan Calatrava Escobar (Madrid: Akal, 1980), 153 pp.

954.   Francés Sánchez-Heredero, José, *El teatro asturiano. Conferencia leída en el Centro Asturiano el día 14 de junio de 1909* (Madrid: Imp. El Trabajo, 1909), 47 pp.

HUL

955. *F.[rancisco] Bances Candamo y el teatro musical de su tiempo (1662–1704)*, ed. José Antonio Gómez Rodríguez y Beatriz Martínez del Fresno (Oviedo: Ayuntamiento de Avilés/Univ. de Oviedo, 1994), xix + 371 pp. [See especially: Antonio Martín Moreno, 'El teatro musical en la corte de Carlos II y Felipe V: Francisco Bances Candamo y Sebastián Durón', 95–155; Gustavo Tambascio, 'La puesta en escena del teatro barroco: retórica y afectos', 237–55; Jordi Savall, 'La música barroca y su interpretación', 273–89; María Cruz Morales Saro, 'Notas sobre la arquitectura del teatro de ópera: el Palacio Valdés', 319–45.]

GUL

956. *Francisco de Rojas Zorrilla, poeta dramático. Actas de las XXII Jornadas del Teatro Clásico de Almagro, 13, 14 y 15 de julio de 1999*, ed. cuidada por Felipe B. Pedraza Jiménez, Rafael González Cañal y Elena Marcello. Corral de Comedias. Colección Estudios 10 (Almagro: Ediciones de la Univ. de Castilla-La Mancha, 2000), 421 pp.; illus.; music. (Abbreviated as *Francisco de Rojas Zorrilla, poeta dramático*. Articles are listed under individual authors.)

957. Franzbach, Martin, 'Los contactos de Lessing con la cultura española', *Humboldt*, 9 (1968), 74–77.

958. Freire López, Ana María, 'Prensa y creación literaria en el XVIII español', *Epos*, 11 (1995), 207–22.

959. Freire López, Ana María, 'El definitivo escollo del proyecto neoclásico de reforma del teatro. Panorama teatral de la Guerra de la Independencia', in *Teatro español del siglo XVIII*, 1996 (see No. 2209), I, 377–96.

960. Froldi, Rinaldo, 'Natura e societá nell'opera di Cienfuegos', *AFLM*, 21 (1968), 43–86.

961. Froldi, Rinaldo, 'El sentimiento como motivo literario en Moratín', in *Coloquio internacional sobre Leandro Fernández de Moratín*, 1980 (see No. 547), 137–46.

962. Froldi, Rinaldo, 'Significación de Luzán en la cultura y literatura españolas del siglo XVIII', in *Actas del Sexto Congreso Internacional de Hispanistas*, 1980 (see No. 10), 285–89.

963. Froldi, Rinaldo, '¿Literatura prerromántica o literatura ilustrada?', in *Simposio sobre el P. Feijoo y su siglo*, 1981–1983 (see No. 2065), II, 477–82.

964. Froldi, Rinaldo, 'La tradición trágica española según los tratadistas del siglo XVIII', *Criticón*, 23 (1983), 133–57.

965. Froldi, Rinaldo, 'Apuntaciones críticas sobre la historiografía de la cultura y de la literatura españolas del siglo XVIII', *NRFH*, 33 (1984), 59–72.

966.   Froldi, Rinaldo, 'La tragedia "polixena", de José Marchena', in *Teatro español del siglo XVIII*, 1996 (see No. 2209), I, 397–415.

967.   Froldi, Rinaldo, 'Significato e valore delle tragedie di Cienfuegos', in *Signoria di parole. Studi offerti a Mario Di Pinto*, ed. Giovanna Calabrò (Napoli: Liguori Editore, 1998), xiv + 667 pp.; 257–67.

968.   Froldi, Rinaldo, 'La tragedia *El Numa* de Juan González del Castillo', in *Homenaje a John H. R. Polt*, 1999 (see No. 1224), 385–96.

969.   Froldi, Rinaldo, 'Nicasio Álvárez de Cienfuegos, dramaturgo', *Salina*, 15 (2001), 133–38.

970.   Froldi, Rinaldo, 'La tragedia *Blanca de Rossi* de María Rosa Gálvez', *Dieciocho*, 27:1 (2004), 157–70.

971.   Fucilla, Joseph G., 'Metastasio's [1698–1782] Lyrics in XVIIIth Century Spain and the "octavilla italiana" ', *MLQ*, 1 (1949), 311–22.

972.   Fucilla, Joseph G., 'Per la fortuna teatrale delle opere tassesche', *ST* (1975), 169–76.

973.   Fucilla, Joseph G., '*Menon*: The First Neoclassic *refundición* of a Golden Age Play', *KRQ*, 23 (1976), 365–75.

974.   Fuente, Pablo de la, 'Moratín en las memorias de un discípulo', *Ínsula*, 167 (1960), 13.

975.   Fuente Ballesteros, Ricardo de la, 'El personaje del negro en la tonadilla escénica del siglo XVIII', *RevF*, 48 (1984), 190–96.

976.   Fuente Ballesteros, Ricardo de la, 'Dos cartas de Leandro Fernández de Moratín', *RLit*, 50:99 (1988), 207–10.

977.   Fuente Ballesteros, Ricardo de la, 'La pervivencia de la comedia áurea en la zarzuela', in *Clásicos después de los clásicos*, 1990 (see No. 530), 209–17.

978.   Fuentes, Yvonne, *El triángulo sentimental en el drama del dieciocho (Inglaterra, Francia, España)*. Problemata Literaria 47 (Kassel: Edition Reichenberger, 1999), viii + 343 pp.

979.   Fuentes, Yvonne, 'Two English Sources in Jovellanos' *El delincuente honrado*', *Dieciocho*, 22:1 (1999), 101–12.

980.   Fuster, Jaume, *Breu historia del teatre català*. Quaderns de Cultura 32 (Barcelona: Editorial Bruguera, 1967), 108 pp.

                                                                                    UCLA

981.   Fuster Ruiz, Francisco, *Historia del teatro en Albacete* (Albacete: [Francisco Fuster], 1974), 73 pp.

982.   Gallego, Antonio, *La música en tiempos de Carlos III. Ensayo sobre el pensamiento musical ilustrado.* Alianza Música 41 (Madrid: Alianza, 1988), 291 pp.; illus.

983.   Gallego García, Ángela, see Domíngez Díez, Rosalía.

984.   Gallina, Anna Maria, 'Goldoni in Catalogna', in *Studi Goldoniani*, 1960 (see No. 230), II, 277–90.

985.   Gálvez de Cabrera, María Rosa, 'Un loco hace ciento', in *Teatro nuevo español* (Madrid: Oficina de d. Benito García y Cía, 1800–1801), 352–408, 6 vols. [List of dramatic works which, according to the royal decree of 14 January, 1800 are prohibited from presentation in the public theatres of Madrid and the entire realm.]
                                                                                    CRLF

986.   Gálvez de Cabrera, María Rosa, *El egoísta* and *Los figurones literarios*, in her *Obras poéticas de Doña María Rosa Gálvez de Cabrera* (Madrid: Imprenta Real, 1804), 3 vols.
                                                                              CSULB/NRLF

987.   Gálvez de Cabrera, María Rosa, *La familia a la moda: comedia en tres actos y en verso*, edición, introducción y notas de René Andioc. Scripta Manent 1 (Salamanca: Univ. de Salamanca/Plaza Universitaria Ediciones, 2001), 256 pp.

988.   Ganelin, Charles, 'Rewriting the *Comedia*: A Prolegomenon to a Study of the *Refundición*', *Hispania* (USA), 74 (1991), 239–49.

989.   García Berrio, Antonio and Huerta Calvo, Javier, *Los géneros literarios: sistema e historia (una introducción)* (Madrid: Cátedra, 1992), 274 pp.; illus.

990.   García Boiza, Antonio, *Don Diego de Torres Villarroel: ensayo biográfico.* Breviarios de la Vida Española 33 (Madrid: Editora Nacional, 1949), 297 pp.

991.   García Castañeda, Salvador, 'El Marqués de Casa-Cagigal (1756–1824), escritor militar', in *La Guerra de la Independencia (1808–1814) y su momento histórico* (Santander: Institución Cultural de Cantabria, 1982), 2 vols; illus.; II, 743–56.

992.   García Castañeda, Salvador, 'Moralidad y reformismo en las comedias del Marqués de Casa-Cagigal', in *Romanticismo 1. Atti del II Congresso sul Romanticismo Spagnolo e Ispanoamericano. Genova, dicembre 1981. Aspetti i problemi del teatro romantico*, ed. H. Juretschke, E. Caldera *et al.* Biblioteca di Letterature 3 (Genoa: Facoltá di Magistero dell'Universitá di Genova, Istituto di Lingue e Letteratura Straniere, Centro di Studi sul Romanticismo Iberico, 1982), 135 pp.; 25–34.

993.   García Castañeda, Salvador, 'De "figurón" a hombre de pro: el montañés en la literatura de los siglos XVIII y XIX', in *Studies in Eighteenth-Century Spanish Literature and Romanticism*, 1985 (see No. 2142), 89–98.

994.   García Castañeda, Salvador, 'El *Entremés de la Buena Gloria* (1783) de
       Pedro García Diego.   Estudio y edición', *ALE*, 6 (1988), 277–308.

995.   García de la Fuente A., 'Los sainetes de D. Ramón de la Cruz', *RyC*, 14
       (1931), 69–87.

996.   García de la Huerta, Vicente, *Catálogo alphabético de las comedias,
       tragedias, autos, zarzuelas, entremeses y otras obras correspondientes al
       theatro hespañol*, in his *Theatro Hespañol*, 1785 (see No. 997) (Madrid: En
       la Imprenta Real, 1785), x + 256 pp.   [Independent volume.   An
       alphabetical list of most of the dramas in the Spanish language and **not** an
       index to his collection of plays titled *Theatro Hespañol*.   Based on the
       'Índice general alphabético de todos los títulos ...' by Francisco Medel del
       Castillo (Madrid, 1735), commonly called the Medel Index (see No. 1507).
       Of the two copies owned by the Hispanic Society of America, one contains
       manuscript notes with additions and indications of the names of the
       authors of some missing titles.]

997.   García de la Huerta, Vicente, *Theatro Hespañol* (Madrid: Imprenta Real,
       1785–1786), 16 vols.   [See Prologue, 'La escena hespañola defendida', Vol.
       I (1785).]

                                                                    UCB. UCSD

998.   García de la Huerta, Vicente, *La escena hespañola defendida en el prólogo
       del Theatro Hespañol de D. Vicente García de la Huerta, y en su lección
       crítica*, 2ª ed. (Madrid: En la imprenta de Hilario Santos, 1786).   [A reprint
       of the 'Prólogo' to the *Theatro Hespañol*.]

                                                                          BNM

999.   García de la Huerta, Vicente, *Raquel: tragedia española en tres jornadas*,
       ed. y estudio por Joseph G. Fucilla (Salamanca: Anaya, 1965), 110 pp.

                                                                         UCLA

1000. García de la Huerta, Vicente, *Raquel*, ed., intro. y notas de René Andioc.
       Clásicos Castalia 28 (Madrid: Castalia, 1970), 169 pp.; illus.

                                                                         UCLA

1001. García de Villanueva Hugalde y Parra, Manuel, *Manifiesto por los teatros
       españoles y sus actores que dictó la imparcialidad y se presenta al público a
       fin de que lo juzgue el prudente* (Madrid: Imprenta de la Viuda de Ibarra,
       1788), iv + 40 pp.

                                                                    BNM, UCSD

1002. García de Villanueva Hugalde y Parra, Manuel, *Origen, épocas y progresos
       del teatro español: discurso histórico al que acompaña un resumen de los
       espectáculos, fiestas, y recreaciones, que desde la más remota antigüedad se
       usaron entre las naciones más célebres: y un compendio de la historia
       general de los teatros hasta la era presente* (Madrid: Impr. de G. de
       Sancha, 1802), xxx + 342 pp.; illus.

                                                                     BNM, UCD

1003. García Fraile, Dámaso, 'Un drama heroico en verso castellano: *Glaura y Cariolano* de Joseph Lidón, representado en Madrid, en el tercer centenario del descubrimiento de América', in *Teatro y música en España*, 1996 (see No. 2214), 145–76.

1004. García Garrosa, María Jesús, '*No hay plazo que no se cumpla ni deuda que no se pague, y convidado de piedra*: la evolución de un mito de Tirso a Zorrilla', *Castilla*, 9–10 (1985), 45–64.

1005. García Garrosa, María Jesús, 'La recepción del teatro sentimental francés en España', in *Imágenes de Francia en las letras hispánicas*, 1989 (see No. 1250), 299–306.

1006. García Garrosa, María Jesús, *La retórica de las lágrimas: la comedia sentimental española, 1751–1802*   Serie Literatura 13 (Valladolid: Secretariado de Publicaciones, Univ. de Valladolid/Caja Salamanca, 1990), 272 pp.

UCLA

1007. García Garrosa, María Jesús, 'Las traducciones de Félix Encisco Castrillón' in *Traducción y adaptación cultural*, 1991 (see No. 2250), 613–22.

1008. García Garrosa, María Jesús, 'Diderot y Trigueros sobre las posibles fuentes de *El precipitado*', *RLit*, 54:107 (1992), 183–200.

1009. García Garrosa, María Jesús, 'La Real Cédula de 1783 y el teatro de la Ilustración', *BHi*, 95:2 (1993), 673–92.

1010. García Garrosa, María Jesús, '*El gusto del día*, parodia de la comedia sentimental', in *Actas del IX Simposio de la Sociedad Española de Literatura General y Comparada*, 1994 (see No. 8), II, 119–26.

1011. García Garrosa, María Jesús, 'Algunas observaciones sobre la evolución de la comedia sentimental en España', in *Teatro español del siglo XVIII*, 1996 (see No. 2209), II, 427–46.

1012. García Garrosa, María Jesús, 'La comicidad de *La Cecilia*, "drama" de Luciano F. Comella', in *Risas y sonrisas*, 1999 (see No. 1869), 133–44.

1013. García Garrosa, María Jesús, '*El amor conyugal o la Amelia* (1794), de L. F. Comella y otras adaptaciones españolas desconocidas de novelas de F.-T. Baculard D'Arnaud', *BBMP*, 76 (2000), 193–228.

1014. García Garrosa, María Jesús, '*Días alegres*, de Gaspar Zavala y Zamora: recuperación de una obra perdida. (I) Historia editoral ', *Dieciocho*, 26:2 (2003), 199–222; '(II) Análisis de texto', *Dieciocho*, 27:2 (2004), 233–54.

1015. García Garrosa, María Jesús, ' "Copiando gálicas frases con españolas palabras": el filtro corrector de la censura en traducciones de obras francesas en el siglo XVIII español', in *Homenaje al profesor D. Francisco Javier Hernández*, ed. Catherine Després Caubrière (Valladolid: Depto de Filología Francesa y Alemana de la Univ. Española, 2005), 772 pp.; 285–98.

1016. García Garrosa, María Jesús and Vega García-Luengos, Germán, 'Las traducciones del teatro francés (1700–1835). Más impresos españoles', *BCESD/CESD*, 2ª época, 1 (1991), 85–104.

1017. García Gómez, Ángel María, *Actividad teatral en Córdoba y arrendamientos de la Casa de las Comedias, 1602–1737. Estudio y documentos*. Colección Támesis. Serie C. Fuentes para la Historia del Teatro de España 34 (Madrid: Tamesis/Córdoba: Diputación de Córdoba, 1999), 439 pp.

　　　　　　　　　　　　　　　　　　　　　　　　　　　　　　UCLA

1018. García Lorenzo, Luciano, 'Actitud neoclásica ante la parodia', in *Coloquio internacional sobre el teatro español del siglo XVIII*, 1988 (see No. 545), 203–12.

1019. García Lorenzo, Luciano, 'Un sainete atribuido a Gaspar Zavala y Zamora: *Sancho Panza en la Ínsula*', in *El siglo que llaman ilustrado*, 1996 (see No. 2097), 407–16.

1020. García Martín, Luis, *Manual de teatros y espectáculos públicos con la reseña histórica y descripción de las salas o circos destinados a ellos, y la distribución y numeración de sus localidades, marcada en sus once planos que se acompañan, esmeradamente litografiados*, 2nd ed (Madrid: Cristóbal González, 1860), 71 pp.

　　　　　　　　　　　　　　　　　　　　　　　　　　　　　　BNM

1021. García Martínez, Isabel, 'Estudio comparativo entre dos traducciones dieciochescas y dos actuales de *Hamlet*', *Archivum*, 37–38 (1987), 529–52.

1022. García Menéndez, Javier, 'El *Discurso sobre la corrección del teatro español* (1798) de Diego de Vera y Limón', *AH*, 84:256–57 (2001), 153–70.

1023. García Menéndez, Javier, 'La configuración de la tragedia neoclásica en España y Portugal', in *Teatro hispánico y literatura europea*, 2002 (see No. 2212), 245–73.

1024. García Menéndez, Javier, 'El *Discurso sobre hacer útiles y buenos los teatros y los cómicos* (1784) del Duque de Híjar', *Dieciocho*, 26:2 (2003), 295–316.

1025. García Ramírez, Ismael, 'Breves notas sobre la historia del teatro burgalés en el transcurso de los siglos XVI a XVIII', *BRAH*, 128 (1951), 389–423.

1026. García-Ruiz, Víctor, 'Un Calderón dieciochesco: el auto *La segunda esposa* en versión de José Parra (1750)', *Criticón*, 53 (1991), 109–22.

1027.   García-Ruiz, Víctor, 'Los autos sacramentales en el XVIII: un panorama documental y otras cuestiones', *RCEH*, 19:1 (1994), 61–82.

1028.   García Sáez, Santiago, *Montengón, un prerromántico de la Ilustración* (Alicante: Obra Social y Cultural de la Caja de Ahorros Provincial de Alicante 1974), 245 pp.; illus.

1029.   García Villada, Z., 'San Isidro Labrador en la historia y en la literatura', *RyF*, 63 (1992), 37–53.

1030.   Garcías Estelrich, Domingo, *Teatro y sociedad en la Mallorca del siglo XVIII*, prólogo de Francisco José Díaz de Castro (Palma: Lleonard Muntaner, 1998), 301 pp.

1031.   Garelli, Patrizia, 'A proposito di Iriarte e del suo teatro', *SpM,* 11 (1979), 178–89. [Reproduced in *Ilustración y Neoclasicismo, Historia y crítica de la literatura española*, 1992 (see No. 1065), 534–40.]

1032.   Garelli, Patrizia, '*El don de gentes* di Tomás de Iriarte', in *EntreSiglos 1*, 1991 (see No. 820), 3–21.

1033.   Garelli, Patrizia, 'Dos adaptaciones de *Dido abandonada* de Pietro Metastasio en el teatro español de la segunda mitad del siglo XVIII', in *Teatro y traducción*, 1995 (see No. 2216), 95–107.

1034.   Garelli, Patrizia, 'Ramón de la Cruz, adaptador de *melodramas metastasianos*', in *Teatro español del siglo XVIII*, 1996 (see No. 2209), II, 447–73.

1035.   Garelli, Patrizia, see also Fabbri, Maurizio.

1036.   Garrido Gallardo, Miguel A., 'Notas sobre el sainete como género literario', in *El teatro menor en España*, 1983 (see No. 2213), 13–22.

1037.   Gasparaini, M., 'Cándido María Trigueros y una refundición de la *Angélica* de Metastasio', *BRAE*, 26 (1947), 137–46.

1038.   Gatti, José F., 'Moratín y Marivaux', *RFH*, 3 (1941), 140–49.

1039.   Gatti, José F., 'Un sainete de Ramón de la Cruz y una comedia de Marivaux', *RFH*, 3 (1941), 374–78.

1040.   Gatti, José F., 'La fuente de *Inesilla la de Pinto*', *RFH*, 5 (1943), 368–73.

1041.   Gatti, José F., 'Una imitación de Goldoni por Juan Ignacio González del Castillo', *RFH*, 5 (1943), 158–61.

1042.   Gatti, José F., 'Anotaciones a *La derrota de los pedantes*', *RFH*, 6 (1944), 77–82.

1043. Gatti, José F., 'Las fuentes literarias de dos sainetes de don Ramón de la Cruz', *Filología*, 1 (1949), 59–74.

1044. Gatti, José F., '*Le Triomphe de Plutus* de Marivaux y *El triunfo del interés* de Ramón de la Cruz', *Filología*, 14 (1970), 171–80.

1045. Gatti, José F., 'Sobre las fuentes de los sainetes de Ramón de la Cruz', in *Studia Hispanica in Honorem R. Lapesa*, ed. Eugenio Bustos Tovar and Jorge Guillén (Madrid: Gredos/Cátedra-Seminario Menéndez Pidal, 1972–1975), 3 vols; I, 243–49.

UCLA

1046. Gatti, José F., 'Ramón de la Cruz y Dancourt', in *Homenaje al Instituto de Filología y Literaturas Hispánicas 'Dr Amado Alonso' en su cincuentenario, 1923–1973*, ed. Mechera Romanós, Celina Sabor de Cortázar and Freda Weber de Kurlat (Buenos Aires: Comisión de Homenaje al Instituto de Filología [Distribuidor, F. G. Cambeiro], 1975), 500 pp.; illus., 117–21.

UCLA

1047. Gembero Ustárroz, María, 'La música en los espectáculos públicos pamploneses del siglo XVIII', in *De musica hispana et aliis*, 1990 (see No. 648), I, 605–46.

1048. *Genealogía, origen y noticias de los comediantes de España*. MS anónimo de la Biblioteca Nacional, letra de principios del siglo XVIII, 2 vols: I, 954 pp.; II, 1505 pp. [B. J. Gallardo, *Ensayo de una biblioteca española de libros raros y curiosos* (Madrid: M. Rivadeneyra, 1863), 4 vols., has extracts from this work, which contains numerous biographical entries of actors, actresses and their relationships with playwrights etc.; see also No. 1049.]

BNM

1049. *Genealogía, origen y noticias de los comediantes de España*, ed. Norman D. Shergold and John E. Varey. Colección Támesis. Serie C, Fuentes para la Historia del Teatro en España 11 (London: Tamesis Books, 1985), 633 pp.; illus.

UCSB, GUL

1050. Gentile, Attilio, 'La fortuna di Carlo Goldoni fuori d'Italia nelle ricerche di Edgardo Maddalena', *AttiRI*, 2 (1940), 357–76.

1051. Gies, David T., *Agustín Durán: A Biography and Literary Appreciation*. Colección Támesis. Serie A, Monografías 48 (London: Tamesis, 1975), xiv + 197 pp.

UCLA, GUL

1052. Gies, David T., 'Algunos datos para la biografía de Agustín Durán', in *Actas del Quinto Congreso de la AIH*, 1977 (see No. 9), II, 433–39.

1053.   Gies, David T., *Nicolás Fernández de Moratín*. Twayne's World Authors
        Series 558 (Boston: Twayne Publishers, 1979), 184 pp. [See especially
        Chapter 4, 'The Two Masks of Drama', 125–51.]

                                                                UCLA, GUL

1054.   Gies, David T., ' "El cantor de las doncellas" y las rameras madrileñas:
        Nicolás Fernández de Moratín en *El arte de las putas*', in *Actas del Sexto
        Congreso Internacional de Hispanistas*, 1980 (see No. 10), 320–23.

1055.   Gies, David T., 'Creation and Re-creation: Leandro Fernández de Moratín's
        Version of His Father's Life and Works', *Dieciocho*, 3 (1980), 115–25.

1056.   Gies, David T., 'Cienfuegos: un emblema de luz y oscuridad', *NRFH*, 33:1
        (1984), 234–46.

1057.   Gies, David T., 'Cienfuegos y las lágrimas de la virtud', in *Coloquio
        internacional sobre el teatro español del siglo XVIII*, 1988 (see No. 545),
        213–25.

1058.   Gies, David T,, 'Hacia un catálogo de los dramas de Dionisio Solís (1774–
        1834)', in *The Eighteenth Century in Spain*, 1991 (see No. 803), 197–210.

1059.   Gies, David T., 'Moratín en *El arte de las putas*', in *Ilustración y
        Neoclasicismo, Historia y crítica de la literatura española*, 1992 (see No.
        1065), 122–29.

1060.   Gies, David T., 'Cienfuegos: Ilustración y revolución', in *Ilustración y
        Neoclasicismo, Historia y crítica de la literatura española*, 1992 (see No.
        1065), 197–202.

1061.   Gies, David T., 'Dionisio Solís, entre dos/tres siglos', *EntreSiglos 2*, 1993
        (see No. 821), 163–70.

1062.   Gies, David T., ' "Sentencias y buenas máximas": Francisco Durán,
        dramaturgo y poeta ilustrado', *El siglo que llaman ilustrado*, 1996 (see No.
        2097), 451–57.

1063.   Gies, David T., 'Dos preguntas regeneracionistas: "¿Qué se debe a España?"
        y "¿Qué es España?". Identidad nacional en Forner, Moratín, Jovellanos y
        la generación de 1898', in *Homenaje a John H. R. Polt*, 1999 (see No. 1224),
        307–30.

1064.   Gies, David T., 'Unas cartas desconocidas de Juan Clímaco de Salazar a
        Juan Pablo Forner sobre la tragedia *Mardoqueo*', in *Los jesuitas españoles
        expulsos: su imagen y su contribución al saber sobre el mundo hispánico en
        la Europa del siglo XVIII. Actas del coloquio internacional de Berlín (7–10
        de abril de 1999)*, ed. Manfred Tietz y Dietrich Briesemister. Bibliotheca
        Ibero-Americana 76 (Madrid: Iberoamericana/Frankfurt am Main:
        Vervuert, 2001), 710 pp.; 323–36.

1065.   Gies, David T. and Sebold, Russell P., *Ilustración y Neoclasicismo*, Vol IV,
        'primer suplemento' of *Historia y crítica de la literatura española*, ed.
        Francisco Rico.   Páginas de Filología (Barcelona: Editorial Crítica, 1992), x
        + 300 pp. [See 'Introduction' by David T. Gies and Russell P. Sebold, pp.
        7–27.]   (Abbreviated as *Ilustración y Neoclasicismo, Historia y crítica de la
        literatura española.*   Articles of particular interest are listed under
        individual authors.)

                                                                              UCLA
1066.   Gil, Ildefonso Manuel, 'Polémica sobre teatro', *AFA*, 4 (1952), 113–28.

1067.   Gil, Ildefonso Manuel, 'Vida de don José Mor de Fuentes', *Univ-Z*, 37
        (1960), 71–116, 495–566.

1068.   Gil, Ildefonso Manuel, *Vida de don José Mor de Fuentes.*   Publicaciones de
        la Facultad de Filosofía y Letras, Universidad de Zaragoza, Serie 1, 40
        (Zaragoza: Univ. de Zaragoza/Barcelona: Librería Passim, 1960), 119 pp.

1069.   Gil, Ildefonso Manuel, 'El teatro de Mor de Fuentes', in *Miscelánea ofrecida
        al Ilmo Sr D. J. Mª Lacarra y de Miguel* (Zaragoza: Facultad de Filosofía y
        Letras, Univ. de Zaragoza, 1968), 491 pp.; illus.; 279–89.

1070.   Gil y Zárate, Antonio, 'Teatro antiguo y teatro moderno', *RM,*, 3ª serie, 1
        (1841), 112.

1071.   Gil y Zárate, Antonio, *Manual de literatura.   Segunda parte: resumen
        histórico de la literatura española* (Madrid: I. Boix, 1844), 525 pp.

                                                                              HUL

1072.   Giménez Caballero, Ernesto, *Teatro escolar: historia representable del
        entremés en España (del siglo XV al siglo XX).   Vida del estudiante
        español, según los textos de Juan del Enzina, Lope de Rueda, Cervantes,
        Ramón de la Cruz, Ricardo de la Vega, Álvarez Quintero y 'Tono'.*   Lengua
        y Literatura de España 4 ([Madrid]: E. Giménez, s.a. [1945?]), 142 pp.

1073.   Giménez de Aguilar, Juan, 'Cuenca en el centenario de D. Ramón de la
        Cruz Cano y Olmedilla', *VCu*, 453 (7 April 1931).

1074.   Glaser, Edward, 'Dos comedias españolas sobre el falso nuncio de Portugal',
        in his *Estudios Hispano-Portugueses.   Relaciones literarias del Siglo de
        Oro.*   Biblioteca de Erudición y Crítica 3 (Madrid: Castalia, 1957), xii +
        273 pp.; 221–65. [Relevant to José de Cañizares.]

1075.   Glendinning, Nigel, *Joseph de Cadalso (1741–1782).   His Life and Works;
        and His Thought in Relation to the Stoic Traditions* (Doctoral thesis,
        University of Cambridge, 1959).

1076.   Glendinning, Nigel, 'Rito y verdad en el teatro de Moratín', *Ínsula*, 161
        (1960), 6, 15.

1077.   Glendinning, Nigel, *Vida y obra de Cadalso*.   Biblioteca Románica Hispánica 2 (Madrid: Gredos, 1962), 239 pp.

1078.   Glendinning, Nigel, 'Goya y las tonadillas de su época', *Segismundo*, 3 (1966), 105–20.

1079.   Glendinning, Nigel, 'Moratín y el derecho', *PSA*, 47:140 (1967), 123–48.

1080.   Glendinning, Nigel, *A Literary History of Spain: The Eighteenth Century* (New York: Barnes and Noble/London: Ernest Benn, 1972), xv + 160 pp.

                                                                        UCSB

1081.   Glendinning, Nigel, *Historia de la literatura española*.   IV. *El siglo XVIII*, trad. castellana de Luis Alonso López, ed. José-Carlos Mainer.   Letras e Ideas.   Instrumenta 4 (Barcelona: Ariel, [1973]), 235 pp. [4th ed., expanded and updated (Barcelona: Ariel, 1983), 280 pp.]

                                                                        UCI

1082.   Glendinning, Nigel, 'Los contratiempos de Leandro Fernández de Moratín a la vuelta de Italia en 1796', *RABM*, 82 (1979), 575–82.

1083.   Glendinning, Nigel, 'Ideas políticas y religiosas de Cadalso', *CHA*, 389 (1982), 247–62.

1084.   Glendinning, Nigel, 'Cambios en el concepto de opinión pública a fines del siglo XVIII', *NRFH*, 33 (1984), 157–64.

1085.   Glendinning, Nigel, 'Morality and Politics in the Plays of Cienfuegos', in *Ideas and Letters in Eighteenth-century Spain*, 1984 (see No. 1247), 69–83.

1086.   Glendinning, Nigel, 'Tendencias liberales en la literatura española a fines del siglo XVIII', in *Studies for I. L. McClelland*, 1986 (see No. 2141), 138–52.

1087.   Glendinning, Nigel, 'Cadalso y el aparato teatral', in *El siglo que llaman ilustrado*, 1996 (see No. 2097), 477–85.

1088.   Goenaga, Ángel and Maguna, Juan P., 'Moratín y *El sí de las niñas*', in *Teatro español del siglo XIX: análisis de obras* (Long Island City, NY: Las Américas, 1971), 456 pp.; 39–68.

                                                                        UCSD, SUL

1089.   Golburn, G. B., 'Greek and Roman Themes in the Spanish Drama', *Hispania* (USA), 22 (1939), 153–58.

1090.   Goldman, Peter B., 'Plays and their Audiences in the Eighteenth Century: Notes on the Fortunes of a *Comedia* by Cañizares', in *Ideas and Letters in Eighteenth-century Spain*, 1984 (see No. 1247), 53–68. [The play is *El falso nuncio de Portugal*.]

1091.   Goldman, Peter B., 'Dramatic Works and their Readership in Eighteenth-century Spain: Social Stratification and the Middle Classes', *BHS*, LXVI (1989), 129–40.

1092.   Goldman, Peter B., 'Reading to Survive: Speculations on the *Plumista* and the Growth of Reading in Eighteenth-Century Spain', in *Pen and Peruke*, 1992 (see No. 1724), 45–71.

1093.   Gómez, Julio, 'Don Blas de la Serna.   Un capítulo de la historia del teatro lírico español visto en la vida del último tonadillero', *RABM*, 2 (1925), 406–30, 531–48; 3 (1926), 88–104, 222–45.

1094.   Gómez de la Serna, Gaspar, *Jovellanos, el español perdido* (Madrid: Sala, 1975), 2 vols: I, 365 pp.; II, 325 pp.

UCLA

1095.   Gómez de la Serna, Gaspar, *Gracias y desgracias del Teatro Real: abreviatura de su historia* (Madrid: Ministerio de Educación y Ciencia, Servicio de Publicaciones, 1976), 139 pp.; illus; facsimiles; map; plans.

BL

1096.   Gómez de Ortega, Ricardo, see González Ruiz, Nicolás.

1097.   Gómez Hermosilla, José Mamerto, *Juicio crítico de los principales poetas españoles de la última era* (Paris: Librería de Garnier Hermanos/México: J. M. Andrade, 1855), viii + 501 pp.

UCSB

1098.   Gómez Ortega, C., *Examen imparcial de la zarzuela intitulada 'Las labradoras de Murcia' e incidentalmente de todas las obras del mismo autor* (Madrid: Aznar, 1719).

1099.   Gómez Rea, Javier, 'Las revistas teatrales madrileñas: 1790–1930', *CB*, 32:1 (1974), 65–140.

1100.   Gómez y Aceves, A., 'Juguetes críticos.   Poesías líricas de D. Leandro F. de Moratín', *Hispania* (Paris) (17–18 August 1847).

1101.   Góngora y Luján, Pedro de, see Almodóvar, Duque de.

1102.   González, Manuel Gregorio, *Torres Villarroel: a orillas del mundo.* Iluminaciones 4 (Sevilla: Renacimiento, 2004), 138 pp.

1103.   González Blanco, Andrés, 'Ensayo sobre un crítico español del siglo XVIII', *NT*, 17 (1917), 157–70.

1104.   González Blanco, Edmundo, *Jovellanos, su vida y su obra* (Madrid: Imprenta Artística Española, 1911), 154 pp.

HUL

1105. González del Castillo, Juan Ignacio, *Sainetes de don Juan del Castillo*, con un discurso sobre este género de composiciones por Adolfo de Castro (Cádiz: *Revista Médica*, 1845–1846), 4 vols.; 41 instalments.

HUL

1106. González del Castillo, Juan Ignacio, *El café de Cádiz y otros sainetes*, ed., trad. y notas de Carmen Bravo-Villasante (Madrid: Novelas y Cuentos, 1977), 281 pp.

1107. González del Castillo, Juan Ignacio, *Sainetes*, ed., intro. y notas de Alberto González Troyano *et al.*; Grupo de Estudios del Siglo XVIII de la Universidad de Cádiz, coordinación de Alberto Romero Ferrer (Cádiz: Ministerio de Educación, Cultura y Deporte, Dirección General de Cooperación y Comunicación Cultural/Fundación Municipal de Cultura, Ayuntamiento de Cádiz, 2000), 419 pp.

1108. González Echevarría, Roberto, see Durán, Manuel.

1109. González Herrán, José M., 'La teatralidad de *El sí de las niñas*', *Segismundo*, 18:39–40 (1984), 145–71.

1110. González Ollé, Fernando, '*Arte de hablar en prosa y en verso*, de Gómez Hermosilla, principal retórica del neoclasicismo', *VyL*, 6:2 (1995), 3–20.

1111. González Palencia, Cándido Ángel, 'Tonadilla mandada recoger por Jovellanos', *RABM*, 1 (1924), 138–42. [Also in his *Entre dos siglos. Estudios literarios (segunda serie)* (Madrid: CSIC, 1943), viii + 376 pp.; 125–35.]

1112. González Palencia, Cándido Ángel, 'La fonda de San Sebastián', *RABM*, 2 (1925), 549–53. [Site of a literary *tertulia* attended by Nicolás Fernández de Moratín, José Cadalso and others.]

1113. González Palencia, Cándido Ángel, 'La tonadilla de Garrido', *RABM*, 3 (1926), 241–45.

1114. González Palencia, Cándido Ángel, 'Ideas de Pedro Rodríguez de Campomanes acerca del teatro', *BRAE*, 18 (1931), 553–70.

1115. González Palencia, Cándido Ángel, 'Una ofuscación de Moratín', *RABM*, 10 (1933), 75–82.

1116. González Palencia, Cándido Ángel, *Eruditos y libreros del siglo XVIII: eruditos histórico-literarios* (Madrid: CSIC, 1948), viii + 442 pp.; illus.

UCLA

1117. González Palencia, Cándido Ángel, 'Nuevas noticias sobre Isidoro Máiquez', *RABM*, 17:56 (1948), 73–128.

1118.   González-Quevedo, Arnhilda B., *Las comedias de Antonio de Zamora*, iv +
        427 pp. (Doctoral thesis, Univ. of North Carolina, 1971) [*DAI* 32A: 2641].

1119.   González-Quevedo, Arnhilda B., 'Antonio de Zamora: su vida y sus obras',
        Hispanófila, 57 (1976), 35–45.

1120.   González Ruiz, Nicolás, *La Caramba. Vida alegre y muerte ejemplar de
        una tonadillera del siglo XVIII (María Antonia Vallejo Fernández)*
        ([Madrid]: Colección Lyke, [1944]), 204 pp.
                                                                            NRLF

1121.   González Ruiz, Nicolás, 'Don Ramón de la Cruz y sus enemigos', *VM*, 3:12
        (n.d.), 9–13.

1122.   González Ruiz, Nicolás and Gómez de Ortega, Ricardo, 'Juan Ignacio
        González del Castillo y el teatro popular del siglo XVIII', *BSS*, I (1924),
        135–40.

1123.   González Ruiz, Nicolás and Gómez de Ortega, Ricardo, 'Juan Ignacio
        González del Castillo: catálogo crítico de sus obras completas', *BSS*, II
        (1924), 35–50.

1124.   González Troyano, Alberto, 'Teatro y cultura popular en el siglo XVIII',
        Draco, 2 (1990), 193–211.

1125.   González Troyano, Alberto, 'El sainete, un testimonio del vivir gaditano: la
        casa de vecindad en la ciudad dieciochesca', *CIR*, 3 (1992), 199–204.

1126.   González Troyano, Alberto, 'Seudónimos y simulación: en torno a una
        traducción de *Zaire* de Voltaire por un vecino de Cádiz en 1765', *Draco*, 5–6
        (1993), 57–63.

1127.   González Troyano, Alberto, 'El petimetre: una singularidad literaria
        dieciochesca', *Ínsula*, 574 (1994), 20–21.

1128.   González Troyano, Alberto, 'En torno a la tonadilla escénica', in *El siglo que
        llaman ilustrado*, 1996 (see No. 2097), 487–91.

1129.   González Troyano, Alberto, 'La figura teatral del majo: conjeturas y
        aproximaciones', in *Teatro español del siglo XVIII*, 1996 (see No. 2209), 475–
        86.

1130.   González Troyano, Alberto, 'Simetría ilustrada y distorsión romántica: lo
        masculino y lo femenino en el mundo del teatro', in *La identidad masculina
        en los siglos XVIII y XIX*, 1997 (see No. 646), 207–14.

1131.   Gotor, J. L., '*El mágico de Salerno*', in *Teatro di magia*, 1983 (see No. 2206),
        107–46

1132.   Gouzien, C., 'Jovellanos, autor dramático', in *Le Théâtre de Jovellanos (9 January 1944)* (Paris: Fac. des Lettres de l'Univ. de Paris, 1967), 113 pp. [Reprinted in *Comentarios y recuerdos* (Madrid: *Revista Occidental*, 1972).]

1133.   Gozzi, Charles, 'D'un théâtre espagnol-vénitien au XVIIIᵉ siècle', in Chasles, *Études sur l'Espagne*, 1847 (see No. 509); 465–561.

1134.   Granja, Agustín de la and Lobato, María Luisa, *Bibliografía descriptiva del teatro breve español (siglos XV–XX)*.   Biblioteca Aurea Hispánica 8 (Pamplona: Univ. de Navarra/Madrid: Iberoamericana/Frankfurt am Main: Vervuert, 1999), 492 pp.

1135.   Granjel, Luis S., Navarro González, Alberto and Marcos Rodríguez, Florencio, *Una figura salmantina: Don Diego de Torres y Villarroel. Conferencias* (Salamanca: Ayuntamiento, 1971), 51 pp.

1136.   Grau, Mariano, 'El teatro en Segovia', *EstS*, 10 (1958), 5–98.

1137.   Grau, Mariano, *El teatro en Segovia* (Segovia: Instituto Diego de Colmenares, 1958), 99 pp.

1138.   Greer, Margaret Rich and Varey, John E., *El teatro palaciego en Madrid, 1586–1707. Estudio y documentos.*   Colección Támesis.   Serie C, Fuentes para la Historia del teatro en España 29 (Madrid: Tamesis/Woodbridge: Boydell & Brewer, 1997), 267 pp.; facs.

1139.   Grimsley, R., 'The Don Juan Legend', *ML*, 41:4 (1960), 135–41.

1140.   Grismer, Raymond L., *Bibliography of the Drama of Spain and Spanish America* (Minneapolis: Burgess-Beckwith, n.d. [1968]), 2 vols: I (*A–L*), xix + 231 pp.; II (*M–Z*), xxiv + 231 pp.

                                                                                                UCL

1141.   Grissard, Pierre, 'A propósito de naturaleza y costumbres en la teoría del teatro neoclásico español', in *Estudios dieciochistas*, 1995 (see No. 838), I, 421–33.

1142.   Guastavino Gallent, Guillermo, *D. Pascual Bergadá (1702–1779) y su comedia 'El amparo universal y patrona de Valencia'* (Castellón de la Plana: Sociedad Castellonense de Cultura, 1963), 117 pp.

                                                                                                NRLF

1143.   Guastavino Gallent, Guillermo and Guastavino Robba, Serino, 'Un siglo de teatro valenciano', *RABM*, 77 (1974), 149–325.

1144.   Guaza y Gómez de Talavera, Carlos and Guerra y Alarcón, Antonio, *Músicos, poetas y actores.   Estudios crítico-biográficos: López de Ayala, García Gutiérrez, Máiquez, Hartzenbusch etc.* (Madrid: Maroto, 1884), 283 pp.

                                                                                                BNM

1145.   Guenoun, Pierre, 'Un inédit de José Amador de los Ríos sur Leandro Fernández de Moratín', in *Mélanges à la mémoire de Jean Sarrailh*, 1966 (see No. 1508), I, 397–412.

1146.   Guerra y Alarcón, Antonio, see Guaza y Gómez de Talavera, Carlos.

1147.   Guerrero, Manuel [*cómico en la Corte de España*], *Respuesta a la resolución que el reverendíssimo padre Gaspar Díaz, de la Compañía de Jesús, dio en la Consulta theologica acerca de lo ilícito de representar y ver representar las comedias como se practican el día de oy en España, donde se prueba lo lícito de dichas comedias y se desagravia la cómica profesión de los graves defectos que ha pretendido imponerla dicho reverendíssimo padre* (Zaragoza: Por Francisco Moreno, impressor, 1743).

1148.   Guerrero, Manuel, *El negro valiente en Flandes*, intro., ed. y notas de Moses E. Panford Jr (Boulder, Colorado: Society of Spanish and Spanish-American Studies, 2003), 176 pp.

                                                                                                LC

1149.   Guerrero Casado, Alfonso, 'Un ardiente defensor de Calderón en el siglo XVIII: Tomás Erauso y Zabaleta', in *Ascua de veras. Estudios sobre la obra de Calderón.* Publicaciones del Departamento de Literatura Española 11 (Granada: Depto de Literatura Española, Univ. de Granada, 1981), 106 pp.; 39–56.

1150.   Guillamón Álvarez, Javier, *Honor y honra en la España del siglo XVIII* (Madrid: Depto de Historia Moderna, Facultad de Geografía e Historia, Univ. Complutense, 1981), xvi + 184 pp.

                                                                                                NRLF

1151.   Guillot de S., 'Jeanne d'Arc dans la littérature espagnole', *Hispania* (Paris), 2 (1919), 209–17.

1152.   Guinard, Paul-Jean, 'Remarques sur *El carbonero de Londres*, de Valladares de Sotomayor (1784)', *Ibérica*, 2 (1979), 213–24.

1153.   Guinard, Paul-Jean, 'Les Débuts de la critique théâtrale en Espagne (1762–1763)', *DS*, 12 (1981), 247–58.

1154.   Guinard, Paul-Jean, 'La Mésalliance éludée dans le théâtre espagnol de la fin du XVIIIᵉ siècle: *El vinatero de Madrid*, de Valladares de Sotomayor (1784)', *Ibérica*, 3 (1981), 151–69.

1155.   Guinard, Paul-Jean, 'Sobre el mito de Inglaterra en el teatro español de fines del siglo XVIII: una adaptación de Valladares de Sotomayor', *ALE*, 3 (1984), 283–304.

1156.   Gutiérrez Abascal, R., 'Don Ramón de la Cruz', *CDios* (30 April 1895).

1157.   Hafter, Monroe Z., 'Ambigüedad de la palabra "público" en el siglo XVIII', *NRFH*, 24 (1975), 46–63.

1158.   Hafter, Monroe Z., 'Secularization in Eighteenth-century Spain', *MLS*, 14 (1984), 36–52.

1159.   Hafter, Monroe Z., 'Remedial Action in Huerta's *Raquel*', in *Studies in Honor of Sumner M. Greenfield*, ed. Harold L. Boudreau and Luis T. González-del-Valle (Lincoln, NE: Society of Spanish and Spanish American Studies, 1985), 236 pp.; 119–28.
                                                                                    UCLA

1160.   Hafter, Monroe Z., 'Tyrannicide and Relativism in Cadalso's Tragedy, *Solaya*', in *Hispanic Essays in Honor of Frank P. Casa*, ed. A. Robert Lauer and Henry W. Sullivan (New York: Peter Lang, 1997), xvi + 481 pp.; illus.; 438–47.

1161.   Hafter, Monroe Z., 'García Malo's Moralizing for a Secularized Society (1787–1792)', *Dieciocho*, 21:1 (1998), 49–62.

1162.   Haidt, Rebecca, 'Luxury, Consumption and Desire: Theorizing the *Petimetra*', *AJHCS*, 3 (1999), 33–50.

1163.   Hallonquist, Sarina Bono, *Diego de Torres Villarroel: Spanish Eighteenth-century Universal Satirist* (New York: New York Univ., 1949), 24 pp. [Abridgement of author's Doctoral thesis, New York Univ.]

1164.   Hamilton, Arthur, 'Ramón de la Cruz's Debt to Molière', *Hispania* (USA), 4:3 (1921), 101–13.

1165.   Hamilton, Arthur, 'Ramón de la Cruz, Social Reformer', *RR*, 12 (1921), 168–80.

1166.   Hamilton, Arthur, *A Study of Spanish Manners, 1750–1800, from the Plays of Ramón de la Cruz* (Urbana: Univ. of Illinois Press, 1926), 72 pp. [Reproduced in *UISLL*, 11:3 (1926), 7–72.]
                                                                                    UCLA, HUL

1167.   Hamilton, Arthur, 'The Journals of the XVIII Century in Spain', *Hispania* (USA), 21:3 (1938), 161–72.

1168.   Hamilton, Arthur, 'Two Spanish Imitations of *Maître Patelin*', *RR*, 30 (1939), 330–44.

1169.   Hamilton, Mary Neal, *Music in Eighteenth Century Spain* (Urbana: Univ. of Illinois Press, 1937), 283 pp.; illus.   [Section on *tonadillas*.]
                                                                                    UCLA

1170.   Hannan, Dennis, *Tradition and Originality in the Dramatic Works of Juan Ignacio González del Castillo* (Doctoral thesis, University of Oregon, Eugene, 1961) [*DAI*, XXII (1961), 260].

OUE

1171.   Harcourt, Louis François, Comte de Sézanne, 'Journal de mon voyage en Espagne le 3 Décembre 1700 jusqu'au 13 Avril, 1701', *RHisp*, 18 (1908), 248 *ff*.

1172.   Hart, C. Q., *A Study and Edition of the Zarzuela 'Las nuevas armas de amor'. Libretto by José de Cañizares* (MLitt dissertation, University of Newcastle, 1974).

1173.   Hart, Margaret Elaine Gompper, *The Image of Woman in the 'Sainetes' of Ramón de la Cruz* (Doctoral thesis, University of Maryland, College Park, 1986) [*DAI*, XLVII (1986) 1347A].

1174.   Hartzenbusch, Juan Eugenio, 'Discurso sobre las unidades dramáticas', *Panorama*, 2ª época, 1 (1833), 229.

1175.   Hartzenbusch, Juan Eugenio, 'Noticias sobre la vida y escritos de D. Dionisio Solís', *RM*, 1 (1839), 488–508. [Also published in his *Ensayos poéticos y artículos en prosa, literarios y de costumbres* (Madrid: Yenes, 1843), 314 pp.; 173–214.)

1176.   Hartzenbusch, Juan Eugenio, 'Don José de Cañizares' in *RE*, 3 (1845), 383–409.

1177.   Hartzenbusch, Juan Eugenio, 'Racine y Cañizares', *La Ilustración* (Madrid), 8 (1856), 46–47, 62–63, 66–68.

1178.   Hauser, Arnold, 'El origen del drama burgués', *HSLA*, 2 (1979), 247–64.

1179.   Heitner, Robert R., 'The Ifigenia in Tauris Theme in Drama of the Eighteenth Century', *CL*, 16 (1964), 289–309. [Relevant for. José de Cañizares etc.]

1180.   Helman, Edith F., 'The Elder Moratín and Goya', *HR*, 23:3 (1955), 219–30.

1181.   Helman, Edith F., 'The Younger Moratín and Goya: On "duendes" and "brujas" ', *HR*, 37 (1959), 103–22.

1182.   Helman, Edith F., 'Goya, Moratín y el teatro', *Ínsula*, 161 (1960), 10, 14.

1183.   Helman, Edith F., 'Moratín y Goya; actitudes ante el pueblo en la Ilustración española', *RUM*, 9:35 (1960), 591–605. [Republished in *Moratín y la sociedad española de su tiempo*, 1961 (see No. 1591).]

1184.   Helman, Edith F., 'El humanismo de Jovellanos', *NRFH*, 15 (1961), 519-528.

1185. Helman, Edith F., 'The Twentieth Century Spaniard Views the Spanish Enlightenment', *Hispania* (USA), 14:2 (1962), 183–92.

1186. Helman, Edith F., 'Una sátira de Jovellanos sobre teatro y toros', *PSA*, 53:157 (1969), 9–30. [Repeated in *Jovellanos y Goya*, 1970 (see No. 1187), 71–90.]

1187. Helman, Edith F., 'D. Nicolás Fernández de Moratín y Goya sobre "ars amatoria" ', in her *Jovellanos y Goya* (Madrid: Taurus, 1970), 294 pp.; illus.; portraits.; 219–35.
                                                                    UCB, UCLA

1188. Herías, José Gerardo de, *Sátira contra los malos escritores de este siglo, en 'Diario de los Literatos'* (Madrid: Antonio Marín, 1742).

1189. Hernández de la Torre y García, José María, *Ávila y el teatro*. Temas Abulenses (Ávila: Diputación Provincial de Ávila, Institución de Investigaciones y Estudios Abulenses Gran Duque de Alba, 1973), 242 pp.; plates.
                                                                            UCR

1190. Hernández Sánchez, Mario, *La obra dramática de Nicolás Fernández de Moratín* (Doctoral thesis, Universidad de Valladolid, 1974).

1191. Hernández Sánchez, Mario, 'La polémica de los autos sacramentales en el siglo XVIII: la Ilustración frente al Barroco', *RLit*, 42:84 (1980), 185–220.

1192. Hernández Sánchez, Mario, 'Herencia barroca y novedad rococó en *La Petimetra* de Nicolás Fernández de Moratín', in *Actas del Cuarto Congreso Internacional de Hispanistas*, 1982 (see No. 6), I, 757–71.

1193. Herr, Richard A., *The Eighteenth-century Revolution in Spain* (Princeton: Princeton U. P., 1958), xii + 484 pp.; illus.
                                                                            UCI

1194. Herrera, Antonio Alfredo, 'Don Ramón de la Cruz, hidalgo y poeta de Madrid y su familia', *Hidalguía*, 31 (1983), 433–53.

1195. Herrera Navarro, Jerónimo, 'Fuentes manuscritas e impresas de la obra literaria de Don Antonio Valladares de Sotomayor', *CILH*, 6 (1984), 87–106.

1196. Herrera Navarro, Jerónimo, 'Don Antonio Valladares de Sotomayor: datos biográficos y obra dramática', in *Homenaje a don Pedro Sáinz Rodríguez*, 1986 (see No. 1223), II, 349–65.

1197. Herrera Navarro, Jerónimo, 'Luciano Francisco Comella', *IC*, 81 (junio 1990), 22–31.

1198. Herrera Navarro, Jerónimo, *Catálogo de autores teatrales del siglo XVIII*. Publicaciones de la Fundación Universitaria Española. Monografías 58 (Madrid: Fundación Universitaria Española, 1993), lvii + 728 pp. [See especially 'Introducción', xix–lvi.]

UCR

1199. Herrera Navarro, Jerónimo, 'Don Ramón de la Cruz y sus críticos: la reforma del teatro', in *Teatro español del siglo XVIII*, 1996 (see No. 2209), II, 487–524.

1200. Herrera Navarro, Jerónimo, 'Hacia la profesionalización del escritor: el dramaturgo a fines del siglo XVIII en un DISCURSO anónimo dirigido a Armona', in *El siglo que llaman ilustrado*, 1996 (see No. 2097), 529–42.

1201. Herrera Navarro, Jerónimo, 'Los planes de reforma del teatro en el siglo XVIII', in *El mundo hispánico en el Siglo de las Luces*, 1996 (see No. 1604), II, 789–803.

1202. Herrera Navarro, Jerónimo, 'Precios de piezas teatrales en el siglo XVIII (hacia los derechos de autor)', *RLit*, 58:115 (1996), 47–82.

1203. Herrera Navarro, Jerónimo, 'Derechos de traductor de obras dramáticas en el siglo XVIII', in *La traducción en España (1750–1830)*, 1999 (see No. 2249), 397–406.

1204. Herrera Navarro, Jerónimo, 'Teatro y carnaval en el siglo XVIII', *CTC*, 12 (1999), 183–206.

1205. Herrera Navarro, Jerónimo, 'Dionisio Solís: traductor del *Mahomet* de Voltaire', in *Neoclásicos y románticos ante la traducción*, ed. Concepción Palacios, Alfonso Saura y Francisco Lafarga (Murcia: Univ. de Murcia, 2002), 450 pp.; 333–44.

1206. Herrero, M., 'Sobre los antiguos teatros españoles', *CIA*, 2:8 (1951), 39–40.

1207. Herrero García, Miguel, *Madrid en el teatro*. Biblioteca de Estudios Madrileños 7 (Madrid: CSIC, Instituto de Estudios Madrileños, 1963), viii + 450 pp.

1208. Heydenreich, Titus, 'Gaspar Melchor de Jovellanos', in *Das spanische Theater*, 1988 (see No. 2129), 201–12.

1209. Heymann, Jochen, 'Luciano Francisco José Comella Villamitjana', in *Siete siglos de autores españoles*, 1991 (see No. 2096), 215–16.

1210. Hidalgo, Ana María, 'La mujer madrileña en don Ramón de la Cruz: literatura y realidad', *AIEM*, 24 (1987), 269-286.

1211. Higashitani, Hidehito, 'Estructura de las cinco comedias originales de Leandro Fernández de Moratín: exposición, enredo y desenlace', *Segismundo*, 5–6 (1967), 135–60.

1212. Higashitani, Hidehito, 'Las ideas teatrales de Leandro Fernández de Moratín: en torno a su definición de la comedia', *Iberoromania*, 3 (1971), 269–84.

1213. Higashitani, Hidehito, *El teatro de Leandro Fernández de Moratín*. Colección Scholar 8 (Madrid: Plaza Mayor, 1973), 171 pp.; illus.

UCB

1214. Higashitani, Hidehito, 'Tomás de Iriarte y su técnica teatral en el cambio de escenas', in *Estudios dieciochistas*, 1995 (see No. 838), I, 435–41.

1215. Higueras Sánchez-Pardo, Mercedes, see Coso Marín, Miguel Ángel.

1216. *Historia de la música española*, bajo la dirección de Pablo López Osaba. Alianza Música 1–7 (Madrid: Alianza, 1983–1985), 7 vols; illus.; music. [See Vol. IV (1985): Antonio Martín Moreno, *Siglo XVIII*.]

1217. *Historia del teatro en España*, 3 vols; Vol. II: *Siglo XVIII, Siglo XIX*, ed. José María Díez Borque. Persiles 153 (Madrid: Taurus, 1988), 813 pp. See especially Chapter 2 by Emilio Palacios Fernández on 'El teatro en el siglo XVIII (hasta 1808)'.]

UCLA

1218. *Historia del teatro español*, dirigido por Javier Huerta Calvo. I. *De la Edad Media a los Siglos de Oro*, ed. Abraham Madroñal y Héctor Urraíz Tortajada; II, *Del siglo XVIII a la época actual*, ed. Fernando Doménech Rico y Emilio Peral Vega. Grandes Manuales 58 (Madrid: Gredos, 2003), 3169 pp. [See Vol. II, Cuarta Parte: *Siglo XVIII*, 1453–686. See also 'Introducción' to this section by Fernando Doménech Rico and Emilio Peral Vega, 1453–72.] (Abbreviated as *HTE, Siglo XVIII*. Articles are listed under individual authors.)

1219. *Historia general de las literaturas hispánicas*, ed. Fernando Díaz-Plaja (Barcelona: Barna/Vergara, 1956–1957), 5 vols; Vol IV: *Siglos XVIII y XIX*, 606 pp. (Abbreviated as *Historia general de las literaturas hispánicas*. Articles listed under individual authors.)

1220. *Historia literaria de España en el siglo XVIII*, ed. de Francisco Aguilar Piñal (Madrid: Editorial Trotta/CSIC, 1996), 1158 pp. [See especially chapter on 'Teatro' by Emilio Palacios Fernández, 135–233.]

1221. *Historia social y literatura: familia y burguesía en España (siglos XVIII–XIX). Segundo Coloquio Internacional Acción Integrada Francoespañola, Facultat de Lletres, Universitat de Lleida, Lleida, octubre de 2001*, ed. Roberto Fernández Díaz y Jacques Soubeyroux. Colección Actas (Lleida: Editorial Milenio/Saint-Étienne: Univ. Jean Monnet, 2003). (Abbreviated as *Historia social y literatura*. Articles are listed under individual authors.)

1222. *Un 'hombre de bien'. Saggi di lingue e letterature iberiche in onore di Rinaldo Froldi*. Presentazione di Maurizio Fabbri. A cura di Patrizia Garelli e Giovanni Marchetti, e con la collaborazione di Livia Brunori, Luigi Contadini, Cristina Fiallega, Marco Presotto, Patrizio Rigobon e Roberto Vecchi (Alessandria: Edizioni dell'Orso, 2004), 2 vols: I, xxviii + 646 pp.; II, 688 pp. (Abbreviated as *Un 'hombre de bien'*. Articles are listed under individual authors.)

GUL

1223. *Homenaje a don Pedro Sáinz Rodríguez* (Madrid: Fundación Universitaria Española, 1986), 4 vols: I, lxiv + 616 pp.; II, x + 676 pp.; III, x + 728 pp.; IV, x + 620 pp.; some have illus. (Abbreviated as *Homenaje a don Pedro Sáinz Rodríguez*. Articles are listed under individual authors.)

UCLA

1224. *Homenaje a John H. R. Polt, Dieciocho*, 22:2 (1999), pp. 169–453. (Abbreviated as *Homenaje a John H. R. Polt*. Articles are listed under individual authors.)

1225. *Homenaje a Luis Morales Oliver*, ed. Hipólito Escolar Sobrino (Madrid: Fundación Universitaria Española, 1986), 677 pp.; illus. (Abbreviated as *Homenaje a Luis Morales Oliver*. Articles are listed under individual authors.)

1226. *Homenaje a la memoria de don Antonio Rodríguez-Moñino, 1910–1970* (Madrid: Castalia, 1975), ix + 686 pp. (Abbreviated as *Homenaje a Antonio Rodríguez-Moñino*. Articles are listed under individual authors.)

GUL

1227. *Homenaje al profesor José Fradejas Lebrero*, ed. José Nicolás Romera Castillo, Ana María Freire López y Antonio Lorente Medina (Madrid: Univ. Nacional de Educación a Distancia, 1993), 2 vols; illus.; 915 pp. (Abbreviated as *Homenaje al profesor José Fradejas Lebrero*. Articles are listed under individual authors.)

1228. *Homenaje del Ayuntamiento de Madrid a don Ramón de la Cruz* (Madrid: Tipografía Municipal, 1900), viii + 29 pp. [An address by the Alcalde Presidente, Manuel Allendesalazar, text of an unpublished *sainete* (*El día del Corpus*) and a biographical sketch by Carlos Cambronero.]

1229. *Hommage à Jean-Louis Flecniakoska par ses collegues, amis et élèves des Universités de Montpellier, Avignon et Perpignan* (Montpellier: Univ. Paul Valéry, 1980), 2 vols in 1, 461 pp.; illus.; 2 plates; map; portrait. (Abbreviated as *Hommage à Jean-Louis Flecniakoska*. Articles are listed under individual authors.)

1230. Hontanilla, Ana, '*El Pensador* y el sistema de exclusiones del espacio público ilustrado', *Dieciocho*, 27:2 (2004), 365–82.

1231. Hornedo, Rafael María de, 'Teatro e Iglesia en los siglos XVII y XVIII', in *Historia de la Iglesia en España*, dirigida por Ricardo García Villoslada. Biblioteca de Autores Cristianos 16–22 (Madrid: Biblioteca de Autores Cristianos, 1979), 5 vols in 7; IV, *La iglesia en la Espana de los siglos XVII y XVIII*, dirigido por Antonio Mestre Sanchis; 309–58.

1232. Horn-Monval, Madeleine, *Répertoire bibliographique des traductions et adaptations françaises du théâtre étranger du XVe siècle à nos jours* (Paris: Centre National de la Recherche Scientifique, 1959–1968), 9 vols.

1233. Huarte, Amalio, 'Sobre la segunda impresión de la *Poética* de Luzán', *RBibN*, 4 (1943), 247–65.

1234. Huarte, J. M. de, 'Cartas de Moratín a Manuel García de la Prada', *RABM*, 68 (1960), 519–52.

1235. Huarte, J. M. de, 'Más sobre el epistolario de Moratín', *RABM*, 68 (1960), 505–52.

1236. Huerta, Fernando, 'Didactismo y sentimiento en el teatro de Jovellanos: una estética dramática a dos siglos de distancia', in *Studies for I. L. McClelland*, 1986 (see No. 2141), 164–73.

1237. Huerta, Fernando, 'El comediógrafo mal-tratado: Luciano Comella y la Ilustración', in *The Eighteenth Century in Spain*, 1991 (see No. 803), 183–89.

1238. Huerta Calvo, Javier, 'Ramón de la Cruz y la tradición del teatro cómico breve', *Ínsula*, 574 (1994), 12–13.

1239. Huerta Calvo, Javier, 'Imágenes de la locura festiva en el siglo XVIII', in *Al margen de la Ilustración*, 1998 (see No. 56), 219–45.

1240. Huerta Calvo, Javier, 'Comicidad y marginalidad en el sainete dieciochesco', in *Risas y sonrisas*, 1999 (see No. 1869), 51–75.

1241. Huerta Calvo, Javier, see also García Berrio, Antonio.

1242. Huertas Vázquez, Eduardo, *Teatro musical en el Madrid ilustrado*. Avapiés 29 (Madrid: Editorial El Avapiés, 1989), 245 pp.; illus.

1243. Huertas Vázquez, Eduardo, 'El singular escenario del barrio de la comadre', in *Teatro español del siglo XVIII*, 1996 (see No. 2209), 525–48.

1244. Huertas Vázquez, Eduardo, 'Los majos madrileños y sus barrios en el teatro popular', in *Al margen de la Ilustración*, 1998 (see No. 56), 117–43.

1245. Iacuzzi, Alfred, *The European Vogue of Favart: The Diffusion of the Opéra-Comique* (New York: Institute of French Studies, *c.*1932), xiii + 410 pp. [Includes history and criticism of the operetta.]

UCLA

1246. Iacuzzi, Alfred, 'The Naïve Theme in *The Tempest* as a Link between Thomas Shadwell and Ramón de la Cruz', *MLN*, 52 (1937), 252–56.

1247. *Ideas and Letters in Eighteenth-century Spain*, ed. Peter B. Goldman. Special Number of *MLS*, XIV (1984), No. 2. (Providence, RI: Northeast Modern Language Association, 1984), 96 pp. (Abbreviated as *Ideas and Letters in Eighteenth-century Spain*. Articles are listed under individual authors.)

1248. *La Ilustración española. Actas del Coloquio Internacional celebrado en Alicante, 1–4 octubre 1985*, ed. Armando Alberola y Emilio La Parra. Ensayo e Investigación 8 (Alicante: Instituto Juan Gil-Albert, Diputación Provincial de Alicante, 1986), 544 pp. (Abbreviated as *La Ilustración española*. Articles are listed under individual authors.)

1249. *L'Image de la France en Espagne pendant la seconde moitié du XVIIIe siècle (1750–1808)/Imagen de Francia en Espana durante la segunda mitad del siglo XVIII*, ed. Jean-René Aymes. Colección Ensayo e Investigación (Alicante: Instituto de Cultura 'Juan Gil-Albert', Diputación Provincial de Alicante/Paris: Presses de la Sorbonne Nouvelle, 1996), 349 pp.

1250. *Imágenes de Francia en las letras hispánicas. Coloquio Imágenes de Francia en las Letras Hispánicas (Universidad de Barcelona, 15 a 18 de noviembre de 1988)*, ed Francisco Lafarga (Barcelona: PPU, 1989), 520 pp. (Abbreviated as *Imágenes de Francia en las letras hispánicas*. Articles are listed under individual authors.)

1251. *El indiano en el teatro menor español del setecientos*, estudio preliminar, ed. y notas de Daisy Rípodas Ardanaz, transcripción de textos por Inmaculada Lapuista. Biblioteca de Autores Españoles desde la Formación del Lenguaje hasta Nuestros Días 294 (Madrid: Ediciones Atlas, 1986), lxxviii + 276 pp.

1252. Ingenschay, Dieter, 'Ramón de la Cruz: *Sainetes*', in *Das spanische Theater*, 1988 (see No. 2129), 213–27.

1253. *The Institutionalization of Literature in Spain*, ed. Wlad Godzich and Nicholas Spadaccini (Minneapolis: Prisma Institute, 1987), 275 pp. (Abbreviated as *The Institutionalization of Literature in Spain*. Articles are listed under individual authors.)

UCLA

1254. *Ínsula*, 161 (1960), 20 pp. (Number dedicated to Leandro Fernández de Moratín. Articles are listed under individual authors.)

PUL

1255.   Iriarte, Bernardo de, *Informe al conde de Aranda sobre las Comedias*.   MS
        9 327.   [For a printed version of at least part of this see Emilio Palacios
        Fernández, 'El teatro barroco español', 1990 (see No. 1679).]

                                                                            BNM

1256.   Iriarte, Juan de, 'Critique de la *Poétique* de Luzán', *Diario de los Literatos*
        (see No. 532), IV, 80–112.

1257.   Iriarte, Tomás de, *El señorito mimado*, ed., intro. y notas de Russell P.
        Sebold (Madrid: Castalia, 1978), 551 pp.

1258.   Ivanova, Anna, *The Dance in Spain* (New York: Praeger Publishers, 1970), xiii
        + 202 pp.   [Includes chapter about eighteenth-century theatre-dance in
        Spain.]

                                                                            UCLA

1259.   Iza Zamácola, Juan Antonio de, *Libro de moda o ensayo de la historia de los
        currutacos, pirracas, y madamitas de nuevo cuño, escrito por un filósofo
        currutaco y aumentado nuevamente por un señorito pirracas* (Madrid:
        Imprenta de Fermín Villalpando, 1795), xxxxiv + 135 pp; h. 2.   [Also
        attributed to Juan Fernández de Rojas, but appears to be by Iza Zamácola
        (1756–1826).]

1260.   Izquierdo, Luciano, 'Las comedias de magia en Valencia', *RLit*, 48 (1986),
        387–405.

1261.   Jaffe, Catherine, 'From *Precieuses ridicules* to *Preciosas ridículas*: Ramón
        de la Cruz's Translation of Molière and the Problems of Cultural
        Adaptation', *Dieciocho*, 24:1 (2001), 147–68.

1262.   Jagot-Lachaume, M., *La Peinture de la vie madrilène dans Ramón de la
        Cruz* (Paris: Fac. de Lettres de l'Univ. de Paris, 1962), 128 pp.

1263.   Jennings, P. G., *Moratín in England 1792–1793* (MA dissertation,
        University of Durham, 1968).

1264.   Jiménez, Beatriz, see Coughlin, Edward V.

1265.   Jiménez, Carmen and Prat, Ignacio, 'Una representación dieciochesca de
        Fieras afemina amor, de Calderón', *BBMP*, 49 (1973), 303–18.

1266.   Jiménez, Fernando, see Coughlin, Edward V.

1267.   Jiménez Salas, María, *Vida y obras de Don Juan Pablo Forner y Segarra*
        (Madrid: CSIC, 1944), 618 pp.; portraits; map; facsimiles.

                                                                            UCLA

1268. Jiménez Soler, Andrés, 'El teatro en Zaragoza antes del siglo XIX', *Univ-Z*, 4 (1927), 243–96, 571–647.

1269. Johns, Kim L., *José de Cañizares: Traditionalist and Innovator*. Albatros Hispanófila 17 (Valencia: Albatros, [1981]), 131 pp. (Originally Doctoral thesis, University of North Carolina, 1976. DAI 38A: 2832.]

SRLF

1270. Johnson, Colin B., 'Madrid's Third "Public" Theater', in *Studies in Eighteenth-century Spanish Literature and Romanticism*, 1985 (see No. 2142), 99–111.

1271. Johnson, Jerry L., 'The Relevancy of *Raquel* to Its Times', *RomN*, 14 (1972), 86–91.

1272. Johnson, Robert, 'Moratín's Diary', *BHS*, XLVII (1970), 24–36.

1273. Johnston, David, 'Leandro Fernández de Moratín: The Society of the Word', in *Carlo Goldoni and Eighteenth-century Theatre*, ed. Joseph Farrell (Lewiston, NY: Mellen Press, 1997), iv + 262 pp.; 55–71.

1274. Jones, Joseph R., 'María Rosa de Gálvez: Notes for a Biography', *Dieciocho*, 18:2 (1995), 172–87.

1275. Jones, Joseph R., 'María Rosa Gálvez, Rousseau, Iriarte y el melólogo en la España del siglo XVIII', *Dieciocho*, 18:2 (1996), 165–79.

1276. Jones, Joseph R., 'Recreating Eighteenth-century Musical Theater: The Collaborations of the Composer Enrique Granados (1867–1916) and the Librettist Fernando Periquet y Zuaznábar (1873–1940)' [2 parts], *Dieciocho*, 23:2 (2000), 183–214; 24:1 (2001), 121–46.

1277. Jones, T. B. and Nicol, Bernard de Bear, *Neo-Classical Dramatic Criticism, 1560–1770* (Cambridge: Cambridge U. P, 1976), vi + 189 pp.

1278. Jouvency, Joseph de, see Díez González, Santos.

1279. Jovellanos, Gaspar Melchor de, *Elogio de don Ventura Rodríguez* (Madrid: Viuda de Ibarra, 1790), 178 pp.; fol. 8.

NRLF, NYPL

1280. Jovellanos, Gaspar Melchor de, *Elogios pronunciados en la Real Sociedad de Madrid (discurso)* (Madrid: Ibarra, [1790]), 56 pp.

HUL

1281. Jovellanos, Melchor Gaspar de, *Informe sobre los juegos, espectáculos y diversiones públicas* (Gijón, 1790), 124 pp.

1282. Jovellanos, Gaspar Melchor de, *Memoria para el arreglo de la policía de los espectáculos y diversiones públicas, y sobre su origen en España*, (Madrid: Sancha, 1812).   [Same as *Memoria sobre las diversiones públicas* (1796), in Memorias de la Academia de Historia. The original is in the Biblioteca Nacional. For a recent edition, see that by Guillermo Carnero who publishes it together with *Informe sobre la ley agraria*. Letras Hispánicas 61 (Madrid: Cátedra, 1997), 437 pp.; illus.; 113–222.]

1283. Jovellanos, Gaspar Melchor de, *Curso de Humanidades Castellanas*, in *Obras de don Gaspar Melchor de Jovellanos*.   Biblioteca Popular (Madrid: P. Mellado, 1845–1846), 5 vols.

UCB

1284. Jovellanos, Gaspar Melchor de, *Colección de obras escogidas*, precedida de unos apuntes biográficos por J. A. R. e ilustrada con grabados de don Tomás Sala.   Biblioteca Amena é Instructiva (Barcelona: [Tip. de J. Aleu], 1884), viii + 411, illus.

UCSD

1285. Jovellanos, Gaspar Melchor de, *Diarios*, estudio preliminar de Ángel del Río, ed. de Julio Somoza (Oviedo: Diputación de Asturias/Instituto de Estudios Asturianos, 1953–1956), 3 vols: I, 550 pp.; II, 506 pp.; III, 134 pp.

UCLA

1286. Jovellanos, Gaspar Melchor de, *Memoria sobre las diversiones públicas*, intro. de Pedro de Silva.   Colección Crisol.   Serie Especial 057 (Madrid: Aguilar, 1994), 281 pp., illus.

OXFORD

1287. *Jovellanos, su vida y su obra.   Homenaje del Centro Asturiano de Buenos Aires en el bicentenario de su nacimiento, con la adhesión de los Centros Asturianos de La Habana y México* (Buenos Aires: Centro Asturiano de Buenos Aires [1945]), 703 pp.; illus.; portrait.

UCI

1288. *Juan Ignacio González del Castillo (1763–1800): estudios sobre su obra*, ed. Alberto Romero Ferrer (Cádiz: Fundación Municipal de Cultura del Ayuntamiento de Cádiz, 2005), 401 pp.

1289. *Juan Pablo Forner y su época (1756–1797)*, ed. Jesús Cañas Murillo y Miguel Ángel Lama.   Colección Estudio 6 (Mérida: Editora Regional de Extremadura, 1998), 623 pp.   (Abbreviated as *Juan Pablo Forner y su época*.   Articles are listed under individual authors.)

1290. Juderías y Loyot, Julián, *Don Gaspar Melchor de Jovellanos: su vida, su tiempo, sus obras, su influencia social* (Madrid: Establecimiento Tipográfico de Jaime Rates Martín, 1913), 136 pp.

UCLA

1291. Judicini, Joseph V., 'The Problem of the Arranged Marriage and the Education of Girls in Goldoni's *La figlia obbediente* and Moratín's *El sí de las niñas*', *RLMC*, 24 (1971), 208–23.

1292. Juliá Martínez, Eduardo, 'El teatro en Valencia', *BRAE*, 2 (1913), 527–47; 4 (1917), 56–83; 13 (1926), 318–41.

1293. Juliá Martínez, Eduardo, 'Documentos sobre María y Francisca Ladvenant', *BRAE*, 1 (1914), 468–69.

1294. Juliá Martínez, Eduardo, *Shakespeare en España, traducciones, imitaciones e influencias* (Madrid: *RABM*, 1918), 264 pp.
                                                                                LC

1295. Juliá Martínez, Eduardo, 'Representaciones teatrales de carácter popular en la provincia de Castellón', *BRAE*, 17 (1930), 97–112.

1296. Juliá Martínez, Eduardo, 'Aportaciones bibliográficas: comedias raras existentes en la Biblioteca Provincial de Toledo', *BRAE*, 19:94 (1932), 566–83; and *BRAE*, 20:97 (1933), 252–70.

1297. Juliá Martínez, Eduardo, 'Preferencias teatrales del público valenciano en el siglo XVIII', *RFE*, 20:2 (1933), 113–59.

1298. Junquera, Manuel, 'Meléndez Valdés: un romántico intelectual', *REH*, 18 (1984), 293–312.

1299. Jurado, José, 'La imitación en la *Poética* de Luzán', *LT*, 17 (1969), 113–24.

1300. Juretschke, Hans, *Vida, obra y pensamiento de Alberto Lista* (Madrid: CSIC, Escuela de Historia Moderna, 1951), xi + 717 pp.; plates; facsimiles.

1301. Juretschke, Hans, 'El Neoclasicismo y el Romanticismo en España: su visión del mundo, su estética y su poética', *Arbor*, 74 (1969), 5–20.

1302. *Kalendario manual y guía de forasteros en Madrid para el año de 1783* (Madrid: Imp. Real, 1783), 164 pp., illus.   [References to theatres of the time.]
                                                                                BMM

1303. *Kalendario manual y guia de forasteros en Madrid, para el año de 1797* ([Madrid]: Impr. Real, 1797), 204 pp.; map.   [Other years were issued under titles: *Calendario manual; Guia oficial de Espana*.   With this is bound: *Estado militar de Espana, ano de 1797*.   References to theatres of the time.]
                                                                                UCLA

1304. *Kalendario manual y guia de forasteros en Madrid para el año de 1798* ([Madrid]: Imprenta Real, 1798), 216 pp.   [References to theatres of the time.]
                                                                                UCSB

1305.   Kany, Charles E., 'Cinco sainetes inéditos de Don Ramón de la Cruz con otro a él atribuido', *RHi*, 60 (1924), 40–50.

1306.   Kany, Charles E., 'Más sainetes inéditos de don Ramón de la Cruz', *RHi*, 76 (1929), 360–572.

1307.   Kany, Charles E., 'Plan de reforma de los teatros de Madrid aprobado en 1799', *RABM*, VI (1929), 245–84. [Also published as *Plan de reforma de los teatros de Madrid aprobado en 1799* (Madrid: Ayuntamiento de Madrid, 1929), 42 pp.]

NRLF

1308.   Kany, Charles E., *Life and Manners in Madrid, 1750–1800* (Berkeley: Univ. of California, 1932; repr. New York: AMS Press, 1970]), xiii + 483 pp.; illus.; plates; facsimiles; portrait.

UCLA

1309.   Kany, Charles E., 'Theatrical Jursidiction of the "Juez Protector" in XVIIIth Century Madrid', *RHi*, 81, 2ª parte (1933), 382–93. [Also published as *Theatrical Jurisdiction of the Juez Protector in XVIIIth-Century Madrid* (Paris: [Imp. Sainte-Cathérine, Bruges], 1933), 16 pp. ('Extrait de la *Revue Hispanique*, 81, dédié à la mémoire de Raymond Foulché-Delbosc').]

UCLA

1310.   Kaplan, Gregory B., 'The Other Major Source of Huerta's *Raquel*: *Esther*', *ALE*, 8 (1992), 109–17.

1311.   Kish, Kathleen, 'A School for Wives: Women in Eighteenth-Century Spanish Theater', in *Women in Hispanic Literature: Icons and Fallen Idols*, ed. Beth Miller (Berkeley: Univ. of California Press, 1983), viii + 373 pp.; 184–200.

UCR

1312.   Kleinertz, Rainer, 'La zarzuela del siglo XVIII entre ópera y comedia. Dos aspectos de un género musical (1730–1750)', in *Teatro y música en España*, 1996 (see No. 2214), 107–23.

1313.   Knowlton, John Frederick, 'Two Epistles: Nuñez de Arce y Jovellanos', *RomN*, 7 (1966), 130–33.

1314.   Krömer, Wolfram, *Zur Weltanschauung, Ästhetik und Poetik des Neoklassizismus und der Romantik in Spanien*. Spanisch Forschungen der Görresgesellschaft, Reihe 2, Bd 13 (Münster: Westfalen, 1968), viii + 253 pp.

1315.   Labayen, Antonio María, *Teatro euskaro. Notas para una historia del arte dramático vasco. (Entrevistas, reseñas, crónicas, catálogo de obras dramáticas)*. Colección Auñamendi 42 (San Sebastián: Editorial Auñamendi, 1965), 2 vols: I, 151 pp.; II, 190 pp., illus.

UCLA

1316.   Laborde, Alexandre-L.-J. de, *Itinéraire descriptif de l'Espagne* (Paris: H. Nicolle, 1808), 6 vols [Vol VI (498 pp.) describes *sainetes, zarzuelas, tonadillas, comedias de figurones, autos sacramentales* and performances.]

                                                                                    BL

1317.   Laborde, P., 'Un Problème d'influence: Marivaux et *El sí de las niñas*', *RLR*, 69 (1946), 127–45.

1318.   Ladra, David, 'Moratín, hoy', *Primer Acto*, 112 (Sept. 1969), 13–33.

1319.   Lafarga, Francisco, *Voltaire en España. Difusión y traducciones de sus obras hasta 1835* (unpublished Doctoral thesis, Universidad de Barcelona, 1973).

1320.   Lafarga, Francisco, 'Traducciones manuscritas de obras de Voltaire en la Biblioteca de Menéndez Pelayo', *BBMP*, 52 (1976), 259–68.

1321.   Lafarga, Francisco, 'Sobre la fuente desconocida de *Zara*, sainete de Ramón de la Cruz', *AF*, 3 (1977), 361–71.

1322.   Lafarga, Francisco, 'Traducciones españolas de *Zaïre* de Voltaire en el siglo XVIII', *RLC*, 51 (1977), 343–55.

1323.   Lafarga, Francisco, 'Una adaptación española inédita y desconocida del *Bourgeois gentilhomme* de Molière en el siglo XVIII', *AF*, 4 (1978), 440–65.

1324.   Lafarga, Francisco, 'La difusión de Voltaire en España en el siglo XVIII: algunos intermediarios', *1616*, 1 (1978), 132–38.

1325.   Lafarga, Francisco, 'Notas acerca de la fortuna de Diderot en España', *AF*, 5 (1979), 353–67.

1326.   Lafarga, Francisco, 'Ramón de la Cruz y Carmontelle', *ASELGC*, 3 (1980), 90–96.

1327.   Lafarga, Francisco, 'Ramón de la Cruz adaptador de Carmontelle', *AIUO*, 24:1 (1982), 115–26.

1328.   Lafarga, Francisco, *Las traducciones españolas del teatro francés, 1700–1835. I: Bibliografía de impresos; II: Catálogo de manuscritos.* (Barcelona: Publicacions i Edicions de la Univ. de Barcelona, 1983–1988), 2 vols: I, 318 pp.; II, 249 pp.

                                                                                    BNM

1329.   Lafarga, Francisco, 'El teatro de Diderot en España', *CTI*, 4 (1984), 109–18.

1330.   Lafarga, Francisco, 'Diderot et l'Espagne', in *Colloque Internacional Diderot (1713–1784). Paris, Sèvres, Reims, Langres, 4–11 juillet 1984*, actes réunis et préparés par Anne-Marie Chouillet (Paris: Aux Amateurs de Livres, 1985), 551 pp.; illus.; 395–401.

1331. Lafarga, Francisco, 'Traducción e historia del teatro: el siglo XVIII español', *ALE*, 5 (1986–1987), 219–30.

1332. Lafarga, Francisco, 'Acerca de las traducciones españolas de dramas franceses', in *Coloquio internacional sobre el teatro español del siglo XVIII*, 1988 (see No. 545), 227–38.

1333. Lafarga, Francisco, 'Vicente García de la Huerta (1734–1787)', *Ínsula*, 498–499 (1988), 10.

1334. Lafarga, Francisco, 'Le Drame bourgeois en Espagne: la critique et le public', *SVEC*, 264 (1989), 644–45.

1335. Lafarga, Francisco, *Voltaire en Espagne (1734–1835)* (Oxford: The Voltaire Foundation at the Taylor Institution, 1989), vii + 251 pp. [Revised ed. of *Voltaire en España (1734–1835)* (Barcelona: Univ. de Barcelona, 1982), 244 pp.]

1336. Lafarga, Francisco, 'El teatro ilustrado en España, entre tradición y modernidad', in *Spanien und Europa im Zeichen der Aufklärung. Internationales Kolloquium an der Universität-GH-Duisburg vom 8.–11. Oktober 1986*, ed. Siegfried Jüttner (Frankfurt am Main: Peter Lang, 1991), xx + 376 pp.; 143–56.

1337. Lafarga, Franciso, 'Traducción y teatro en el siglo XVIII español', in *Ilustración y Neoclasicismo, Historia y crítica de la literatura española*, 1992 (see No. 1065), 78–84.

1338. Lafarga, Francisco, 'Una colección dramática entre dos siglos: el *Teatro Nuevo Español* (1800–1801), in *EntreSiglos 2*, 1993 (see No. 821), 183–94.

1339. Lafarga, Franciso, 'Tradición y modernidad en el teatro de Ramón de la Cruz', in *De místicos y mágicos*, 1993 (see No. 647), 333–51.

1340. Lafarga, Francisco, 'Ramón de la Cruz y el teatro europeo', *Ínsula*, 574 (1994), 13–14.

1341. Lafarga, Francisco, 'Territorios de lo exótico en las letras españolas del siglo XVIII', *ALE*, 10 (1994), 173–92.

1342. Lafarga, Francisco, 'Noticias y opiniones sobre teatro en la década epistolar del Duque de Almodóvar', in *Estudios dieciochistas*, 1995 (see No. 838), I, 443–50.

1343. Lafarga, Francisco, 'Autores y obras del teatro francés en la década epistolar del Duque de Almodóvar', in *El siglo que llaman ilustrado*, 1996 (see No. 2097), 543–54.

1344.   Lafarga, Francisco, 'La investigación sobre traducciones teatrales en el siglo XVIII: estado actual y perspectivas', in *Teatro español del siglo XVIII*, 1996 (see No. 2209), 573–87.

1345.   Lafarga, Francisco, 'Lo familiar y lo exótico en la imagen de la naturaleza en el siglo XVIII', *CIR*, 4–5 (1997), 3–19.

1346.   Lafarga, Francisco, *Bibliografía anotada y estudios sobre recepción de la cultura francesa en España (siglos XVI–XX)* (Barcelona: PPU, 1998), 293 pp.

1347.   Lafarga, Francisco, 'Hacia una historia de la traducción en España (1750–1830)', in *La traducción en España (1750–1830)*, 1999 (see No. 2249), 11–31.

1348.   Lafarga, Francisco, 'La presencia francesa en el teatro neoclásico', in *HTE, Siglo XVIII*, 2003 (see No. 1218), 1737–59.

1349.   Lafarga, Francisco, 'Ramón de la Cruz, personaje de teatro', in *Un 'hombre de bien'*, 2004 (see No. 1222), II, 41–50.

1350.   LaGrone, Gregory Gough, *The Imitations of 'Don Quixote' in the Spanish Drama* (Doctoral thesis, Univ. of Pennsylvania, 1936) [Published: Publications of the Series in Romanic Languages and Literatures 27 (Philadelphia: Univ. of Pennsylvania, 1937), vii + 145 pp.] [See especially pp. 37–61 for discussion of the plays of the eighteenth century, including works by Ramón de la Cruz, Antonio Valladares de Sotomayor and Juan Meléndez Valdés.]

                                                                                    GUL

1351.   Lama Hernández, Miguel Ángel, 'Justa reivindicación de Vicente García de la Huerta', *REE*, 43:2 (1987), 551–57.

1352.   Lama Hernández, Miguel Ángel, 'La poesía de Vicente García de la Huerta: mimetismo, recreación y originalidad', *REE*, 44:2 (1988), 423–47.

1353.   Lama Hernández, Miguel Ángel, 'Vicente García de la Huerta desde la librería de Copín', *AEF*, 13 (1990), 151–60.

1354.   Lama Hernández, Miguel Ángel, 'Las *Noches lúgubres* de Cadalso o el teatro a oscuras', *HR*, 61:1 (1993), 1–13.

1355.   Lama Hernández, Miguel Ángel, 'Teatro: Extremadura: el siglo XVIII', *Primer Acto*, 264 (1996), 6–8.

1356.   Lama Hernández, Miguel Ángel, 'La recuperación de Ignacio García Malo', *Ínsula*, 607 (1997), 7–8.

1357.   Lama Hernández, Miguel Ángel, 'El teatro popular en la España del siglo XVIII', *Ínsula*, 625–626 (1999), 7–8.

1358.   Lama Hernández, Miguel Ángel, 'La poética española del neoclasicismo', *Ínsula*, 643 (2000), 7–8.

1359.   Lama Hernández, Miguel Ángel, see also Cañas Murillo, Jesús.

1360.   Lamarca y Morata, Luis, *El teatro de Valencia: desde su origen hasta nuestros días* (Valencia: Impresa de J. Ferrer de Orga, 1840), 78 pp. [Facsimile reproduction in the Biblioteca Valenciana series (Valencia: Librerías Paris-Valencia, 1992), 78 pp.]

                                                                            UCLA

1361.   Lampillas, Francisco Xavier, *Ensayo histórico-apologético de la literatura española contra las opiniones preocupadas de algunos escritores modernos italianos*, trad. de Doña Josefa Amar y Borbón (Zaragoza: Oficina de Blas Miedes, 1782–1786), 7 vols. [UCLA has 6 vols.]   [Facsimile ed. (Valencia: Librerías Paris-Valencia, 1992).]

                                                                            UCLA

1362.   Larra, Mariano José de, 'Representación de *El sí de las niñas*.   Comedia de Don Leandro Fernández de Moratín' [1834], in *Artículos*, ed. Enrique Rubio (Madrid: Cátedra, 1987), 257–61.

1363.   Larraz, Emmanuel, 'Teatro y política en el Cádiz de las Cortes', in *Actas del Quinto Congreso de la AIH*, 1977 (see No. 9), II, 571–78.

                                                                            UCLA

1364.   Larraz, Emmanuel, 'Le Statut des Comédiens dans la société espagnole du début du XIXème', in *Culture et société en Espagne et en Amérique Latine au XIXème siècle*, ed. Claude Dumas (Lille: Centre d'Études Ibériques et Ibéro-Américaines du XIXe Siècle de l'Université de Lille III, 1986), 199 pp.; illus.; 27–41.   [Also relevant for 18th-century theatre.]

                                                                            UWS

1365.   Lasso de la Vega, Francisco de Paula, see Díaz de Escovar, Narciso.

1366.   Laughrin, Mary Fidelia, *Juan Pablo Forner as a Critic* (Washington D.C.: The Catholic Univ. of America Press, 1943), ix + 200 pp. (Originally Doctoral thesis, Catholic University of America, 1944.)

1367.   Laurenti, Joseph L., *Estudios bibliográficos sobre la Edad de Oro y el Siglo de las Luces (1472–1799): fondos raros españoles en la Universidad de Illinois y en otras bibliotecas norteamericanos*.   Scripta Academiae 11 (Guadalajara: Aache Ediciones, 2000), 320 pp.

1368.   Lázaro Carreter, Fernando, 'Nicolás Fernández de Moratín', in *Historia general de las literaturas hispánicas*, 1956 (see No. 1219), IV, 50–57.

1369.   Lázaro Carreter, Fernando, 'Ignacio de Luzán y el Neoclasicismo', *Univ-Z*, 37 (1960), 48–70.

1370.   Lázaro Carreter, Fernando, 'Moratín resignado', *Ínsula*, 161 (1960), 1–2.

1371.   Lázaro Carreter, Fernando, 'El afrancesamiento de Moratín', *PSA*, 20 (1961), 145–60.

1372.   Lázaro Carreter, Fernando, *Moratín en su teatro*.   Cuadernos de la Cátedra Feijoo 9 (Oviedo: Univ. de Oviedo, 1961), 41 pp.

                                                           UCLA

1373.   Lázaro Carreter, Fernando, 'Sobre el género literario', in his *Estudios de poética (la obra en sí)* (Madrid: Taurus, 1976), 159 pp.; 113–20.

1374.   Lefebvre, Alfredo, *El teatro de Moratín. 'El sí de las niñas'. 'La mojigata'*, con intro., análisis dramático y notas   Biblioteca Hispana 14 (Santiago de Chile: Editorial Universitaria, 1958), 289 pp.   [See especially the introductory section, 9–74.]

1375.   Legarda, A[ndré], 'Moratín y lo vasco', *BRSV*, 18 (1962), 223–40.

1376.   Legendre, M. R., *Leandro Fernández de Moratín et le thèâtre espagnol de la seconde moitié du XVIIIᵉ siècle* (Paris: Fac. des Lettres de l'Univ. de Paris, 1960), 114 pp.

1377.   León Tello, Francisco José and Sanz Sanz, Virginia, *La estética académica española en el siglo XVIII*.   Cuadernos de Arte 28 (Valencia: Institución Alfonso el Magnánimo, 1979), 382 pp.

1378.   Lesage, Alain René, *Le Thèâtre espagnol ou Les meilleures comédies des plus fameux auteurs espagnols* [microform] (Paris: Chez Jean Moreau, 1700), 398 pp.

                                                           HUL

1379.   Levi, Cesare, 'Il riformatore del teatro espagnuolo', in *Studi di teatro* (Palermo: Remo Sandron, 1923).

                                                           UCB

1380.   Lewis, Elizabeth Franklin, 'Breaking the Chains: Language and the Bonds of Slavery in María Rosa Gálvez's *Zinda* (1804)', *Dieciocho*, 20:2 (1997), 263–76.

1381.   Ley, Charles David, *El gracioso en el teatro de la Península (siglos XVI–XVIII)* (Madrid: *Revista de Occidente*, 1954), 263 pp.

1382.   Ley, Charles David, 'The Spanish Dramatist Moratín and the London Theatres 1792–93', *TN*, 42:1 (1988), 37–39.

1383.   Leza, José Máximo, 'Francesco Corradini y la introducción de la ópera en los teatros comerciales de Madrid (1731–1749)', *Artigrama*, 12 (1996–1997), 123–46.

1384. Leza, José Máximo, 'La zarzuela *Viento es la dicha de Amor*. Producciones en los teatros públicos madrileños en el siglo XVIII', in *Música y literatura en la Península Ibérica 1600–1750*, 1997 (see No. 1612), 393–405.

1385. Leza, José Máximo, 'Metastasio on the Spanish Stage: Operatic Adaptations in the Public Theatres of Madrid in the 1730s', *EMu*, 26:4 (1998), No. 4, 623–31.

1386. Leza, José Máximo, *Zarzuela y ópera en los teatros públicos de Madrid (1730–1750)* (Doctoral dissertation, Universidad de Zaragoza, 1998).

1387. Leza, José Máximo, 'Aspectos productivos de la ópera en los teatros públicos de Madrid (1730–1799)', in *La ópera en España*, 2001 (see No. 1646), I,   231–62.

1388. Leza, José Máximo, 'El teatro musical', in *HTE, Siglo XVIII*, 2003 (see No. 1218), 1687–713.

1389. Leza, José Máximo, see also Carreras, Juan José.

1390. Lima, Robert, 'Spanish Drama of the Occult throughout the Eighteenth Century: An Annotated Bibliography of Primary Sources', *CH*, 15:1 (1993), 117–38.

1391. Lista y Aragón, Alberto, *Ensayos literarios y críticos* (Sevilla: Calvo Rubio y Compañía, 1844), 2 vols: I, xi + 175 pp.; II, 233 pp. [See especially, 'José de Cañizares', II, 211–18.]

UCLA

1392. *La literatura española de la Ilustración. Homenaje a Carlos III*, ed. José Luis Varela (Madrid: Univ. Complutense, 1988), 153 pp. (Abbreviated as *La literatura española de la Ilustración*. Articles are listed under individual authors.)

1393. *La literatura española del siglo XVIII y sus fuentes extranjeras*. Cuadernos de la Cátedra Feijoo 20 (Oviedo: Univ. de Oviedo, 1968), 127 pp. [Papers presented at the first meeting of Spanish Language and Literature of the Eighteenth Century by Joaquin Arce Fernández, Nigel Glendinning and Lucien Duperis.]

UCR

1394. Llanos, Bernardita M., 'Images of America in Eighteenth-century Spanish Comedy', in *Amerindian Images and the Legacy of Columbus*, ed. René Jara and Nicholas Spadaccini (Minneapolis: Univ. of Minnesota Press, 1992), ix + 758 pp; illus.; 565–83.

1395. Llanos, Bernardita M., *(Re)descubrimiento y (re)conquista de América en la ilustración española*. Sociocriticism 6 (New York: Peter Lang, c.1994), 217 pp.

1396. Llanos y Torriglia, Félix, *Moratín retrata a Goya en casa de Silvela* (Madrid, 1946), 17 pp.

1397. Llordens, A., 'Compañías de comedias en Málaga (1572–1800)', *Gibralfaro*, 26 (1974), 137–58

1398. Lloréns Castillo, Vicente, 'Moratín y Blanco White', *Ínsula*, 161 (1960), 3, 13.

1399. Lloréns Castillo, Vicente, 'Moratín, Llorente y Blanco White. Un proyecto de revista literaria', in *Literatura, historia, política (ensayos)* (Madrid: Revista de Occidente, 1967), 57–73, 236 pp.

                                                                    UCI

1400. Llovet, Enrique, 'Vigencia escénica de D. Ramón de la Cruz', in *El teatro del siglo XVIII*, 1988 (see No. 2205), 62–71.

1401. Lo Vasco, A., *Il viaggio en Italia di Leandro Fernández de Moratín* (Como: 'La Provincia de Como', 1929), 162 pp.

1402. Lobato, María Luisa, 'Un fiscal eclesiástico controvertido: el pleito por las representaciones teatrales en Granada (1706–1718)', in *Mira de Amescua en candelero. Actas del Congreso Internacional sobre Mira de Amescua y el teatro del siglo XVII (Granada, 27–30 de octubre de 1994)*, ed. Agustín de la Granja y Juan Martínez Berbel (Granada: Univ. de Granada, 1996), 2 vols; 305–14.

1403. Lobato, María Luisa, see also Granja, Agustín de la.

1404. Loftis, John, 'Spanish Drama in Neoclassical England', *CL*, 11 (1959), 29–34.

1405. Lope, Hans-Joachim, '*El pleyto de Hernán Cortés* de Cañizares: un drame historique oublié du dix-huitième siècle en Espagne', *SVEC*, 265 (1989), 1346–50.

1406. Lope, Hans-Joachim, '*Solaya o los circasianos*: observaciones sobre una tragedia "salvaje" de José Cadalso', in *Sonderdruck aus 'Dulce et decorum est philologiam colere'. Festschrift für Dietrich Briesemeister zu seinem 65. Geburtstag*, ed. Sybille Grosse und Axel Schönberger (Berlin: Domus Editoria Europaea, 1999), 2 vols, xxxiii + 1,900 pp.; illus.; 427–37.

1407. López, François, *Juan Pablo Forner et la crise de la conscience espagnole au XVIIIᵉ siècle* (Bordeaux: École des Hautes Études Hispaniques, 1976), 725 pp.

                                                                  UCLA

1408. López, François, 'De la comedia al entremés. Apuntes sobre la edición de obras teatrales en el siglo XVIII', in *Coloquio internacional sobre el teatro español del siglo XVIII*, 1988 (see No. 545), 239–54.

1409.   López, François, 'La comedia suelta y compañía, "mercadería vendible" y teatro para leer', in *Teatro español del siglo XVIII*, 1996 (see No. 2209), II, 589–604.

1410.   López, François, 'La institución de los géneros literarios en la España del siglo XVIII', *BHi*, 102:2 (2000), 473–517.

1411.   López, François, see also Álvarez Barrientos, Joaquín.

1412.   López Calo, José and Subirá, José, 'L'Opera in Spagna', in *Storia dell'Opera*, ed. A. Basso (Torino: UTET, 1977), 3 vols in 6; Vol. II, Tomo I, 489–536.

1413.   López de Ayala, Ignacio, *Numancia destruida*, intro., ed. y notas de Russell P. Sebold.   Biblioteca Anaya 94 (Salamanca: Anaya, 1971), 152 pp.; facsimiles.   [See especially 'Introduction', 7–60.]

1414.   López Estrada, Francisco, 'La ilustración literaria y sus motivos: la edición de *La Galatea* de Antonio de Sancha (Madrid, 1784)', in *El siglo que llaman ilustrado*, 1996 (see No. 2097), 583–607.

1415.   López Romero, J. and Clavijo Provencio, Ramón, 'El manuscrito jerezano de *La mojigata*, comedia de Leandro Fernández de Moratín', *RLit*, 65:130 (2003), 391–412.

1416.   Lorenzi di Bradi, Michel, *Don Juan.   La Légende et l'histoire* (Paris: Librairie de France, 1930), 199 pp.

BL

1417.   Lorenzo, Pilar de, *El Paseo del Prado de Madrid en la literatura* (Doctoral thesis, Universidad Complutense de Madrid, 1991).

1418.   Losada y Goya, José M., 'Culpabilidad en el mito de don Juan en la literatura europea', in *Mito y personaje*, 1995 (see No. 1560), 177–92.

1419.   Lowther, Leo Marley, *Don Juan and Comparative Literary Criticism: Four Approaches* (Doctoral thesis. University of Utah, 1971) [*DAI*, XXXII (1971), 2060].

1420.   Loyola y Oyanguren, Ignacio de, Marqués de la Olmeda, *Discurso crítico sobre el origen, calidad y estado presente de las comedias de España; contra el dictamen que las supone corrompidas, y en favor de sus más famosos escritores el doctor frey Lope Felix de Vega Carpio y don Pedro Calderón de la Barca* (Madrid: Imprenta de Juan de Zúñiga, 1750), xxvii + 285, x. [Signed by don Tomás de Erauso y Zabaleta (pseud.).]

UCB

1421.   Lozano, Luis, 'Recursos psicológicos de *El sí de las niñas*', *ETL*, 3 (1974), 77–83.

1422. Lozano González, Antonio, *La música popular, religiosa y dramática en Zaragoza desde el siglo XVI hasta nuestros días*, 2nd ed. (Zaragoza: Tip. de J. Sanz y Navarro, 1895), viii + 148 pp. [Republished with intro. and study by Antonio Ezquerro (Zaragoza: Diputación de Zaragoza, Depto de Publicaciones, 1994), 320 pp.; illus.]

1423. Lozano Miralles, Rafael, 'Autor, actor, refundidor: *El pastelero de Madrigal de Cañizares a Solís.   Técnica de una refundición "teatral" ', in *Un 'hombre de bien'*, 2004 (see No. 1222), II, 101–22.

1424. Lucea García, Javier, *La poesía y el teatro en el siglo XVIII.   Lectura Crítica de la Literatura Española 12 (Madrid: Playor, c.1984), 179 pp.
                                                                                UCLA

1425. Lucena Flores, Concepción, 'Una traducción del *Barbier de Séville*', *EIFE*, 12 (1995), 83–93.

1426. Lunardi, Ernesto, *La crisi del settecento: José Cadalso.   Romania 4 (Genoa: Romano Editrice Moderna, 1948), 290 pp.

1427. Luzán, Ignacio de, *La Poética ó Reglas de la poesía en general y de sus principales especies* (Zaragoza: F. Revilla, 1737), 503 pp.; fol. 14.   [2nd ed. (Madrid: Imprenta de Antonio de Sancha, 1789), 2 vols: I, lx + 406 pp.; II, 356 pp.]   [Contains memoirs of the life of Luzán.]
                                                                                UCLA

1428. Luzán, Ignacio de, *Discurso apologético de Don Íñigo de Lanuza [pseud.], donde procura satisfacer los reparos de los Señores Diaristas sobre la Poética de don Ignacio de Luzán* (Pamplona: J. J. Martínez, 1741), 144 handwritten leaves.
                                                                                CUL

1429. Luzán, Ignacio de, *Memorias literarias de París.   Actual estado y methodo de sus estudios* (Madrid: Imprenta de don Gabriel Ramírez, 1751), 311 pp.
                                                                                UCLA

1430. Luzán, Ignacio de, *La Poética o Reglas de la poesía en general y de sus principales especies*, ed. y estudio de Luigi de Filippo.   Selecciones Bibliófilas 19–20 (Barcelona: Selecciones Bibliófilas, 1956), 2 vols.
                                                                                HUL

1431. Luzán, Ignacio de, *La Poética o Reglas de la poesía en general y de sus principales especies: ediciones de 1737 y 1789*, intro. y notas por Isabel M. Cid de Sirgado (Madrid: Cátedra, 1974), 478 pp.

1432. Luzán, Ignacio de, *La Poética o Reglas de la poesía en general, y de sus principales especies: primera edición completa de ambos textos dieciochescos (1737 y 1789)*, ed., prólogo y glosario de Russell P. Sebold.   Textos Hispánicos Modernos 34 (Barcelona: Editorial Labor, 1977), 656 pp.

1433. Machado, Manuel, '*La niña de plata* de Lope, refundida por Cañizares. (Contribución al estudio de la censura de teatros en el siglo XVIII)', *RABM*, 1 (1924), 36–45.

1434. Mackay, Dorothy Epplen, *The Double Invitation in the Legend of Don Juan* (Stanford, CA: Stanford U. P./London: H. Milford/Oxford U. P., 1943), xx + 244 pp.

LC

1435. Mackenzie, Ann L., 'The "Deadly Relationship" of Elizabeth I and Mary Queen of Scots Dramatized for the Spanish Stage: Diamante's *La reina María Estuarda* and Cañizares' [?] *Lo que va de cetro a cetro, y crueldad de Inglaterra*', in *Studies for I. L. McClelland*, 1986 (see No. 2141), 201–18.

1436. Mackenzie, Ann L., 'The *Comedias* of Don Pedro Francisco Lanini Sagredo (?1640–?1715)', in *The Eighteenth Century in Spain*, 1991 (see No. 803), 139–51.

1437. Mackenzie, Ann L., 'Don Pedro Francisco Lanini Sagredo (?1640–?1715): A Catalogue, with Analyses, of his Plays, Part I', in *Hispanic Studies in Honour of Geoffrey Ribbans*, ed. Ann L. Mackenzie and Dorothy S. Severin (*BHS*, Special Homage Volume) (Liverpool: Liverpool U. P., 1992), 371 pp.; 105–28.

1438. Madariaga, Saavedra de, *Don Juan y la Don-juanía* (Buenos Aires: Sudamericana, 1950), 89 pp.

LC

1439. Maddalena, Edgardo, 'Moratín y Goldoni', *Capodistria*, 2 (1905), 317–27.

1440. Madrazo, P[edro] de, 'Los retratos de Moratín', *IEA* (1872), 391–84.

1441. *Madrid y los Borbones del siglo XVIII: la construcción de una ciudad y su territorio* (Madrid: Consejería de Cultura, Deportes y Turismo de la Comunidad, 1984), 163 pp.; illus.; maps; plans. [Relevant for Teatro del Buen Retiro.]

UCLA

1442. Madroñal Durán, Agustín, 'Sobre dos alusiones de lugar en dos comedias de Moratín', *BRAE*, 70:251 (1990), 493–98.

1443. Maguna, Juan P., see Goenaga, Ángel.

1444. Makowiecka, Gabriela, *Luzán y su poética: algunas aportaciones a la biografía y la obra de Ignacio de Luzán* (Madrid: s.n., 1961). [Doctoral thesis.]

1445. Makowiecka, Gabriela, *Luzán y su poética*. Ensayos Planeta de Lingüística y Crítica Literaria 20 (Barcelona: Editorial Planeta, 1973), 259 pp.

UCB

1446.   Maldonado, Felipe C. R., 'Leandro Fernández de Moratín y su tiempo. Nuevas vías para una interpretación', *EL*, 536 (1974), 8–11.

1447.   Mancini Giancarlo, Guido, 'Per una revisione critica de García de la Huerta', in *Studia philologica et literaria en honorem L. Spitzer* ed. Anna Granville Hatcher and Karl-Ludwig Selig (Bern: Francke, 1958), 267–74, 430 pp.

1448.   Mancini Giancarlo, Guido, 'Perfil de Leandro Fernández de Moratín', in his *Dos estudios de literatura española* (Barcelona: Planeta, 1970), 340 pp.
                                                                                      UCSB

1449.   Mancini Giancarlo, Guido, 'El teatro del siglo XVIII entre razón y realidad', in *El teatro y su crítica*, 1975 (see No. 2215).

1450.   Mancini Giancarlo, Guido, 'Sobre la herencia barroca de Antonio Zamora', in *Coloquio internacional sobre el teatro español del siglo XVIII*, 1988 (see No. 545), 255–66.

1451.   Mandon, Louis., 'De l'Influence française en Espagne sous Philippe V (1700–1713)', *ASLM*, 5 (1870–1873), 623–61.

1452.   Manera, Danilo, 'Sconfitta e persistenza della virtù utopica nel *Pítaco* di Nicasio Álvarez de Cienfuegos', in *La scena e la storia*, 1997 (see No. 2028), 191–214.

1453.   Manning, Margaret, *Estudio biográfico y bibliográfico de D. Antonio de Zamora*, 2 vols: I, 327 pp.; II, 328 pp. (Doctoral thesis, Universidad Complutense de Madrid, 1972) [Listed in *RUM*, XXI (1972), 111.]

1454.   Maravall, José Antonio, 'La función educadora del teatro en el siglo de la Ilustración', in *Estudios dedicados a Juan Peset Aleixandre* (Valencia: Univ. de Valencia, 1982), 3 vols; illus.; II, 617–42.

1455.   Maravall, José Antonio, 'Política directiva en el teatro ilustrado', in *Coloquio internacional sobre el teatro español del siglo XVIII*, 1988 (see No. 545), 11–30.

1456.   Marco, Joaquín, *Literatura popular en España en los siglos XVIII y XIX: una aproximación a los pliegos de cordel*. Persiles 102/2 (Madrid: Taurus, 1977), 2 vols, 702 pp.

1457.   Marcos Rodríguez, Florencio, see Granjel, Luis S.

1458.   María y Campos, Armando, *Andanzas y picardías de Eusebio Vela: autor y comediante mexicano del siglo XVIII* (México: Compañía de Ediciones Populares, 1944), 234 pp.

1459.   Marías, Julián, 'España y Europa en Moratín, una figura en claroscuro', *Ínsula*, 161 (1960), 7–11.

1460.   Marías, Julián, *Los españoles* (Madrid: *Revista de Occidente*, 1962), 358 pp. [See especially, 'Isla y Moratín', 73–78 and 'España y Europa en Moratín', 79–120.]

USC

1461.   Marías, Julián, 'Moratín y la originalidad del siglo XVIII español', in *Homenaje a José Manuel Blecua ofrecido por sus discípulos, colegas y amigos* (Madrid: Gredos, 1983), 719 pp.; illus.; 415–21.

1462.   Mariscal de Gante, Jaime, *Los autos sacramentales, desde su origen hasta mediados del siglo XVIII* (Madrid: Biblioteca Renacimiento, 1911), 425 pp.

1463.   Mark, Alexandra Joyce, *El Doctor don Diego de Torres y Villarroel: Major Figure of the Spanish Enlightenment* (Doctoral thesis, Boston College, 1984) (Ann Arbor: UMI Dissertation Information Service [1988]), 262 pp.

1464.   Márquez, Antonio, *Literatura e Inquisición en España (1478–1834).* Persiles 124 (Madrid: Taurus, 1980), 274 pp.

1465.   Marti, Marc, *Ville et campagne dans l'Espagne des Lumières (1746–1808)* (Saint-Étienne: Publications de l'Univ. de Saint-Étienne, 1997), 332 pp. [Revision of the author's Doctoral thesis, Université Jean Monnet de Saint-Étienne, 1994. Spanish translation: *Ciudad y campo en la España de la Ilustración*, prólogo de Jacques Soubeyroux (Lleida: Editorial Milenio, 2001), 300 pp.]

1466.   Martin, Frederick Carlyle, *The Dramatic Works of Gaspar de Zavala y Zamora* (Doctoral thesis, University of North Carolina, Chapel Hill, 1959) [*DAI*, XX (1959), 3746]. [Also on microfilm (Ann Arbor, Michigan: University Microfilms [1960?]).]

1467.   Martín, Gregorio C., 'Unos datos sobre Jovellanos y tres cartas de 1812', *EIA*, 1 (1975), 191–202.

1468.   Martín, Gregorio C., 'Cervantine Discretion in Ramón de la Cruz', *EstIb*, 4 (1978), 235–37.

1469.   Martín Gaite, Carmen, *Usos amorosos del dieciocho en España* (Madrid: Siglo XXI de España Editores, 1972), xxi + 273 pp.; plates. [2nd ed. (Barcelona: Anagrama, 1988), 321 pp.]

1470.   Martín Largo, José Ramón, *La judía de Toledo. Desde Lope de Vega hasta Franz Grillparzer*, prólogo de Ángel Gómez Moreno (Madrid: Brand Editorial, 2000), 294 pp. [Relevant for Vicente García de la Huerta etc.]

1471.   Martínez López, María José, *El entremés: radiografía de un género.* Anejos de *Criticón* 9 (Toulouse: Presses Universitaires du Mirail, 1997), 303 pp.

1472.   Martínez Mata, Emilio, 'La sátira de la justicia en la obra de Diego de Torres Villarroel (1694–1766)', *AHDE*, 59 (1989), 751–62.

1473. Martínez Mata, Emilio, 'Las predicciones de Diego Torres Villarroel', in *Estudios dieciochistas*, 1995 (see No. 838), II, 75–84.

1474. Martínez Mata, Emilio, 'Teatro e ilustración en *El sí de las niñas*', *Clarín*, 7 (2002), No. 7, 19–22.

1475. Martín Moreno, Antonio, *El Padre Feijoo y las ideologías musicales del XVIII en España* (Orense: Instituto de Estudios Orensanos, 1976), 397 pp.

1476. Martínez Olmedilla, Augusto, *Los teatros de Madrid, anecdotario de la farándula madrileña* (Madrid: José Ruiz Alonso, 1947), 335 pp.

UCLA

1477. Martínez Ruiz, José (*Azorín*), *Moratín. Esbozo* (Madrid: Librería de Fernando Fe, 1893), 55 pp.

SLU, UWM

1478. Martínez Ruiz, José (*Azorín*), *Entre España y Francia: páginas de un francófilo* (Barcelona: Bloud y Gay, 1917), 221 pp. [See especially 'Luzán en París', 75–80.]

UCSB

1479. Martínez Ruiz, José (*Azorín*), 'Moratín', in his *Clásicos redivivos. Los clásicos futuros* (Buenos Aires: Espasa-Calpe, 1950), 83–88, 146 pp.

UCR

1480. Martínez Ruiz, José (*Azorín*), 'Moratín en su luneta', *Ínsula*, 161 (1960), 1–2.

1481. Martínez Torrón, Diego, *El alba del romanticismo español: con inéditos recopilados de Lista, Quintana y Gallego.* Colección Alfar Universidad 79 (Sevilla: Ediciones Alfar/Córdoba: Publicaciones Univ. de Córdoba, 1993), 414 pp.

1482. Martínez Torrón, Diego, *Ideología y literatura en Alberto Lista.* Colección Alfar Universidad 78 (Sevilla: Alfar, 1993), 488 pp.

1483. Martínez Torrón, Diego, *Manuel José Quintana y el espíritu de la España liberal (con textos desconocidos).* Colección Alfar Universidad 83 (Sevilla: Alfar, 1995), 335 pp.

1484. '*Una mascarada joco-seria en la Sevilla de 1742*'. *Teatro en la calle*, ed. de Piedad Bolaños Donoso, Mercedes de los Reyes Peña, apéndice de Emma Falque. Serie Ediciones Especiales (Universidad de Sevilla) (Sevilla: Univ. de Sevilla, 1992), 128 pp.; illus. [Originally published as *Aplauso real, aclamación afectuosa y obsequio reverente, quen en lucido (sic) festejo de máscara joco-seria consagraron los escolásticos alumnos del Colegio Mayor de Sto Thomás de Aquino [...] 2 de mayo de este año de 1742 [...].* Appendix is titled 'La tradición clásica en la mascarada', lxxiii–cxxxviii.]

1485. Massanés, N[ati], 'Auditorio, pueblo, vulgo: el espectador en la crítica dramática del siglo XVIII español', *EE*, 19 (1975), 83–102.

1486. Massieu, Guillaume see Díez González, Santos.

1487. Mathías, Julio, *Moratín, estudio y antología* (Madrid: Bibliográfica Española, 1964), 222 pp.

UCLA

1488. Mathías, Julio, *Torres Villarroel: su vida, su obra, su tiempo.* Temas Españoles 510 (Madrid: Publicaciones Españolas, 1971), 47 pp.

1489. Matthew, H. M. d'O, *The 'ilustre fregona' of Cañizares and Other Dramatizations of the Cervantes 'novela' in the XVII and XVIII Centuries* (MA dissertation, King's College London, 1955).

1490. Mayayo Vicente, María Luisa, 'Sobre los entremeses de Antonio de Zamora', in *Teatro español a fines del siglo XVII*, 1989 (see No. 2207), II, 543–52.

1491. Mazzeo, Guido E., 'Contrastes entre el teatro neoclásico y romántico', *Hispania* (USA), 49:3 (1966), 414–20.

1492. McClelland, Ivy L., *Origins of the Romantic Movement in Spain* (MA dissertation, University of Liverpool, 1932).   (Enlarged and published, see below No. 1493).

1493. McClelland, Ivy L., *The Origins of the Romantic Movement in Spain.* Studies in Hispanic Literatures (Liverpool: Institute of Hispanic Studies, 1937), xii + 402 pp.

2nd ed.: *The Origins of the Romantic Movement in Spain. (A Survey of Aesthetic Uncertainties in the Age of Reason).* (Liverpool: Liverpool U. P., 1975) (simultaneously published in New York by Barnes and Noble), xiv + 402 pp. [See especially chapters I–IV and XVIII–XIX.]

UCLA, GUL

1494. McClelland, Ivy L., 'Tirso de Molina and the Eighteenth Century', *BHS*, XVIII (1941), 182–204.

1495. McClelland, Ivy L., 'Concerning the Dramatic Approach to the Eighteenth Century', *BHS*, XXVII (1950), 72–87.

1496. McClelland, Ivy L., 'The Eighteenth Century Conception of the Stage and Histrionic Technique', in *Estudios hispánicos. Homenaje a Archer M. Huntington*, ed. Ada M. Coe, Jorge Guillén, Anita Oyarzaba and Justina Ruíz de Conde (Wellesley, Mass.: Wellesley College, 1952), 2 vols in 1, xi + 620 pp.; illus.; 393–425.

GUL

1497. McClelland, Ivy L., 'Comellan Drama and the Censor', *BHS*, XXX (1953), 20–31. [Santos Díez González]

1498.   McClelland, Ivy L., 'Comentario sobre *La disputa del teatro*. Sainete
        anónimo de 1776', in *Homenaje a J. A. van Praag* (Amsterdam: L. J. Veen,
        1956), 81–88.

                                                                              GUL

1499.   McClelland, Ivy L., *Spanish Drama of Pathos 1750–1808*. Vol. I: *High
        Tragedy*; Vol. II: *Low Tragedy* (Liverpool: Liverpool U. P./Toronto: Univ. of
        Toronto Press, 1970), 2 vols: I, xiv + 346 pp.; II, xi + 295 pp. [The
        original Liverpool U. P. edition has continuous pagination, xiv + 640 pp.]
        [For the Spanish translation of these volumes, see No. 1505 below.]

                                                                        UCLA, GUL

1500.   McClelland, Ivy L., *Ignacio de Luzán*. Twayne's World Authors Series 221
        (New York: Twayne Publishers, 1973), 198 pp. [See especially Chapters 4
        and 5, pp. 58–72, 128–56.]

                                                                        UCLA, GUL

1501.   McClelland, Ivy L., *Diego de Torres Villarroel*. Twayne's World Authors
        Series 395 (Boston: Twayne Publishers, 1976), 162 pp. [See especially
        Chapter 7, 'Plays and Poems', 121–30.]

                                                                              GUL

1502.   McClelland, Ivy L., *Ideological Hesitancy in Spain, 1700–1750*.
        Publications of the *BHS*. Textual Research and Criticism (Liverpool:
        Liverpool U. P., 1991), viii + 152 pp. [See especially Chapter 5: 'Witness of
        the Popular Stage', 121–37.]

                                                                         SJL, GUL

1503.   McClelland, Ivy L., 'The Comellan Conception of Stage-Realism', *Dieciocho*,
        16:1–2 (1993), 111–17.

1504.   McClelland, Ivy L., 'En los alrededores del "ilustrismo": Cándido María
        Trigueros y Antonio Valladares', in *El siglo que llaman ilustrado*, 1996 (see
        No. 2097), 629–34.

1505.   McClelland, Ivy L., *'Pathos' Dramático en el Teatro Español de 1750 a
        1808*. Vol. I: *La Alta Tragedia*; Vol. II: *La Tragedia Menor*, trad.
        Fernando Huerta Viñas y Guillermina Cenoz de Águila, prólogos de Ann L.
        Mackenzie y Francisco Aguilar Piñal. Hispanic Studies TRAC (Textual
        Research and Criticism) 7 (Liverpool: Liverpool U. P., 1998), 2 vols: I, xxvi
        + 422 pp.; II, vii + 344 pp.

                                                                              GUL

1506.   McClendon, C., 'Satan on the Stars: Zamora's Treatment of Fatalism in
        Judas Iscariote', *CH*, 4:1 (1982), 29–35.

1507.   Medel del Castillo, Francisco, *Índice general alfabético de todos los títulos
        de comedias que se han escrito por varios autores antiguos y modernos, y de
        los autos sacramentales y alegóricas, assi de D. Pedro Calderón de la Barca,
        como de otros autores clásicos* (Madrid, 1735), 136 pp. [Reproduced by J.
        M. Hill, *RHi*, 75 [1929], 144–369.]

1508.   *Mélanges à la mémoire de Jean Sarrailh* (Paris: Centre de Recherches de l'Institut d'Études Hispaniques, 1966), 2 vols.   (Abbreviated as *Mélanges à la mémoire de Jean Sarrailh.*   Articles are listed under individual authors.)

1509.   *Mélanges offerts à Marcel Bataillon par les hispanistes français*, ed. Maxime Chevalier, Robert Ricard and Noël Salomon. *BHi*, 64 *bis* (special issue) (Bordeaux: Féret, 1962), xxxii + 743 pp.   (Abbreviated as *Mélanges offerts à Marcel Bataillon.*   Articles are listed under individual authors.)

1510.   Mele, Eugenio, *Napoli descritta da Leandro Fernández de Moratín* (Trani: Vecchi, 1906), 54 pp.
                                                                            UCSD

1511.   Melón, Juan Antonio, 'Notas de la vida de Leandro Fernández de Moratín relacionadas con sus obras'.   Biblioteca Nacional de Madrid, MS 12963/52.
                                                                            BNM

1512.   Melón y Ruiz de Gordejuela, Santiago, *Moratín por dentro.*   Cuadernos de la Cátedra Feijoo 16 (Oviedo: Univ. de Oviedo, 1964), 71 pp.   [Leandro Fernández de Moratín.]
                                                                            UCLA

1513.   *Memorial Literario, instructivo y curioso de la Corte de Madrid* (Madrid: n.p., 1784–1808).
                                                                            HUL, BL

1514.   Menarini, Piero, 'Larra y Moratín: el teatro español en los comienzos del Romanticismo', in *Coloquio internacional sobre Leandro Fernández de Moratín*, 1980 (see No. 547), 201–12.

1515.   Menarini, Piero, *Quante volte, Don Giovanni?   Il catalogo di don Giovanni da Tirso al Romanticismo* (Bologna: Atesa, 1984), 110 pp.
                                                                            BNM

1516.   Menarini, Piero, see also Fabbri, Maurizio.

1517.   Mendoza, Juan de Dios, 'Una leyenda en torno a Moratín', *RyF*, 752–753 (1959), 183–92; 755, 447–56.   [Treats the autobiographical nature of *El sí de las niñas*.]

1518.   Mendoza Fillola, Antonio, 'Aspectos de la tragedia neoclásica española', *AF*, 7 (1981), 379–89.

1519.   Mendoza Fillola, Antonio, 'El compromiso colonial y el despotismo en la tragedia neoclásica', in *Coloquio internacional sobre el teatro español del siglo XVIII*, 1988 (see No. 545), 267–88.

1520.   Menéndez Onrubia, Carmen, 'El teatro clásico durante la Restauración y la Regencia', in *Clásicos después de los clásicos*, 1990 (see No. 530), 187–207.

1521.   Menéndez Onrubia, Carmen, 'Moratín y el naturalismo teatral de la Restauración', *El siglo que llaman ilustrado*, 1996 (see No. 2097), 635–41.

1522.   Menéndez Peláez, Jesús, *El teatro en Asturias: de la Edad Media al siglo XVIII* (Gijón: Noega, 1981), 201 pp.

                                                                          UCLA

1523.   Menéndez Peláez, Jesús, *Teatro escolar en la Asturias del s.XVIII*.   Temas de Asturias 2 (Gijón: GH Editores, [1986]), 123 pp.   [Contains facsimile editions of 3 eighteenth-century Asturian texts.]

1524.   Menéndez Peláez, Jesús, 'El villancico literario-musical en el siglo XVIII: nuevos textos en asturiano', in *Estudios dieciochistas*, 1995 (see No. 838), II, 111–38.

1525.   Menéndez y Pelayo, Marcelino, *Historia de las ideas estéticas en España,*. Colección de Escritores Castellanos (Madrid: Artes Gráficas Plus-Ultra, 1923), 8 vols.   See especially Vol. IV, *Siglos XVI, XVII y XVIII*, 362 pp.; Vol. V, *Siglo XVIII*, 339 pp.; Vol. VI, *Siglo XVIII*, 474 pp.   [1st ed.: Colección de Escritores Castellanos (Madrid: [Imp. A. Pérez Dubrull], 1883–1891), 8 vols.]

                                                                          GUL

1526.   Menéndez y Pelayo, Marcelino, 'Nicolás Fernández de Moratín' [1875]. [Republished in his *Biblioteca de traductores españoles*, *Obras completas*, ed. de Enrique Sánchez Reyes (Santander: CSIC, 1953), LVI, 396–401.]

1527.   Menton, Seymour, 'La contradanza de Moratín', *RomN*, 23:3 (1983), 238–44.

1528.   Mercadal Bagur, Deseado, *Ciento cincuenta años de arte lírico y dramático en el Coliseo de Mahón* (Barcelona: Imprenta Peris, 1968), 179 pp.; illus.

                                                                          UCLA

1529.   Mercadier, Guy, *Diego de Torres Villarroel.   Masques et miroirs* (Lille/Paris: Atelier Réproduction des Thèses, Univ. de Lille III, 1976]), 3 vols; illus. [Originally Doctoral thesis, Université de Lille, 1976.] [Republished in one volume in the series Collection Thèses, Mémoires et Travaux 35 (Paris: Éditions Hispaniques, 1981), 448 pp.]

1530.   *Mercurio Literario, o Memorias sobre todo género de ciencias y artes*, (Madrid: Imprenta de Juan de Buitrago, 1739). ['colección de piezas eruditas y curiosas, fragmentos de literatura para la utilidad y diversidad de los estudios'.]

                                                                          BNM

1531.   Meregalli, Franco, 'Goldoni e Ramón de la Cruz', in *Studi Goldoniani*, 1960 (see No. 230), II, 795–800.

1532.   Meregalli, Franco, 'De Luis José Velázquez a Johann Andreas Dieze', in *Coloquio internacional sobre el teatro español del siglo XVIII*, 1988 (see No. 545), 303–14.

1533.   Meregalli, Franco, *La literatura desde el punto de vista del receptor*. Teoría Literaria: Texto y Teoría 3 (Amsterdam/Atlanta: Rodopi, 1989), 178 pp. [See especially 'Sobre el teatro español en la crítica de Voltaire a los hermanos Schlegel', pp. 91–101.]

GUL

1534.   Mérimée, Ernest, 'Études sur la littérature espagnole au XIXe siècle: Jovellanos', *RHi*, 1 (1894), 34–68.

1535.   Mérimée, Ernest, *Précis d'histoire de la littérature espagnole*, revised ed. (Paris: Garnier Frères, 1922), xxii + 670 pp.

UCLA

1536.   Mérimée, Paul, *L'Influence française en Espagne au dix-huitième siècle* (Paris: Société d'Édition 'Les Belles Lettres', [1936]), 116 pp.

UCLA

1537.   Mérimée, Paul, 'Trois images de Don Juan: de Tirso à Zamora en passant par Molière', *BBIFE*, 19–20 (1948), 1–15.

1538.   Mérimée, Paul, 'El teatro de Leandro Fernández de Moratín', *RUM*, IX:35 (1960), 729–61. [Republished in *Moratín y la sociedad española de su tiempo*, 1961 (see No. 1591).]

1539.   Mérimée, Paul, 'Les Memoires sur le théâtre espagnol d'Armona', in *Mélanges a la mémoire de J. Sarrailh*, ed. Charles Aubrun and Amadee Mas (Paris: Centre de Recherches de l'Institut d'Études Hispaniques, 1966), 2 vols: I, 476 pp.; II, 470 pp.; II, 161–75.

HUL

1540.   Mérimée, Paul, *L'Art dramatique en Espagne dans la première moitié du XVIIIe siècle*, 2nd ed. (Toulouse: France-Ibérie Recherche, 1983), 540 pp.; 2 plates; facsimiles. [Originally Doctoral thesis, Sorbonne, 1955.]

UCLA, GUL

1541.   Mérimée, Paul, 'Las revistas teatrales madrileñas (1790–1930)', in his *L'Art dramatique en Espagne dans la première moitié du XVIIIe siècle*, 1983 (see No. 1540), 65–140.

1542.   Mesonero Romanos, Ramón de, 'Biografía española.   Don Nicolás Fernández de Moratín', *SPE*, IV (1842), 282–84. [Also in *Obras completas*, ed. y estudio preliminar de Carlos Seco Serrano, Vol. II, BAE 200 (Madrid: Atlas, 1967), 397 pp.; 349–51.]

1543.   Mesonero Romanos, Ramón de, 'Don Vicente García de la Huerta', *SPE* (25 September 1842).   [Also in *Obras completas*, II, 1967 (see No. 1542), 352–56.]

1544.   Mesonero Romanos, Ramón de, 'Rápida ojeada sobre el teatro español, tercera época [siglo XVIII]', *RM*, 4 (1842), 162–72.

1545. Mesonero Romanos, Ramón de, 'Rápida ojeada sobre la historia del teatro español, tercera época', *SPE* (1842), 398.

1546. Mesonero Romanos, Ramón de, 'Teatro antiguo español.   Zamora. Cañizares', *SPE* (1853), 114–16.

1547. Mesonero Romanos, Ramón de, *Nuevo manual histórico-topográfico-estadístico y descripción de Madrid* (Madrid: Imprenta de la viuda de D. Antonio Yenes, 1854), 670 pp.

1548. Mesonero Romanos, Ramón de, *Catálogo cronológico de los autores dramáticos desde Lope de Vega a Cañizares, y alfabético de las comedias de cada uno.   Parte II: Desde Calderón a Cañizares, 1635–1740*, in *Dramáticos posteriores a Lope de Vega*, I, BAE XLVII (Madrid: Rivadeneyra, 1858), liii + 620 pp.; xxxvii–liii.

1549. Mesonero Romanos, Ramón de, *Índice alfabético de las comedias, tragedias, autos y zarzuelas del teatro antiguo español, desde Lope de Vega hasta Cañizares (1580 a 1740)*, in *Dramáticos posteriores a Lope de Vega*, II, BAE XLIX (Madrid: Rivadeneyra, 1859), li + 654 pp.; xxiii–li.

UCLA, CRLF

1550. Mesonero Romanos, Ramón de, *El antiguo Madrid, paseos histórico-anécdoticos por las calles y casas de esta villa* (Madrid: Establecimiento Tipográfico de Don F. de P. Mellado, 1861), lxxx + 399 pp.; illus. [Description of theatres of the day.   Facsimile ed. (Madrid: Ábaco Ediciones, 1976), lxxx + 399 pp.; plates; illus.]

UCB

1551. Mesonero Romanos, Ramón de, *Goya, Moratín, Meléndez Valdés y Donoso Cortés.   Reseña histórica de los anteriores enterramientos y traslaciones de sus restos mortales hasta su inhumación en el Mausoleo del Cementerio de San Isidro el día 11 de mayo de 1900* (Madrid: Hijos de M. G. Hernández, 1900), 62 pp.

UCLA, NRLF

1552. Metastasio, Pietro, *La clemencia de Tito, ópera dramática para representarse en el Real Coliseo del Buen Retiro por orden de su Magestad cathólica en las Carnestolendas del año de 1747* (Madrid: Imp. de Lorenzo Francisco Mojados, 1747).

1553. Metastasio, Pietro, *A clemencia de Tito, opera composta na lingua italiana* (Lisboa: Na officina de Manoel Antonio Monteiro, 1761), 23 pp.

HUL

1554. Metford, J. C. J., *Alberto Lista y Aragón.   A Report on Investigations of his Life and Work* [with a reprint from the *Bulletin of Spanish Studies*, April 1939: 'Alberto Lista and the Romantic Movement in Spain') (MA dissertation, University of Liverpool, 1940).

1555. Miguel Gallo, Ignacio Javier de, *El teatro en Burgos (1550–1752). El patio de comedias, las compañías y la actividad escénica. Estudio y documentos* (Burgos: Excmo Ayuntamiento de Burgos, 1994), 418 pp.; illus.

1556. Miguel Gallo, Ignacio Javier de, *Teatro y parateatro en las fiestas religiosas y civiles de Burgos (1550–1752). Estudio y documentos* (Burgos: Excmo Ayuntamiento de Burgos, 1994), 231 pp.

UCLA

1557. Miguel Gallo, Ignacio Javier de, 'El actor y las compañías de comedias en el panorama teatral español del siglo XVIII', in *Mito y personaje*, 1995 (see No. 1560), 209–19.

1558. Milá y Fontanals, Manuel, 'Obras literarias de Quintana', in *Obras completas* (Barcelona: Álvaro Verdaguer, 1892), 8 vols; IV, 340–46. [Article published in the *Diario de Barcelona* in 1834. References to Quintana's dramatic works.]

UCLA

1559. Millon, Henry A., *Filippo Juvarra* (Roma: Edizioni dell'Elefante, 1984–1999), 2 vols; vol. I (1984); illus.; facsimiles; plans.

UCB

1560. *Mito y personaje. III y IV Jornadas de Teatro, Universidad de Burgos*, ed. María Luisa Lobato, Aurelia Ruiz Sola, Pedro Ojeda Escudero and José Ignacio Blanco (Burgos: Excmo. Ayuntamiento de Burgos, 1995), 292 pp. (Abbreviated as *Mito y personaje*. Articles are listed under individual authors.)

1561. *Modern Spanish Dramatists: A Bio-bibliographical Sourcebook*, ed. Mary Parker (Westport, CT/London: Greenwood Press, 2002), xii + 549 pp. [includes entry on Ramón de la Cruz]

1562. Moir, Duncan W., 'Spanisches Theater im 18. Jahrhundert', in *Das spanische Theater von den Anfängen bis zum Ausgang des 19. Jahrhunderts*, ed. Klaus Pörtl (Darmstadt: Wissenschaftliche Buchgesellschaft, 1985), xiii + 503 pp.; 349–91.

1563. *Mojigangas dramáticas (siglos XVII y XVIII)*, ed. Catalina Buezo. Letras Hispánicas 579 (Madrid: Cátedra, 2005), 380 pp.

1564. Moldenhauer, Gerhard, 'Voltaire und die spanische Bühne im 18. Jahrhundert', *BBRP*, 1 (1929), 115–31.

1565. Moldenhauer, Gerhard, 'Voltaire y el teatro español en el siglo XVIII', *IP*, 4 (1930), 27–29.

1566. Molina Castillo, Fernando, 'Conceptos históric-críticos preliminares a la propuesta de reforma del melodrama de Esteban de Arteaga', *PHi*, 9 (1994), 117–34.

1567. Molina Castillo, Fernando, 'Lo bello y lo sublime en la estética de Esteban de Arteaga', *CV*, 11–12 (1999), 235–51.

1568. Molina Castillo, Fernando, 'Bibliografía razonada y comentada de Esteban de Arteaga y de los estudios sobre su obra', *BBMP*, 75 (1999), 113–45.

1569. Molina Castillo, 'Esteban de Arteaga, crítico de Metastasio', *Dieciocho*, 22:1 (1999), 61–76.

1570. Molinari, Andrés, *Escenas y escenarios junto al Darro: historia del teatro en Granada*. Colección Personajes y Temas Granadinos 11 (Granada: Ayuntamiento de Granada/Fundación Caja de Granada, 1998), 113 pp.
                                                                                              LC

1571. Moll, Jaime, 'Sobre las ediciones del siglo XVIII de las partes de comedias de Calderón', in *Calderón: Actas del Congreso Internacional sobre Calderón y el Teatro Español del Siglo de Oro*, 1983 (see No. 362), 221–34.
                                                                                            UCSB

1572. Monaco, G. di, *Introduzione alla bibliografia critica di Antonio Valladares de Sotomayor* (Napoli, 1979).

1573. Monaco, G. di, 'Appunti su Antonio Valladares de Sotomayor', *AFLN*, 22 (1979–80), 263–77.

1574. Monaco, G. di, 'Un autore "con" magia', in *Teatro di magia*, 1983 (see No. 2206), 165–84.

1575. Monaco, G. di, 'La "profesión cómica" negli scritti di Antonio Valladares de Sotomayor, *Letterature* (Genoa), 7 (1984), 74–84.

1576. Monner Sans, Ricardo, *El siglo XVIII. Introducción al estudio de la vida y obras de Torres de Villarroel* (Buenos Aires: R. Herrando y Cia., 1915), 20 pp. [Paper presented in the Colegio Nacional Buenos Aires, 19 August 1915.]
                                                                                            UCLA

1577. Montaner, Joaquín, *La colección teatral de D. Arturo Sedó* (Barcelona: Seix Barral, 1951), 349 pp.
                                                                                             SJL

1578. Montero de la Puente, Lázaro, 'La casa de comedias, el local', *RFE*, 26 (1942), 412–18.   [Eighteenth-century Toledo.]

1579. Montero de la Puente, Lázaro, 'Catálogo de las obras dramáticas representadas en Toledo de 1762 a 1776', *RFE*, 26 (1942), 460–68.

1580. Montero de la Puente, Lázaro, 'El teatro en Toledo durante el siglo XVIII (1762–1776)', *RFE*, 26 (1942), 411–68.

1581. Montero Padilla, José, 'Moratín y su magisterio', *BBMP*, 38 (1962), 173–77.

1582. Montero Padilla, José, 'Leandro Fernández de Moratín: la vida del hombre y una comedia', *BBMP*, 39 (1963), 180–94.

1583. Montero Padilla, José, *Leandro Fernández de Moratín: 'El sí de las niñas'* (Salamanca: Anaya, 1965), 80 pp; portrait.

1584. Montiano y Luyando, Agustín, *Discurso sobre las tragedias españolas*, 2nd ed. (Madrid: En la Imp. de Mercurio, 1750–1753), 2 vols.; illus.

SRLF

1585. Montoto de Sedas, Santiago, 'El teatro, el baile y la danza en Sevilla', *AH*, 103–04 (1960), 371–85.

1586. Moore, John A., *Ramón de la Cruz*. Twayne's World Authors Series 179 (Boston: Twayne Publishers, 1972), 181 pp.

UCLA

1587. Mor de Fuentes, José, *La mujer varonil* (Madrid: Benito Cano, 1800), 143 pp.

1588. Mor de Fuentes, José, *Bosquejillo de la vida y escritos de José Mor de Fuentes, delineado por él mismo* (Barcelona: A. Bergnes, 1836), 288 pp. [Modern edition: *Bosquejillo de la vida y escritos de José Mor de Fuentes, delineado por él mismo*, intro., ed. y notas de Manuel Alvar. Nueva Biblioteca de Autores Aragoneses (Zaragoza: Guara, 1981), 171 pp.]

1589. Morales de Setien, Felipe, 'El hato de las compañías cómicas a fines del siglo XVIII', *RABM*, 1 (1924), 106–08.

1590. Morange, C., 'Semblanza de un corregidor de Becerril de Campos: Andrés de Miñano y las Casas (1756–1811)', *PITTM*, 44 (1980), 55–164.

1591. *Moratín y la sociedad española de su tiempo* (Madrid: Univ. de Madrid, 1961), 243 pp. [Monographic number of *RUM* containing several studies by various authors. Originally published in *RUM*, 9:35 (1960), 567–808.]

GUL

1592. Morby, E. S., '*La Dorotea* de Enciso Castrillón', in *Homenaje a William L. Fichter. Estudios sobre teatro antiguo hispánico y otros ensayos*, ed. A. David Kossoff and José Amor y Vázquez (Madrid: Castalia, 1971), 862 pp.; illus.; 547–55.

GUL

1593. Morel-Fatio, Alfred, *Études sur l'Espagne*, Vol. II (Paris: E. Bouillon, 1890), xiv + 453 pp.

1594. Morel-Fatio, Alfred and Rouanet, Léo, *Bibliographie du théâtre espagnol* (Paris: Institut Historique, 1900), 47 pp.

1595. Moreno, Ernesto Enrique, *Influencia de los sainetes de Don Ramón de la Cruz en las primera obras de Benito Pérez Galdós* (Doctoral thesis, University of Minnesota, Minneapolis-St Paul, 1966) [*DAI*, XXVIII (1966), 2215A].

1596. Moreno Báez, E[nrique]., 'Lo prerromántico y lo neoclásico en *El sí de las niñas*', in *Homenaje a Antonio Rodríguez-Moñino*, 1975 (see No. 1226), 465–84.

1597. Moreno Mengíbar, Andrés, 'Los orígenes de la ópera en Sevilla: la actuación de Olavide (1767–1779)', *AH*, 221 (1989), 17–31.

1598. Moreno Mengíbar, Andrés, *La ópera en Sevilla (1731–1992)*. Biblioteca de Temas Sevillanos 49 (Sevilla: Publicaciones del Ayuntamiento de Sevilla, 1994), 157 pp.; illus.

1599. Moreno Moreno, Jesús, *Teatro y representación en el siglo XVIII: el público* (Madrid: La Cabrera, Centro de Profesores y Recursos, [1999]), 31 pp.

1600. Morgan, Rudolph, *Moratín's 'Hamlet'* (Doctoral thesis, Stanford University, 1965) [*DAI*, XXVI (1965), 6719–20].

1601. Moro, V., *L'Opera poetica di Nicasio Álvarez de Cienfuegos* (Florencia: Mori, 1936), 14 pp.

1602. *Mostra di Filippo Juvarra, architetto e scenografo*, catalogo a cura di Vittorio Viale, con premessa di Salvatore Pugliatti, e testi di Francesco Basile e di Mercedes Viale Ferrero (Messina: Palazzo dell'Università, 1966) 2 vols: I, 127 pp.; II, 158 pp.; illus.

UCLA (ART)

1603. Munárriz, José Luis de, *Compendio de las lecciones sobre la retórica y las bellas letras por Hugo Blair* (Tolossa: Imp. de Garriga, 1819), viii + 324 pp.

BNM

1604. *El mundo hispánico en el Siglo de las Luces.* Actas del Coloquio Internacional 'Unidad y diversidad en el mundo hispánico del siglo XVIII', Salamanca, Fundación Duques de Soria-Sociedad Española de Estudios del Siglo XVIII (Madrid: Editorial Complutense, 1996), 2 vols, 1,355 pp.; illus. (Abbreviated as *El mundo hispánico en el Siglo de las Luces*. Articles are listed under individual authors.)

1605. Muñoz, Matilde, *Historia de la zarzuela española y el género chico* (Madrid: Tesoro, 1946), 343 pp.

LC

1606. Muñoz, Matilde, *Historia del Teatro Real* (Madrid: Tesoro, 1946), 293 pp.; illus.

LC

1607.   Muñoz, Matilde, *Historia del teatro dramático en España* (Madrid: Tesoro, 1948), 338 pp.

1608.   Muñoz, Matilde, *Historia del teatro en España*, ed., con un apéndice, de Álvaro Retana (Madrid: Tesoro [1965]).   Colección Jirafa 50–52, 3 vols (I, *El drama y la comedia*; II, *La ópera y el Teatro Real*; III, *La zarzuela y el género chico*).

LC

1609.   Muñoz Morillejo, Joaquín, *Escenografía española* (Madrid: Imprenta Blas, 1923), 311 pp.; illus.; portraits. [Also (Madrid: Real Academia de Bellas Artes de San Fernando, 1923), 304 pp.]

UCLA

1610.   Murphy, Denis R., *The Neo-Classic Tragedy in Spain* (Doctoral thesis, New York University, 1967) [*DAI*, XXVIII (1967), 238A].

1611.   *Music in Spain during the Eighteenth Century*, ed. Malcolm Boyd and Juan José Carreras (Cambridge/New York: Cambridge U. P., 1998), vii + 269 pp. [Also published in Spanish as *La música en España en el siglo XVIII*, ed. Malcolm Boyd, Juan José Carreras y José Máximo Leza (Madrid: Cambridge U. P., 2000), 319 pp.]

1612.   *Música y literatura en la Península Ibérica 1600–1750.   Actas del Congreso Internacional, Valladolid, 20–21 de febrero de 1995*, ed. Maria Antonia Virgili Blanquet, Germán Vega García-Luengos y Carmelo Caballero Fernández-Rufete (Valladolid: Sociedad 'V. Centenario Tratado de Tordesillas', 1997), 571 pp.   (Abbreviated as *Música y literatura en la Península Ibérica 1600–1750*.   Articles are listed under individual authors.)

1613.   Napoli Signorelli, Pietro, *Storia critica de'teatri antichi e moderni* (Napoli, 1777), 6 vols.   [Reprinted 1787–90; 1813.]

1614.   Narciso García-Plata, Reyes, 'Aproximación al estudio del recurso del contraste en los contenidos de la tragedia neoclásica', *AEF*, 23 (2000), 369–93.

1615.   Navarro, Luis, 'Carta de Manuel José Quintana al Marqués de Perales en que aconseja que se suspenda la representación de la comedia *El fiscal de su delito*', *RABM*, 3 (1899), 434–35.

1616.   Navarro González, Alberto, see Granjel, Luis S.

1617.   Navarro Zuvillage, Javier, 'Espacios escénicos en el teatro español del siglo XVIII', in *V Jornadas de Teatro Clásico Español.   El trabajo con los clásicos en el teatro contemporáneo*, ed. Juan Antonio Hormigón (Madrid: Dirección General de Música y Teatro, Ministerio de Cultura, 1983), 2 vols; illus.; 71–131.

UCSC

1618.   Nerlich, Michael, 'On Genius, Innovation and Public: The "Discurso crítico" of Tomás de Erauso y Zavaleta (1750)', in *The Institutionalization of Literature in Spain*, 1987 (see No. 1253), 201–27.

1619.   Nicol, Bernard de Bear, see Jones, T. B.

1620.   Nicholson, Helen S., 'An Eighteenth-Century *entremés de costumbres*', *HR*, 7:4 (1939), 295–309.

1621.   Nicoll, Allardyce, *A History of Early Eighteenth-Century Drama, 1700–1750* (Cambridge: Cambridge U. P., 1925), xii + 431 pp.

UCR

1622.   Nieto de Molina, Francisco, *Los críticos de Madrid, en defensa de las comedias antiguas y en contra de las modernas* (Madrid: Impr. De Pantaleón Aznar, 1768).

1623.   Nieto Ibáñez, Jesús María, 'Historia y mitos grecorromanos en la tragedia neoclásica española', *Silva*, 3 (2004), 305–31.

1624.   Nieva, Francisco, 'Mis memorias de Moratín', in *El teatro del siglo XVIII*, 1988 (see No. 2205), 102–07.

1625.   Nifo [Nipho], Francisco Mariano, *La Nación Española defendida de los insultos del Pensador, y sus Sequaces* (Madrid: Impr. de G. Ramírez, 1764), 214 pp. [Includes this description: 'En este escrito se manifiesta con testimonios franceses, que las comedias, además de originales, son las mejores de la Europa; y que los famosos Poetas Españoles deben ser celebrados, pero no reprendidos'.]

1626.   Nipho, Francisco Mariano, *Idea política y cristiana para reformar el actual teatro de Espana y conducirle en pocos años al estado de perfección que desea el magistrado y pueda constituirse por modelo de todos los de Europa*, ed. crítica del manuscrito a cargo de Christiane España, prólogo de Lucienne Domergue. Textos Recuperados 1 (Alcañiz: Centro de Estudios Bajoaragoneses, 1994), 253 pp.

HUL

1627.   Nipho, Francisco Mariano, *Escritos sobre teatro: con el sainete 'El tribunal de la poesía dramática'*, ed., introducción y notas de Mª Dolores Royo Latorre (Teruel: Instituto de Estudios Turolenses/Alcañiz: Ayuntamiento de Alcañiz/Centro de Estudios Bajoaragoneses, 1996), 280 pp.

1628.   Nissenberg, Gilda Juarez, *Nicolás Fernández de Moratín: la teoría neoclásica y su aplicación práctica*, 270 pp. (Doctoral thesis, City University of New York, 1979).

1629.   Nozick, Martin, 'A Source of Don Ramón de la Cruz', *MLN*, 63 (1948), 244–48. [References to *Inesilla la de Pinto*.]

1630. Nozick, Martin, 'The Inez de Castro Theme in European Liteature', *CL*, 3 (1951), 330–41.

1631. Nuez, Sebastián de la, 'Viera y Clavijo, poeta ilustrado', *ALE*, 2 (1983), 155–75.

1632. Nuez, Sebastián de la, *José Clavijo y Fajardo (1726–1806)*. Colección 'Guagua' 74 (Las Palmas: Ediciones del Cabildo Insular de Gran Canaria, 1990), 79 pp.

1633. Nuñez, Estuardo, *El nuevo Olavide: una semblanza a través de sus textos ignorados* (Lima: Villanueva, 1970), 156 pp.; illus.; facsimiles.

UCSB

1634. Núñez de Arenas, Manuel, 'Preparando el centenario Moratín, académico', *La Voz* (13 June 1927). [Reproduced in *L'Espagne des Lumières au Romantisme*, ed. Robert Marrast. Thèses, Mémoires et Travaux 2 (Paris: Centre de Recherches de l'Institut d'Études Hispaniques, 1963), 430 pp.; 353–56.]

1635. Obregón, A., 'El sí de Moratín', *ROcc*, 12:131 (1934), 203–09.

1636. Ochoa, Eugenio de, *Tesoro del teatro español, desde su origen (año de 1356) hasta nuestros días* (Paris: Baudry, 1838), 5 vols; portraits. [Vol. I: 'Orígenes del teatro español por d. L. F. de Moratín'; Vols IV–V: 'Teatro escogido desde el siglo XVII hasta nuestros días'.] [Contains several titles found in Moratín's catalogue.]

SRLF

1637. Ochoa, Eugenio de, *Apuntes para una biblioteca de escritores contemporáneos en prosa y verso* (Paris: Baudry, n.d. [?1877]), 2 vols. [See especially sections on Alberto Lista (II, 202–50); Leandro Fernández de Moratín (II, 499–508); Manuel José Quintana (II, 592–612).]

1638. O'Connor, Thomas A., *Love in the 'corral': Conjugal Spirituality and Anti-theatrical Polemic in Early Modern Spain*. Ibérica 31 (New York: Peter Lang, 2000), xv + 395 pp.

1639. Odriozola, Antonio, 'Aviso de escarmentados: las ediciones "fantasmas" de obras de Moratín', *Ínsula*, 163 (1960), 6.

1640. Olaechea, Rafael and Ferrer Benimeli, José Antonio, *El conde de Aranda (mito y realidad de un político aragonés)*. Colección Aragón 26 & 27 (Zaragoza: Librería General, 1978), 2 vols; plates. [2nd ed., revised & enlarged (Huesca: Diputación Provincial de Huesca/Zaragoza: Ibercaja, 1998), 478 pp.; illus.]

1641. Olavide, Pablo de, *Obras dramáticas desconocidas*, prólogo y compilación por Estuardo Núñez (Lima: Biblioteca Nacional del Perú, 1971), xxxiii + 592 pp.

1642.   Oleza, Juan, 'Noticias antiguas sobre la Casa de Comedias [de Palma de Mallorca]', *BSAL*, 21 (1923), 264–85.

1643.   Oliver, Antonio, 'Verso y prosa en Leandro Fernández de Moratín', *RUM*, 9:35 (1960), 643–74.   [Republished in *Moratín y la sociedad española de su tiempo*, 1961 (see No. 1591).]

1644.   Olivera, M. A., 'El siglo XVIII español', *Sur* (Buenos Aires), 300, 54–67.

1645.   Onrubia de Mendoza, J. *El teatro de José de Cañizares*, 337 pp. (Doctoral thesis, Universidad de Barcelona, 1964).

1646.   *La ópera en España e Hispanoamérica.   Actas del Congreso Internacional 'La Opera en España e Hispanoamérica, una Creación Propia'.   Madrid, 29.XI–3.XII de 1999*, ed. Emilio Casares Rodicio y Álvaro Torrente (Madrid: Ediciones del ICCMU, 2001), 2 vols; illus.   (Abbreviated as *La ópera en España*.   Articles are listed under individual authors.)

1647.   Orozco Díaz, Emilio, *Porcel y el barroquismo literario del siglo XVIII*. Cuadernos de la Cátedra Feijoo 21 (Oviedo: Facultad de Filosofía y Letras, Univ. de Oviedo, 1968), 60 pp.

1648.   Ors, Miguel d', 'Representaciones dramáticas en la Pamplona del siglo XVIII', *PV*, 134–135 (1974), 281–315.

1649.   Ors, Miguel d', *Autores y actores teatrales en la Pamplona del siglo XVIII*. Separatas de la revista *Príncipe de Viana* 140–141 (Pamplona: Diputación de Navarra, 1975), 36 pp.

1650.   Ortega y Rubio, Juan, 'Don Leandro Fernández de Moratín: su vida y su obra', *RCont*, 129 (1904), 129–48, 279–99, 385–95.

1651.   Ortega y Rubio, Juan, *Vida y obras de Don Leandro Fernández de Moratín* (Madrid: Imp. Hijos de M. G. Hernández, 1904), 58 pp.

                                                                                    IUL

1652.   Ortiz Armengol, Pedro, 'Un chileno amigo de Moratín', *EL*, 574 (1975), 4–7. [Vicente Pérez Rosales.]

1653.   Ortiz Armengol, Pedro, 'Viajes y entredichos de Moratín en Francia', *EstR* (1975), 199–266.

1654.   Ortiz de Pineda, A., 'Don Ramón de la Cruz', *IEA* (1879), 162–202, 219–20.

1655.   Osorio y Bernard, Manuel, '*La comedia nueva o el café*', *IEA*, 39 (1895), 86.

1656.   Osuna, Rafael, 'Temática e imitación en *La comedia nueva* de Moratín', *CHA*, 106:317 (1976), 286–302.   [Also published in *KRQ*, 25 (1978), 323–37.]

1657.   Oteyza, Luis de, *López de Ayala o el figurón político-literario* (Madrid: Espasa-Calpe, 1932), 212 pp.

BL

1658.   Ovilo y Otero, M., *Catálogo biográfico-bibliográfico del teatro moderno español desde el año de 1750 hasta nuestros días*.   MS BNM 14616–8.

BNM

1659.   Ozanam, Didier, 'L'Ideal académique d'un poète éclairé: Luzán et son projet d'Académie Royal des Sciences, Arts et Belles-Lettres (1750–1751)', in *Mélanges offerts à Marcel Bataillon*, 1962 (see No. 1509), 188–208.

1660.   Ozanam, Didier, 'Le Théâtre français à Cadiz au XVIIIe siècle (1769–1779)', *MCV*, 10 (1974), 203–31.

1661.   Pabón, Carmen T., 'D. Candido María Trigueros y su tragedia inédita *Ciane de Siracusa*', *EstC*, 16 (1972), 229–45.

1662.   Pacareo, Orencio, *Goya y el teatro de Zaragoza en su tiempo*. Publicaciones de la Junta Organizadora del Centenario de Goya 16 (Zaragoza: Tip. del Hospicio, 1928), 49 pp.   ['Conferencia leída en la Agrupación Artística Aragonesa, en mayo de 1927'.]

1663.   Paci, Anna María, *Manual de bibliografía española* (Pisa: Univ. di Pisa, 1970), 829 pp.

UCLA

1664.   Pacini, Lucía, *Las tragedias de Montiano y Luyando: estudio y edición* (Doctoral thesis, University of Chicago, 1991) [*DAI*, LII (1991), No. 4, 1353A].

1665.   Pagán, Víctor, 'Itinerario de los dramas jocosos de Goldoni en España (y catálogo)', in *Carlo Goldoni: una vida para el teatro.   Coloquio internacional.   Bicentenario de Carlo Goldoni*, ed. J. Inés Rodríguez Gómez y Juli Leal Duart (València: Dept de Filologia Francesa i Italiana, Univ. de València, 1996), 224 pp.; 173–99.

1666.   Pagán, Víctor, 'Goldoni en España', in *HTE, Siglo XVIII*, 2003 (see No. 1218), 1761–81.

1667.   Pagán, Víctor, *El teatro de Goldoni en España: comedias y dramas con música entre los siglos dieciocho y veinte* (Doctoral thesis, Universidad Complutense de Madrid, 1997), 311 pp.   [Full text available at <http://www.ucm.es/BUCM/tesis/19972000/H/3/H3068201.pdf>]

1668.   Pageaux, Daniel H., 'Nature et signification de la gallomanie dans l'Espagne du XVIIIe siècle', in *Actes du IVe congrès de l'Association Internationale de Littérature Comparée, Fribourg 1964*, ed. François Jost (The Hague: Mouton, 1966), 2 vols, xxxii + 1,459 pp.; II, 1205–20.

1669. Pageaux, Daniel H., 'Le Thème de la résistance asturienne dans la tragédie néo-classique espagnole', in *Mélanges à la mémoire de Jean Sarrailh*, 1966 (see No. 1508), II, 235–42.

1670. Pageaux, Daniel H., 'La *Gaceta de Madrid* et les traductions espagnoles d'ouvrages français (1750–1770)', in *Transactions of the 2nd International Congress of the Enlightenment* (Genève: Institut et Musée Voltaire, 1967), 4 vols; III, 1147–68.

UCSD

1671. Pajares-Infante, Eterio, 'Sensibilidad y lacrimosidad en Cadalso: sus fuentes extranjeras', *BBMP*, 71 (1995), 119–35.

1672. Pajares-Infante, Eterio, 'La teoría de la traducción en el siglo XVIII', *Livius*, 8 (1996), 165–74.

1673. Palacio Atard, Vicente, 'La educación de la mujer en Moratín', in his *Los españoles de la Ilustración*. Colección Guadarrama de Crítica y Ensayo 44 (Madrid: Ediciones Guadarrama, 1964), 333 pp.; illus.

1674. Palacios Fernández, Emilio, *Vida y obra de Samaniego*. Biblioteca Alavesa 'Luis de Ajuria' 13 (Vitoria: Obra Cultural de la Caja de Ahorros Municipal de la Ciudad de Vitoria, 1975), 482 pp.

1675. Palacios Fernández, Emilio, 'La descalificación moral del sainete dieciochesco', in *El teatro menor en España*, 1983 (see No. 2213), 215–33.

1676. Palacios Fernández, Emilio, 'Llaguno y Amírola, o la ilustración como labor de Estado', *BRSV*, 1–2 (1984), 203–25.

1677. Palacios Fernández, Emilio, 'Ilustración y literatura en el País Vasco', en *Peñaflorida y la Ilustración*, coord. Josetxo Urrutikoetxea. Cuadernos Universitarios 1 (San Sebastián: Univ. de Deusto, 1986). 151, pp.; 67–113.

1678. Palacios Fernández, Emilio, '*Diario de las Musas*: una propuesta de reforma del teatro español a fines del siglo XVIII', *EHS*, 52–53 (1990), 345–55.

1679. Palacios Fernández, Emilio, 'El teatro barroco español en una carta de Bernardo de Iriarte al conde de Aranda (1767)', in *Clásicos después de los clásicos*, 1990 (see No. 530), 43–64.

1680. Palacios Fernández, Emilio, 'La comedia sentimental: dificultades en la determinación teórica de un género dramático del siglo XVIII', *RLit*, 55:109 (1993), 85–112.

1681. Palacios Fernández, Emilio, 'Guapos y bandoleros en el teatro del siglo XVIII: los temas y las formas de un género tradicional', *CILH*, 18 (1993), 253–90.

1682.   Palacios Fernández, Emilio, 'Las formas del teatro breve en el contexto de la función teatral en el siglo XVIII', *Ínsula*, 574 (1994), 15–16.

1683.   Palacios Fernández, Emilio, 'Realidad escénica y recepción del teatro religioso en el siglo XVIII', in *Congreso Nacional 'Madrid en el Contexto de lo Hispánico desde la Época de los Descubrimientos' (Departamento de Historia del Arte II [Moderno]; Facultad de Geografía e Historia, Univ. Complutense de Madrid)* (Madrid: Univ. Complutense, 1994), 2 vols; illus.; II, 1169–97.

1684.   Palacios Fernández, Emilio, '*Los ilustres salteadores* (1774), comedia sentimental de Cándido María Trigueros, o el arte de enternecer a un falso bandolero en tres horas', in *Estudios dieciochistas*, 1995 (see No. 838), II, 215–37.

1685.   Palacios Fernández, Emilio, 'Breve noticia sobre Luis Moncín, actor y poeta dramático en los coliseos del siglo XVIII', in *El siglo que llaman ilustrado*, 1996 (see No. 2097), 689–706.

1686.   Palacios Fernández, Emilio, 'Loas cortesanas de Luis Moncín, actor y autor dramático catalán del siglo XVIII', in *Teatro español del siglo XVIII*, 1996 (see No. 2209), II, 653–86.

1687.   Palacios Fernández, Emilio, 'Ramón de la Cruz, pintor del paisaje urbano de Madrid', *AIEM*, 37 (1997), 359–80.

1688.   Palacios Fernández, Emilio, 'Contrabandistas, guapos y bandoleros andaluces en el teatro popular del siglo XVIII', in *Al margen de la Ilustración*, 1998 (see No. 56), 3–38.

1689.   Palacios Fernández, Emilio, *El teatro popular español del siglo XVIII*. Colección Hispania 6 (Lleida: Editorial Milenio, 1998), 343 pp.

UCSB

1690.   Palacios Fernández, Emilio, 'Noticia sobre el Parnaso dramático femenino en el siglo XVIII', in *Autoras y actrices*, 2000 (see No. 234), 81–132.

1691.   Palacios Fernández, Emilio, 'Pervivencias del teatro barroco: recepción de Rojas Zorrilla en el siglo XVIII', in *Francisco de Rojas Zorrilla, poeta dramático*, 2000 (see No. 956), 349–78.

1692.   Palacios Fernández, Emilio, 'Francisco Mariano Nipho (y otros escritores castizos) en la polémica sobre Calderón (y el teatro áureo) en el siglo XVIII', in *Calderón entre veras y burlas. Actas de las II y III Jornadas de Teatro Clásico de la Universidad de La Rioja, 7, 8 y 9 de abril de 1999 y 17, 18 y 19 de mayo de 2000*, ed. Francisco Domínguez Matito y Julián Bravo Vega (Logroño: Univ. de La Rioja, 2002), 279 pp.; illus.; 53–78.

1693.   Palacios Fernández, Emilio, 'El teatro tardobarroco y los nuevos géneros dieciochescos', in *HTE, Siglo XVIII*, 2003 (see No. 1218), 1553–76.

1694.   Palacios Fernández, Emilio, 'Loas cómicas de Luis Moncín: pervivencia de un género breve a finales del siglo XVIII', in *Un 'hombre de bien'*, 2004 (see No. 1222), II, 249–61.

1695.   Palacios Fernández, Emilio and Romero Ferrer, Alberto, 'Teatro y política (1789–1833): entre la revolución francesa y el silencio', in *Se hicieron literatos para ser políticos*, 2004 (see No. 2040), 185–242.

1696.   Palacios Fernández, Emilio, see also Díez Borque, José María.

1697.   Palau Casamitjana, Francisca, *Ramón de la Cruz und der französische Kultureinfluß im Spanien des XVIII. Jahrhunderts*. Studien zur Abendländischen Geistes-und Gesellschafts-geschichte 6 (Bonn: L. Röhrscheid, 1935), viii + 159 pp.

                                                                              SRLF

1698.   Palomo, María del Pilar, 'Presencia de Tirso en Moratín', *SI* (1962), 165–86.

1699.   Papell, Antonio, 'Bibliografía de Juan Pablo Forner', in *Historia general de las literaturas hispánicas*, 1956 (see No. 1219), IV 138–40.

1700.   Papell, Antonio, 'Bibliografía de Luzán', in *Historia general de las literaturas hispánicas*, 1956 (see No. 1219), IV, 128–29.

1701.   Papell, Antonio, 'Las instituciones literarias del siglo XVIII', in *Historia general de las literaturas hispánicas*, 1956 (see No. 1219), IV, ix–xix.

1702.   Papell, Antonio, *Moratín y su época* (Palma de Mallorca: Atlante, 1958), 380 pp.

                                                                              UCB

1703.   Par, Alfonso, 'Representaciones teatrales en Barcelona durante el siglo XVIII', *BRAE*, 16 (1929), 326–45, 432–35, 492–513, 594–614.

1704.   Par, Alfonso, *Representaciones shakesperianas en España* (Madrid: Victoriano Suárez, 1936), 2 vols [Vol. I, *Época galoclásica. Época romántica.*]

                                                                              BNM

1705.   Parducci, Amos, *La fortuna dell''Orlando furioso' nel teatro spagnolo*. Giornale Storico della Letteratura Italiana, Suppl. 26 (Torino: Casa Editrice Giovanni Chiantore, successore Ermanno Loescher, 1937), 256 pp.

1706.   Parducci, Amos, 'Traduzioni e riduzioni spagnole di drammi italiani', *GSLI*, 117 (1941), 98–124.

1707.   Parker, Jack H., *Breve historia del teatro español* (México: Andrea, 1957), 213 pp.

                                                                              UCB

1708. Pascual Bonis, María Teresa, 'El voto de no hacer comedias de la ciudad de Pamplona a causa de la peste de Marsella (1721–1730)', *Criticón*, 33 (1986), 119–31.

1709. Pascual Bonis, María Teresa, *Teatros y vida teatral en Tudela, 1563–1750. Estudio y documentos.* Colección Támesis. Serie C, Fuentes para la Historia del Teatro en España 17 (London: Tamesis Books, en colaboración con el Gobierno de Navarra, 1990), 211 pp.; illus.

HUL, GUL

1710. Pascual Bonis, María Teresa, *Teatro, fiesta y sociedad en Pamplona de 1600 a 1746. Estudio y documentos* (Madrid: Servicio de Publicaciones, Univ. Complutense de Madrid, 2000), CDRom.

1711. Pataky-Kosove, Joan L., *The 'Comedia Lacrimosa' and Spanish Romantic Drama, 1773–1865*, 231 pp. (Doctoral thesis, University of Pennsylvania, 1976) [*DAI*, 37A (1976), 2220–21]. [Also published, Colección Támesis. Serie A. Monografías 67 (London: Tamesis, 1977), 148 pp.]

UCLA

1712. Pataky-Kosove, Joan L., 'The Influence of Lachrymose Comedy on Moratín's *El viejo y la niña*', *HR*, 47:3 (1979), 379–91.

1713. Paz y Meliá, Antonio, *Catálogo de las piezas de teatro que se conservan en el Departamento de Manuscritos de la Biblioteca Nacional* (Madrid: Blass, 1934–35), 2 vols: I, 700 pp.; II, 717 pp.

1714. [Paz y Meliá, Antonio], *Catálogo de las piezas de teatro que se conservan en el Gabinete de Manuscritos de la Biblioteca Nacional.* Tomo III, *Suplemento e índices* (Madrid: Dirección General del Libro y Bibliotecas, Ministerio de Cultura, 1989), 499 pp.

1715. Pedraza Jiménez, Felipe B. and Rodríguez Cáceres, Milagros, *Manual de literatura española.* 13 vols (Tafalla [Navarra]: Cénlit Ediciones, 1980–2000). V (1981), *Siglo XVIII*, 485 pp.

1716. Pedrell, Felipe, *Teatro lírico español anterior al siglo XIX* (La Coruña: Canuto Berea, 1897–1898), 5 vols.

1717. Peers, Edgar Allison, 'The Influence of Ossian in Spain', *PQ*, 4 (1925), 121–38.

1718. Peers, Edgar Allison, 'The Influence of Young and Gray in Spain', *MLR*, 21 (1926), 404–18.

1719. Peers, Edgar Allison, 'The Vogue of Alfieri in Spain', *HR*, 1 (1933), 122–40.

1720. Peláez Martín, Andrés, 'María de Ladvenant y Quirante: primera dama de los teatros de España', in *Autoras y actrices*, 2000 (see No. 234), 133–53.

1721.   Pelletieri, Osvaldo, 'El sainete español y el sainete criollo: géneros diversos', in *Actas del II Congreso Argentino de Hispanistas 'España en América', Buenos Aires, 19 al 23 de mayo de 1992* (Buenos Aires: Instituto de Filología y Literaturas Hispánicas, 1993), 3 vols; III, 113–25.

1722.   Pellicer, Casiano, *Tratado histórico sobre el origen y progresos de la comedia y del histrionismo en España con las censuras teológicas, reales resoluciones y providencias del Consejo supremo sobre comedias; y con la noticia de algunos célebres comediantes y comendiantas así antiguos como modernos* (Madrid: Imprenta del Real Arbitrio de Beneficiencia, 1804), 2 vols; frontispiece; portraits. [Serís (*Manual de bibliografía de la literatura española*, No. 2084) adds to his entry: '(El verdadero autor es su padre D. Juan Antonio Pellicer)', but José María Díez Borque finds this opinion to be unfounded. See his edition of the *Tratado histórico*. Colección Maldoror 29 (Barcelona: Editorial Labor, 1975), 190 pp.]

                                                                              UCLA, UCB

1723.   Pellissier, Robert E., *The Neo-Classic Movement in Spain during the XVIII Century* (Palo Alto: Stanford U. P., 1918), 187 pp.

                                                                              UCLA

1724.   *Pen and Peruke: Spanish Literature of the Eighteenth Century*, ed. Monroe Z. Hafter. Michigan Romance Studies 12 (Ann Arbor: Dept of Romance Languages, Univ. of Michigan, 1992), iv + 213 pp. (Abbreviated as *Pen and Peruke*. Articles are listed under individual authors.)

                                                                              UCLA, GUL

1725.   Peña Muñoz, M., 'El sainete gaditano de Juan I. González del Castillo', *NRP*, 7–8 (1977), 38–50.

1726.   Peñuelas, Marcelino C., 'Semblanza de don Leandro F. de Moratín', *CA*, 123:4 (1962), 151–71.

1727.   Peñuelas, Marcelino C., 'Personalidad y obra de Forner', *Hispanófila*, 26 (1966), 23–31.

1728.   Peral Vega, Emilio, 'La zarzuela de la primera mitad del siglo XVIII: deformación burlesca de la mitología clásica', *CFC*, 14 (1998), 223–43.

1729.   *Percorsi europei*, a cura di M. G. Profeti. Commedia Aurea Spagnola e Pubblico Italiano 3, Secoli d'Oro 5 (Firenze: Alinea, *c.*1997), 202 pp.; illus.

1730.   Pereda, T., 'Reencuentro con Moratín en *El sí de las niñas*', *Cuadernos de ALDEEU*, 9:1 (1993), 65–74.

1731.   Perés, Ramón D., *Historia de la literatura española e hispanoamericana* (Barcelona: Sopena, 1964), 734 pp.

                                                                              BNM

1732.   Pérez Berenguel, José F., 'Anotaciones sobre un viaje imaginario a la Asturias del siglo XVIII', *BIEA*, 48:144 (1994), 368–84.

1733.   Pérez de Guzmán, Juan, 'La primera representación de *El sí de las niñas*', *EP* (5 and 6 December 1898).   [Reproduced in *EMod*, 168 (1902), 103–37.]

1734.   Pérez de Guzmán, Juan, 'El padre de Moratín', *EMod*, 138 (1900), 16–33.

1735.   Pérez de Guzmán, Juan, 'Las mocedades de don Manuel José Quintana', *EMod*, 185 (1904), 116–39.

1736.   Pérez de Guzmán, Juan, 'Estudios sobre Moratín: los émulos de Moratín', *EMod*, 195 (1905), 41–57.

1737.   Pérez de Guzmán, Juan, 'El centenario de *El sí de las niñas*', *IEA*, 50:1 (1906), 35, 42, 67–68, 75, 78, 98–99, 114–15, 130–31, 134, 146–47, 169, 174, 176, 183–84, 186.   [Contains same material as in 'Estudios sobre Moratín: los émulos de Moratín', 1905 (see No. 1736).]

1738.   Pérez de Guzmán, Juan, 'Veintiuna cartas inéditas dirigidas a don J. P. Forner, bajo el nombre arcádico "Damón", para la historia literaria del último tercio del siglo XVIII', *BRAH*, 58 (1911), 5–36.

1739.   Pérez de Madrid, G., 'También tuvo Ciudad Real su corral de comedias', *CIEM*, 13 (1982), 45–55.

1740.   Pérez Galdós, Benito, 'Don Ramón de la Cruz y su época', *REsp*, 17 (1870), 200–27, 18 (1871), 27–52.

1741.   Pérez Galdós, Benito, 'Don Ramón de la Cruz y su época', *Memoranda* (1906), 141–225.

1742.   Pérez-Magallón, Jesús, ' "Addenda" al "vocabulario" de Moratín', *BRAE*, 70:251 (1990), 475–92.

1743.   Pérez-Magallón, Jesús, 'La crítica literaria dieciochesca: Mayans y Siscar', *BBMP*, 66 (1990), 111–30.

1744.   Pérez-Magallón, Jesús, 'La estética en la España dieciochesca: el ideario mayansiano', *CESD*, 1 (1991), 57–83.

1745.   Pérez-Magallón, Jesús, 'Realidades poéticas y ámbitos poemáticos en Moratín', *BHi*, 94:1 (1992), 169–201.

1746.   Pérez-Magallón, Jesús, 'Una carta de Juan Tineo a Leandro Fernández de Moratín', *Castilla*, 18 (1993 [published 1994]), 123–37.

1747.   Pérez-Magallón, Jesús, 'Moratín, neoclásico de una armonía ya imposible', *RCEH*, 17:2 (1993), 343–56.

1748.   Pérez-Magallón, Jesús, 'El hacerse de un teatro nuevo entre los siglos XVII
        y XVIII', *Dieciocho. Hispanic Enlightenment. 'Del Barroco a la Ilustración'.*
        Actas del Simposio celebrado en McGill University, Montreal, 2 y 3 de
        octubre de 1996, ed. Jesús Pérez-Magallón.   Anejos de *Dieciocho* 1
        (Charlottesville, Virginia: Univ. of Virginia, 1997), 173 pp.; 131–54.

1749.   Pérez-Magallón, Jesús, 'De concursos, vicios y sátiras: Forner y Moratín en
        1782', in *Juan Pablo Forner y su época*, 1998 (see No. 1289), 509–23.

1750.   Pérez-Magallón, Jesús, 'Lo francés en España entre el Barroco y la
        Ilustración', *RLit*, 61:122 (1999), 389–425.

1751.   Pérez-Magallón, Jesús, 'Racionalidad dramática y espectacularidad
        escénica en *El mágico de Salerno*', *Gestos*, 14:28 (1999), 41–63.

1752.   Pérez-Magallón, Jesús, 'Risa "costumbrista", carcajada romántica (de
        Zamora y Zorrilla)', in *Risas y sonrisas*, 1999 (see No. 1869), 99–120.

1753.   Pérez-Magallón, Jesús, 'Del arte nuevo de Lope al "arte reformado" de
        Bances Candamo: algunas cuestiones de poética dramática', *Edad de Oro*,
        19 (2000), 207–22.

1754.   Pérez-Magallón, Jesús, 'Hacia un discurso poético nuevo en el tiempo de los
        novatores', *BHi*, 2 (2001), 449–79.

1755.   Pérez-Magallón, Jesús, 'La problemática cultura del tiempo de los
        novatores (1675–1725)', *Salina*, 15 (2001), 99–112.

1756.   Pérez-Magallón, Jesús, *El teatro neoclásico*.   Colección Arcadia de las
        Letras 11 (Madrid: Ediciones del Laberinto, 2001), 320 pp.

1757.   Pérez-Magallón, Jesús, 'Calderón, la comedia y el Neoclasicismo', in *Ayer y*
        hoy de Calderón, 2002 (see No. 235), 229–45.

1758.   Pérez-Magallón, Jesús, *Construyendo la modernidad: la cultura española*
        en el tiempo de los novatores (1675–1725).   Anejos de *Revista de Literatura*
        54 (Madrid: CSIC, Instituto de Lengua Española, 2002). 338 pp.

1759.   Pérez-Magallón, Jesús, 'Hacia la construcción de Calderón como icono de la
        "identidad nacional"', in *El teatro del Siglo de Oro ante los espacios de la*
        crítica, 2002 (see No. 2203), 275–305.

1760.   Pérez-Magallón, Jesús, 'Guerra y Bances Candamo en la canonización de
        Calderón', *RCEH*, 27 (2003), 509–31.

1761.   Pérez-Magallón, Jesús, 'Locura y normalidad: el anti-modelo varonil en *El*
        egoísta, de María Rosa Gálvez de Cabrera', *HT*, 3 (2003 [published 2004]),
        11–35.

1762. Pérez-Magallón, Jesús, '*El sí de las niñas* o la consumación de un sueño', *Arbor*, 699–700 (2004), 649–63.

1763. Pérez-Magallón, Jesús and Bezhanova, Olga, 'La identidad nacional y Calderón en la polémica teatral de 1762–64', *RLit*, 66:131 (2004), 99–129.

1764. Pérez Pastor, Cristóbal, see Cotarelo y Mori, Emilio.

1765. Pérez-Rioja, José Antonio, '*La Numancia destruida* (1775) de Ignacio López de Ayala', *Celtiberia*, 51 (1976), 7–24.

1766. Pérez-Rioja, José Antonio, *Un escritor madrileño en Europa, Leandro Fernández de Moratín*. Colección Ciclo de Conferencias, Madrid, Capital Europea de la Cultura 19 (Madrid: Ayuntamiento, Área de Cultura/Instituto de Estudios Madrileños, 1992), 22 pp.

1767. Pérez Teijón, Josefina, *Contribución al estudio lingüístico del siglo XVIII: los sainetes de Juan Ignacio González del Castillo*. Acta Salmanticensia. Filosofía y Letras 169 (Salamanca: Univ. de Salamanca, 1985), 126 pp.

1768. Pérez Teijón, Josefina, *Aportaciones al estudio de la literatura popular y burlesca del siglo XVIII: léxico y fraseología*. Acta Salmanticensia. Estudios Filológicos 229 (Salamanca: Univ. de Salamanca, 1990), 120 pp.

1769. Pérez Teijón, Josefina, 'El cortejo en los sainetes y tonadillas del siglo XVIII', *BCESD/CESD*, 2ª época, 2 (1992), 85–95.

1770. Pérez Teijón, Josefina, 'El amor "como substancia". Expresiones metafóricas ocasionales en dos sainetes de Juan Ignacio González del Castillo', in *Estudios dieciochistas*, 1995 (see No. 838), II, 253–61.

1771. Pérez y González, Felipe, 'El entremés y la tonadilla, o sea el "género ínfimo" de antaño', *IEA*, 50 (1906), 147, 150–51.

1772. Pérez y González, Felipe, 'Cuatro sainetes "anónimos" de don Ramón de la Cruz', *IEA* (1907), 182, 191, 219, 315.

1773. Periquet, Fernando, *Apuntes para la historia de la tonadilla y de las tonadilleras de antaño* (Barcelona: Tipografía La Academica, [1914]), 24 pp.

1774. Perron de Castera, M., *Extraits de plusieurs pièces du théâtre espagnol, avec des réflexions, et la traduction des endroits les plus remarquables* (Amsterdam/Paris: Wetsteins and Smith, 1738), 131 pp.
IUL

1775. Peyron, Jean Francois, *Nouveau voyage en Espagne, fait en 1777 et 1778: dans lequel on traite des moeurs, du caractère, des monuments anciens et modernes, du commerce, du théâtre, de la législation des tribunaux particuliers a ce royaume, et de l'Inquisition, avec des nouveaux détails sur son état actuel, et sur une procédure récente et fameuse* (London: P. Elmsley/Paris: P. T. Barrois, 1782) 2 vols: I, 343 pp., II, 354 pp.
UCB

1776. Pimentel, María Josefa Alfonso, duquesa de Benavente, 'Virtuose': viaggi e stagioni nell'ultimo decennio del settecento: carteggi di Maria Medina Viganò, Brigida Banti, Luigia Todi e Teresa Monticini con la Duchessa di Osuna. Documenti e Ricerche 11 (Madrid: Istituto Italiano di Cultura, 1979), 155 pp.

1777. Pineda Novo, Daniel, El teatro de comedias del Corral de la Montería del Alcázar de Sevilla, prólogo de Antonio de la Banda y Vargas. Biblioteca Guadalquivir 35 (Sevilla: Guadalquivir Ediciones, 2000), 209 pp.; illus.

1778. Piñeiro, E., Manuel José Quintana (1772–1857). Ensayo crítico y biográfico (Paris: A. Briquet, 1892), 254 pp.

1779. Pino, Enrique del, Tres siglos de teatro malagueño (XVI, XVII, XVIII). Ediciones del Bolsillo. Colección Monográfica (Málaga: Univ. de Málaga, 1974), 190 pp.

UCLA

1780. Pinta Llorente, Miguel de la, 'El sentido de la cultura española en el siglo XVIII e intelectuales de la época (aportaciones inéditas)', REP, 68 (1953), 79–114.

1781. Pitollet, Camile, 'El delincuente honrado de Jovellanos et L'Honnête criminel', BSEPLM, 30:87 (1935), 19–21.

1782. Place, Edwin B., 'Notes on the Grotesque: The "comedia de figurón" at Home and Abroad', PMLA, 54:2 (1939), 412–21.

1783. Planos de Madrid de los siglos XVII y XVIII, introducción, reseña y estudio por Miguel Molina Campuzano (Madrid: Instituto de Estudios de Administración Local, Semanario de Urbanismo, 1960), 804 pp.; illus.; 35 plates; plans. [Shows locations of theatres, and reproduces the plans by Pedro Teixeira (1656 and 1683), Nicolas Chalmandrier (1761) and Antonio Espinosa (1769).]

BNM

1784. Plaza, Sixto, Sociología del teatro musical español (Doctoral thesis, Georgetown University, 1986) [DAI, XLVII (1987), 2608A].

1785. Pólito, Antonio R., Spanish Theater: A Survey from the Middle Ages to the Twentieth Century (Salt Lake City: Univ. of Utah Press, 1967), 246 pp.

1786. Pollín, Alice M., 'Los desagravios de Troya de Francisco de Escuder: fiesta dramático-musical de otoño del barroco', Segismundo, 17 (1983), 49–60.

1787. Polt, John H. R., 'Jovellanos' El delincuente honrado', RR, 50:1 (1959), 170–90.

1788.   Polt, John H. R., *Gaspar Melchor de Jovellanos*.   Twayne's World Authors
        Series 181 (New York: Twayne Publishers, 1971), 163 pp.   [See especially
        Chapter 3, 'Drama', 57–74.]
                                                                            UCLA

1789.   Polt, John H. R., *Batilo: estudios sobre la evolución estilística de Meléndez
        Valdés* (Berkeley: Univ. of California Press/Oviedo: Centro de Estudios del
        Siglo XVIII, *c.*1987), 332 pp.

1790.   Ponz, Antonio, *Viaje de España*, preparación, intro. e índices adicionales de
        Casto María del Rivero (Madrid: Aguilar, 1947), lx + 2039 pp.; illus.;
        facsimiles.   [Followed by 2 vols of *Viaje fuera de España*.]
                                                                            UCLA

1791.   Praag, Jonas Andries van, *La Comedia espagnole aux Pays-Bas au XVIIe et
        au XVIIIe siècle* (Amsterdam: H. J. Paris, 1922), 292 pp.; 3 fols.
                                                                            UCLA

1792.   Prat, Ignacio, see Jiménez, Carmen.

1793.   Prieto, Andrés, *Teoría del arte dramático*, ed., intro. y notas de J. Vellón
        Lahoz (Madrid: Fundamentos, 2001), 251 pp.

1794.   Prieto, María Remedios, 'Reaparición en el siglo XVIII del auto
        sacramental de Calderón, *La protestación de la fe* y polémica que originó',
        in *Simposio sobre el P. Feijoo y su siglo*, 1981–1983 (see No. 2065), II, 545–
        74.

1795.   Profeti, Maria Grazia, 'Morfología e ideología in un'opera del secolo XVIII:
        Virtud al uso y mística a la moda', *QLL*, 6 (1981), 127–51.

1796.   Profeti, Maria Grazia, 'Texto literario del siglo XVII, texto espectáculo del
        XVIII: la intervención censoria como estrategia intertextual', in *Coloquio
        internacional sobre el teatro español del siglo XVIII*, 1988 (see No. 545),
        333–50.

1797.   Profeti, Maria Grazia, 'El espacio en el teatro y el espacio del texto:
        Metastasio en España en la primera mitad del siglo XVIII', in *La ópera en
        España*, 2001 (see No. 1646), I, 263–92.

1798.   *Proyecto de reforma para los teatros de la Corte* (Madrid: Ibarra, 1821), 35 pp.
                                                                            BNM

1799.   Puig Campillo, Antonio, *El actor Isidoro Máiquez* (s.l.: s.n., 1958), 6 pp. ['Es
        tirada aparte de *Monteagudo*, 22 (1958)'.]

1800.   Puppo, Mario, 'Fonti italiane settecentesche della *Poética* di Luzán', *LI*, 14
        (1962), 249–68.

1801.   Qualia, Charles B., 'Corneille in Spain in the Eighteenth Century', *RR*, 24:1 (1933), 21–29.

1802.   Qualia, Charles B., 'The Campaign to Substitute French Neo-Classical Tragedy for the *Comedia*', *PMLA*, 54:1 (1939), 184–211.

1803.   Qualia, Charles B., 'Racine's Tragic Art in Spain in the Eighteenth Century', *PMLA*, 54:4 (1939), 1059–76.

1804.   Qualia, Charles B., 'Voltaire's Tragic Art in Spain in the Eighteenth Century', *Hispania* (USA) 22:3 (1939), 273–84.

1805.   Qualia, Charles B., 'The Vogue of Decadent French Tragedy in Spain, 1762–1800', *PMLA*, 58:1 (1943), No. 1, 149–62.

1806.   *IVᵉ Table Ronde sur le Théâtre Espagnol (XVIIᵉ–XVIIIᵉ siècle), Université de Pau (20 Novembre 1982)*. Cahiers de l'Université 2 (Pau: Univ. de Pau et des Pays de l'Adour, 1983).   (Abbreviated as *IV Table Ronde sur le Théâtre Espagnol [XVII–XVIII siècle]*.   Articles are listed under individual authors.)

1807.   Quijano, Gabriel, *Vicios de las tertulias y concurrencias del tiempo: excesos y perjuicios de las conversaciones del día, llamadas por otro nombre cortejos; descubiertos, demostrados y confutados en seis conversaciones entre un eclesiástico y una dama ó una señora distinguida* (Barcelona: Eulalia Piferrer, 1785), 253 pp. [Also (Madrid: Imprenta de Miguel Escribano, 1784), 252 pp.]

                                                                                    USC, SRLF

1808.   Quinn, David, 'Modal Expectations and Moratín's *El sí de las niñas*', *RomN*, 18 (1977), 88–92.

1809.   Quintana, Manuel José, *Quintana, revolucionario*, estudio, notas y comentarios de M. E. Martínez Quinteiro.   Bitácora 23 (Madrid: Narcea, 1972), 188 pp.

1810.   Quinziano, Franco, 'Pedro Napoli Signorelli y Leandro Fernández de Moratín: amistad, afinidades e influjos literarios', *eHumanista*, 2 (2002), 188–236.   [Electronic journal, full-text available at <http://www.spanport.ucsb.edu/projects/ehumanista/>]

1811.   Rabasa i Fontsere, Josep and Rabasa, Francesc, *Historia del teatre a Lleida* (Lleida: Institut d'Estudis Ilerdnes de la Diputació Provincial de Lleida, 1985), 131 pp.

                                                                                    BNM

1812. Ralph, James, *The Case of our Present Theatrical Disputes, Fairly Stated: in which is contained, a succinct account of the rise, progress and declension of the ancient stage; a comprehensive view of the management of the Italian, Spanish, French and Dutch theatres, and some free remarks upon our own. Calculated entirely for the use of public, and wherein, the only method is suggested, that can prevent all future debate* (London: Printed for Jacob Robinson, 1743), 64 pp.

1813. Ramírez de Arellano, Rafael, *Nuevos datos para la historia del teatro español. El teatro en Córdoba* (Ciudad Real: Establecimiento Tip. del Hospicio Provincial, 1912), 214 pp.

                                                                                    UCLA

1814. Ramírez Luengo, José, Luis, 'Tipos cómicos y caracterización lingüística en el siglo XVIII: *Las provincias españolas unidas por el placer*, de R. de la Cruz', *LD*, 32:94 (2002), 115–26.

1815. Rank, Otto, *The Don Juan Legend*, ed. and trans. David G. Winter (Princeton: Princeton U. P., 1975), 144 pp.

                                                                                    LC

1816. Ratcliffe, Marjorie, *El teatro épico en el siglo XVIII español: El Cid y Fernán González en dos dramas de Manuel Fermín de Laviano*, *Dieciocho* (Spring 2002), Anejo 2, 200 pp.

1817. Rayon, José A., *Memoria histórica de lo ocurrido en el Teatro de la ciudad de Alcalá de Henares, propio de la Cofradía de Santa María la Mayor, desde 1601, en que se proyectó su primera construcción, hasta 1832, en que se reedificó por la Corporación, y en su representación.* MS, legajos 677/1. Archivo Histórico Municipal de Alcalá de Henares. [Published in Coso Marín *et al.*, *El Teatro Cervantes de Alcalá de Henares, 1602–1866*, 1989 (see No. 562), 239–313.]

1818. Real Ramos, César, 'De los "desarreglados monstruos" a la estética del fracaso: prehistoria del drama romántico', *ALE*, 2 (1983), 419–45.

1819. Real Ramos, César and Alcalde Cuevas, Luis, 'La tonadilla: un capítulo de la historia del espectáculo del siglo XVIII', in *Teatro y música en España*, 1996 (see No. 2214), 125–44.

1820. Recasens, Albert, *Las zarzuelas de Antonio Rodríguez de Hita (1722–1787). Contribución al estudio de la zarzuela madrileña hacia 1760–1770* (Doctoral thesis, Université Catholique de Louvain, 2001).

1821.   Recasens, Albert, 'Context and Production in the Commercial Theatres of Madrid: The *zarzuela Las segadoras de Vallecas* (1768) and the Birth of a New Subgenre', in *Early Music: Context and Ideas. International Conference in Musicology, Kraków, 18–21 September 2003*, ed. Karol Berger, Lubomir Chalupka, Albert Dunning *et al.* (Kraków: Institute of Musicology, Jagiellonian University, 2003), 408 pp. [Articles from this conference are available online at <http://www.muzykologia.uj.edu.pl/conference/early_music.html>. Recasens' article is available at <http://www.muzykologia.uj.edu.pl/conference/papers/Albert%20Recasens.pdf>]

1822.   *Recepción de autores franceses de la época clásica en los siglo XVIII y XIX en España y en el extranjero*, ed. Mercedes Boixareu y Roland Desné (Madrid: UNED, 2001), 380 pp.; illus. (Abbreviated as *Recepción de autores franceses*. Articles are listed under individual authors.)

1823.   Recoules, Henri, 'Una colección facticia de sainetes, tonadillas y unipersonales: el libro núm. V. 11642 de la Biblioteca Municipal de Montpellier', *BRAE*, 56 (1976), 301–58.

1824.   Redick, P. C, *Interpretation of Leandro F. de Moratín. The Man* (Doctoral thesis, Unversity of Pittsburg, 1959) [*DAI*, XX (1959), 1793].

1825.   Regalado de Kerson, Pilar, *Don Leandro Fernández de Moratín y la polémica del teatro de su tiempo* (Doctoral thesis, Yale University, New Haven, 1965) [*DAI*, XXVII (1966), 210–A].

                                                                            YUL

1826.   Regalado de Kerson, Pilar, '*La Huerteida* de Leandro Fernández de Moratín: un reflejo de la polémica del teatro de su tiempo', in *Actas del VIII Congreso de la Asociación Internacional de Hispanistas, Brown University, Providence, 22–27 August 1983*, ed. David Kossoff, José Amor y Vázquez, Ruth H. Kossoff and Geoffrey W. Ribbans (Madrid: Istmo, 1986), 2 vols: I, lii + 727 pp.; II, 779 pp; II, 487–98.

                                                                            UCLA

1827.   Regalado de Kerson, Pilar, 'Leandro Fernández de Moratín: primer traductor de Shakespeare en castellano. Antecedentes y preliminares a su versión de *Hamlet*', *Dieciocho*, 12:1 (1989), 45–65.

1828.   Regalado de Kerson, Pilar, 'Moratín y Shakespeare: un ilustrado español ante el dramaturgo inglés', in *Actas del IX Congreso de la Asociación Internacional de Hispanistas*, ed. Sebastián Neumeister (Frankfurt: Vervuert, 1989), 2 vols: I, xx + 700 pp.; II, 749 pp.; II, 75–83.

1829.   *Reglamento general para la dirección y reforma de teatros* (1806), lxxxviii + 40 pp.

                                                                            BNM

1830.   Reig Salvá, C., 'Correspondencia bibliográfica de Moratín a Salvá', *CE*, 1 (1940), 290–92.

1831.   Revilla, José de la, *Juicio crítico de Don Leandro Fernández de Moratín como autor cómico, y comparación de su mérito con el del célebre Molière: memoria* ... (Sevilla: Hidalgo y Compañía, 1833), 176 pp.

NRLF

1832.   Revilla, José de la, *Vida artística de Isidoro Máiquez, primer actor de los teatros de Madrid* (Madrid: Medina y Navarro, [1860?]), 127 pp. [Also (Madrid: Imp. de D. M. de Burgos, 1845), 102 pp.]

UCSB

1833.   Reyes Palacios, Felipe, '*Hernán Cortés en Cholula*, comedia heroico-militar de Fermín del Rey', *Dieciocho*, 26:1 (2003), 101–14.

1834.   Reyes Peña, Mercedes de los, 'Algunas observaciones sobre un cartel de teatro del siglo XVIII', *Segismundo*, 17:37–38 (1983), 89–97.

1835.   Reyes Peña, Mercedes de los and Bolaños Donoso, Piedad, 'Una muestra de la vigencia del teatro español en Portugal durante la primera mitad del siglo XVIII', *PHi*, 1 (1986), 45–62.

1836.   Reyes Peña, Mercedes de los and Bolaños Donoso, Piedad, 'Tomás Pinto Brandão: *La comedia de comedias*, introducción, edición y notas', *Criticón*, 40 (1987), 81–159.

1837.   Reyes Peña, Mercedes de los and Bolaños Donoso, Piedad, 'Presencia de comediantes españoles en el Patio de las Arcas de Lisboa (1700–1755)', in *El escritor y la escena.   Actas del I Congreso de la Asociación Internacional de Teatro Español y Novohispano de los Siglos de Oro (18–21 de marzo de 1992)*, ed. Antonio Carreño, Isla Campbell, *et al.* (Ciudad Juárez, México: Univ. Autónoma de Ciudad Juárez, 1993), 273 pp.; illus.; 229–73.

UCSD

1838.   Reyes Peña, Mercedes de los, see also Bolaños Donoso, Piedad.

1839.   Reynolds, John J. and Szmuk, Sziliva E., *Spanish Golden Age Drama.   An Annotated Bibliography of United States Doctoral Dissertations 1899–1992, with a Supplement of Non-United States Dissertations* (New York: Modern Language Association of America, 1998), 573 pp.

1840.   Rezano Imperial, Antonio, *Desengaño de los engaños en que viven los que ven y ejecutan las comedias* (Madrid, 1768).

1841.   Rhoades, Duane, 'El unipersonal: bibliografía anotada de un olvidado género neoclásico en el teatro español', *LetP*, 1:2 (1988), 224–46.

1842.   Rhoades, Duane, 'Bibliografía anotada de un olvidado género neoclásico en el teatro hispánico: "escena sola, monólogo, soliloquio, lamentación, declamación, unipersonalidad, o llámese como quisiere" ', *RLit*, 51:101 (1989), 191–216.

1843.   Rhoades, Duane, 'The Spanish Unipersonal Plays: 1788–1835', *Gestos*, 7 (4 April 1989), 95–113.

1844.   Riccoboni, Luigi, *Réflexions historiques et critiques sur les différents théâtres de l'Europe, avec les pensées sur la Déclamation* ([Paris] Amsterdam: Aux depens de la compagnie, [1738], 1740), 273 pp. [Facsimile edition (Bologna: Forni, 1969), 273 pp.]
                                                                   BMM, UCB

1845.   Riccoboni, Luigi, *'An Historical And Critical Account of The Theatres in Europe', Illustrated with Notes by the Author and Translator* (London: Waller and Dodsley, 1741), 333 pp. [Translation of No. 1844.]
                                                                   UCSD

1846.   Riccoboni, Luigi, *De la réformation du théâtre* (Paris: n.p., 1743) xxiii + 337 pp.
                                                                   UCLA, BMM

1847.   Rick, Lilian Libby, *Jovellanos Studies, 1901–1973: A Critical Bibliography*, 334 pp. (Doctoral thesis, Michigan State University, 1973) [*DAI*, 34A (1973), 3428].

1848.   Rien, Horst, *Leandro Fernández de Moratín: Versuch einer historisch-soziologischen Analyse des autobiographischen, literaturtheoretischen und dramatischen Werks.*   Studien und Dokumente zur Geschichte der Romanischen Literaturen 9 (Frankfurt am Main/Berne: Peter Lang, 1982), 215 pp.

1849.   Ríos Carratalá, Juan A, 'García de la Huerta y el "antiespañolismo" de Gregorio Mayans', *ALE*, 1 (1982), 217–24.

1850.   Ríos Carratalá, Juan A., 'Azorín ante Leandro Fernández de Moratín', *AAz*, 1 (1983), 160–65.

1851.   Ríos Carratalá, Juan A., 'Notas sobre el teatro de Cienfuegos', *ALE*, 2 (1983), 447–55.

1852.   Ríos Carratalá, Juan A., 'J. P. Forner y V. García de la Huerta: causas de una polémica', *CIF*, 10:1–2 (1984), 105–10.

1853.   Ríos Carratalá, Juan A., 'Nuevos datos sobre el proceso de V. García de la Huerta', *ALE*, 3 (1984), 413–27.

1854.   Ríos Carratalá, Juan A., 'José Concha y la tragedia neoclásica', *Il Confronto Letterario*, 2 (1985), 111–19.

1855.   Ríos Carratalá, Juan A., 'Jovellanos ante V. García de la Huerta', *BIEA*, 39:114 (1985), 335–44.

1856.   Ríos Carratalá, Juan A., *'Lisi desdeñosa*: comedia pastoril de García de la Huerta', *REE*, 41:2 (1985), 387–92.

1857.   Ríos Carratalá, Juan A., 'La historia nacional en la tragedia neoclásica', in *La Ilustración española*, 1986 (see No. 1248), 189–96.

1858.   Ríos Carratalá, Juan A., 'Destouches en España (1700–1835)', *CTI*, 8–9 (1987), 257–68.

1859.   Ríos Carratalá, Juan A., 'González del Castillo: algo más que un autor de sainetes', *Dieciocho*, 10:2 (1987), 159–67.

1860.   Ríos Carratalá, Juan A., *Vicente García de la Huerta (1734–1787)* (Badajoz: Excma. Diputación Provincial de Badajoz, 1987), 290 pp.; illus.

                                                                    UCLA

1861.   Ríos Carratalá, Juan A., 'García de la Huerta y la polémica teatral del siglo XVIII', *REE*, 44:2 (1988), 449–63.

1862.   Ríos Carratalá, Juan A., 'La obra de José Concha destinada a los teatros particulares', in *Coloquio internacional sobre el teatro español del siglo XVIII*, 1988 (see No. 545), 351–66.

1863.   Ríos Carratalá, Juan A., 'Traducción/creación en la comedia sentimental dieciochesca', in *Imágenes de Francia en las letras hispánicas*, 1989 (see No. 1250), 229–38.

1864.   Ríos Carratalá, Juan A., 'La polémica teatral dieciochesca como esquema dinámico', in *Clásicos después de los clásicos*, 1990 (see No. 530), 65–75.

1865.   Ríos Carratalá, Juan A., 'El teatro del siglo XVIII (IV)', in *Historia de la literatura española*, dir. Víctor García de la Concha, coord. Guillermo Carnero, VII, *Siglo XVIII (II)* (Madrid: Espasa-Calpe, 1995), 836–41.

1866.   Ríos Carratalá, Juan A., 'Las obras para casas particulares de Antonio Rezano Imperial', in *Teatro español del siglo XVIII*, 1996 (see No. 2209), II, 687–705.

1867.   Ríos Carratalá, Juan A., 'Las parodias del melólogo: Samaniego frente a Iriarte', in *Risas y sonrisas*, 1999 (see No. 1869), 89–98.

1868.   Ríos Carratalá, Juan A., 'Espectáculo y comedia en Antonio Bazo', in *Un 'hombre de bien'*, 2004 (see No. 1222), II, 373–81.

1869.   *Risas y sonrisas en el teatro de los siglos XVIII y XIX*, ed. Josep Maria Sala Valldaura.   *Scriptura*, No. 15 (1999), 192 pp.; illus.; facsimiles. (Abbreviated as *Risas y sonrisas*.   Articles are listed under individual authors.)

1870.   Riva-Agüero, José de la, 'Las influencias francesas en las obras dramáticas de don Pedro de Peralta', in *Hommage à Ernest Martinenche: études hispaniques et américaines* (Paris: Éditions d'Artrey, 1939), 537 pp.

                                                                    UCLA

1871. Riva-Agüero, José de la, 'A propósito de un estudio norteamericano sobre Goldoni y su influencia en España', *Escorial*, 34 (1943), 163–83.

1872. Rivera, Guillermo, 'Beaumarchais y Clavijo', *Hispania* (USA), 20:2 (1937), 133–38.

1873. Robertson, John George, 'Italian Influence in Spain: Ignacio de Luzán', in *Studies in the Genesis of Romantic Theory in the Eighteenth Century*, ed. John George Robertson (Cambridge: Cambridge U. P., 1923), vi + 298 pp. [2nd ed. (New York: Russell & Russell, 1962), 298 pp.]

UCLA, UCB

1874. Roca y Cornet, Joaquín, *Juicio crítico de don Leandro Fernández de Moratín como autor cómico* (Barcelona: A. y F. Oliva, 1833), 58 pp.

HUL

1875. Rodrigo, Antonina, 'Las duquesas de Alba y de Benavente y "la Caramba" ', *AIEM*, 4 (1969), 241–45.

1876. Rodrigo, Antonina, *Almagro y su corral de comedias*, ilustración fotográfica por Emiliano Sánchez Moya (Ciudad Real: Instituto de Estudios Manchegos, CSIC, 1971), 107 pp.; illus.

UCLA

1877. Rodrigo, Antonina, *María Antonia 'la Caramba': el genio de la tonadilla en el Madrid goyesco*. Colección 'Los tres dados' (Madrid: Prensa Española, 1972), 342 pp.

UCLA

1878. Rodríguez, Alfred and Espinosa, Hilma, 'La edad como factor caracterizante en el don Diego de Moratín', *Dieciocho*, 4:2 (1981), 174–78.

1879. Rodríguez, Alfred and Schlumbom, Frederike, 'Gines de Pasamonte-Genesillo de Parapilla-Maese Petro: la barroca transformación del pícaro', *RF*, 102:4 (1990), 438–42.

1880. Rodríguez, Juan Carlos, ' "Estado árbitro", "escena árbitro". Notas sobre el desarrollo del teatro desde el siglo XVIII a nuestros días', in *El teatro y su crítica*, 1975 (see No. 2215), 49–108.

1881. Rodríguez, Juan Carlos, *Moratín, o El arte de hacer teatro*. Biblioteca de Ensayo 7 (Granada: Caja General de Ahorros, 1991), 541 pp. ['Con la edición facsímil de la *Vida* de Guillermo Shakespeare y la traducción de *Hamlet* de Leandro Fdez. de Moratín' (368 pp.).]

1882. Rodríguez Cáceres, Milagros, see Pedraza Jiménez, Felipe B.

1883. Rodríguez Cánovas, José, *Isidoro Máiquez* (Cartagena: Athenas, 1968), 134 pp.; illus.; portraits.

1884.   Rodríguez Cepeda, Enrique, 'Más cartas inéditas de Moratín', *ROcc*, 30 (1970), 343–52.

1885.   Rodríguez Cepeda, Enrique, 'Problemas del teatro en 1800 y un documento inédito de Isidoro Máiquez', *ROcc*, 29 (1970), 357–64.

1886.   Rodríguez Cepeda, Enrique, 'Un hispanista francés para Moratín y Huerta', *ROcc*, 37 (1972), 89–99.

1887.   Rodríguez Cuadros, Evangelina, 'Gaspar Zavala y Zamora o la imperfecta nostalgia del mito histórico', *Dieciocho*, 20:2 (1997), 163–82.

1888.   Rodríguez de la Flor, Fernando, 'El imaginario poético de la Ilustración española', *Ínsula*, 695 (2004), 5–7.

1889.   Rodríguez Morín, Felipe, 'Sobre el pretendido absolutismo de *Doña María Pacheco*, de Ignacio García Malo', in *Estudios dieciochistas*, 1995 (see No. 838), II, 277–83.

1890.   Rodríguez Sánchez de León, María José, 'Los *Principios de retórica y poética* de Francisco Sánchez Barbero (1764–1819) en el contexto de la preceptiva de su época', in *Actas del Décimo Congreso de la Asociación Internacional de Hispanistas*, 1992 (see No. 7), II, 1439–50.

1891.   Rodríguez Sánchez de León, María José, 'Sátira y parodia del teatro nacional: *La comedia nueva, El gusto del día* y *La mujer varonil* y su controvertida recepción crítica', in *Actas del IX Simposio de la Sociedad Española de Literatura General y Comparada*, 1994 (see No. 8), II, 217–23.

1892.   Rodríguez Sánchez de León, María José, 'La filosofía y el conocimiento teórico de la literatura a fines del siglo XVIII', in *El mundo hispánico en el Siglo de las Luces*, 1996 (see No. 1604), II, 1135–48.

1893.   Rodríguez Sánchez de León, María José, 'Tres intentos fracasados de publicar una revista de teatros (1795, 1802 y 1804)', in *El siglo que llaman ilustrado*, 1996 (see No. 2097), 745–54.

1894.   Rodríguez Sánchez de León, María José, *La crítica dramática en España (1789–1833)*. Anejos de *Revista de Literatura* 49 (Madrid: Instituto de la Lengua Española, CSIC, 1999), 380 pp.

1895.   Rodríguez Sánchez de León, María José, 'La industria académica en el siglo XVIII: sociabilidad y quehacer literario', *CIR*, 8 (2000), 3–19.

1896.   Rodríguez Sánchez de León, María José, 'La contribución española a la *Weltliteratur*: la canonización del teatro barroco en la crítica de la Ilustración y el Romanticismo', in *El teatro del Siglo de Oro ante los espacios de la crítica*, 2002 (see No. 2203), 237–74.

1897. Rodríguez Sánchez de León, María José, 'Poética y teatro. La teoría
       dramática en los siglos XVIII y XIX', in *Poética y teatro. La teoría
       dramática del Renacimiento a la Posmodernidad*, estudios publicados bajo
       la dirección de María José Vega, con la colaboración de Tiziana Mazzucato
       y Cesc Esteve (Barcelona: Mirabel Editorial, 2004), 472 pp.; 229–67.

1898. Rodríguez-Solís, Enrique, *Majas, manolas y chulas. Historia, tipos,
       costumbres de antaño y ogaño* (Madrid: Fernando Cao y Domingo de Val,
       1886), 217 pp.

1899. Rodríguez Suso, Mari Carmen, 'El empresario Nicolà Setaro y la ópera
       italiana en España: la trastienda de la Ilustración', *SMus*, 5:2 (1998), 247–70.

1900. Rogers, Paul Patrick, 'The Drama of Pre-Romantic Spain', *RR*, 21:4 (1930),
       315–24.

1901. Rogers, Paul Patrick, 'A Note on the Neo-Classic Controversy in Spain', *PQ*,
       10 (1931), 85–87.

1902. Rogers, Paul Patrick, *Goldoni in Spain* (Oberlin: The Academy Press,
       1941), x + 109 pp.
                                                                          UCLA

1903. Roig, Adrien, 'Inés de Castro dans le théâtre populaire espagnol et
       portugais: *teatro de cordel* et autres *folhetos*', *ACCP*, 19 (1983), 555–73.

1904. Rokiski Lázaro, G., 'Apuntes bio-bibliográficos de José María de Carnerero',
       CB, 47 (1987), 137–52.

1905. Romera Castilla, José Nicolás, 'Sobre el *Entremés de las visiones* de Bances
       Candamo', in *Teatro español a fines del siglo XVII*, 1989 (see No. 2207), II,
       527–42.

1906. Romero de Castilla, Manuel, *Comedias históricas: 'El niño inocente' de Lope
       de Vega y 'La viva imagen de Cristo' de José de Cañizares, autógrafa y
       inédita*, transcripción y estudio histórico-crítico (Madrid: n.p., 1943), 121 pp.

1907. Romero del Alamo, Manuel, *Efectos perniciosos del lujo: las cartas de D.
       Manuel Romero del Alamo al 'Memorial Literario' de Madrid (1789)*,
       estudio preliminar de Elvira Martínez Chacón, prólogo de José Luis García
       Delgado (Oviedo: Univ. de Oviedo, 1985), 1 vol. (various pagination); 17 cm.
                                                                          UCLA

1908. Romero Ferrer, Alberto, 'Un ataque a la estética de la razón: la crítica
       ilustrada frente a la tonadilla escénica: Jovellanos, Iriarte y Leandro
       Fernández de Moratín', *CIR*, 1 (1991), 105–28.

1909.   Romero Ferrer, Alberto, 'Un perfil educador del siglo ilustrado: lujo y teatro en el Cádiz del XVIII', in *De la Ilustración al Romanticismo. IV encuentro 'Carlos III: dos siglos después' (Cádiz, 7–9 de abril de 1988)*, ed. Mariano Peñalver (Cádiz: Univ. de Cádiz, 1993 [1994]), 2 vols; I, 97–106.

1910.   Romero Ferrer, Alberto, 'La retórica del Eros y la Fiesta en el discurso escénico de la Ilustración', in *Juego, fiesta y transgresión*, 1995 (see No. 645), 151–62.

1911.   Romero Ferrer, Alberto, 'Las lágrimas del héroe: hacia una nueva sensibilidad masculina en el teatro prerromántico', in *La identidad masculina en los siglos XVIII y XIX*, 1997 (see No. 646), 247–52.

1912.   Romero Ferrer, Alberto, 'Algunas notas sobre las ediciones de González de Castillo', *CIR*, 9 (2001), 135–47.

1913.   Romero Ferrer, Alberto, 'Tras el rastro de González del Castillo en la historia del teatro breve: un estado de la cuestión', *Dieciocho*, 26:2 (2003), 223–40.

1914.   Romero Ferrer, Alberto, see also Palacios Fernández, Emilio.

1915.   Romero Murube, Joaquín, 'Moratín', in his *Los cielos que perdimos* (Sevilla, Gráficos Sevillanos, 1964), 269 pp.; 69–73. [Also published in Colección Biblioteca Hispalense 18 (Sevilla: Libanó [2001]), 218 pp.]

UCSD

1916.   Romeu Palazuelos, Enrique, 'Viera y Clavijo, censor en Madrid', *AEAtl*, 29 (1983), 195–214.

1917.   Rooney, Sister St Dominique, *Realism in the Original Comedies of Leandro Fernández de Moratín* (Doctoral thesis, University of Minnesota, Minneapolis-St. Paul, 1963) [*DAI*, XXIV (1963), 2040].

1918.   Rossi, Giuseppe Carlo, 'La crítica de Calderón en el siglo XVIII', *FR*, 1 (1955), 20–66.

1919.   Rossi, Giuseppe Carlo, 'La teórica del teatro en Juan Pablo Forner', *FR*, 5 (1958), 210–22.

1920.   Rossi, Giuseppe Carlo, 'La teórica del teatro en Tomás de Iriarte', *FR*, 5 (1958), 49–62.

1921.   Rossi, Giuseppe Carlo, 'Metastasio, Goldoni, Alfieri, e i Gesuita spagnuoli in Italia', *AIUO*, 1 (1964), 71–116.

1922.   Rossi, Giuseppe Carlo, *Estudios sobre las letras en el siglo XVIII: temas españoles, temas hispano-portugueses, temas hispano-italianos*, versión española de Jesús López Pacheco.   Biblioteca Románica Hispánica 2; Estudios y Ensayos 105 (Madrid: Gredos, 1967), 336 pp. [See especially: 'Calderón en la polémica del siglo XVIII sobre los autos sacramentales', 9–40; 'Calderón en la crítica española del setecientos', 41–96, and 'La teoría del teatro en Tomás de Iriarte', 106–21.]

                                                                      UCLA, GUL

1923.   Rossi, Giuseppe Carlo, *Leandro Fernández de Moratín.   Introducción a su vida y obra*, trad. de Carlos Mazo del Castillo (Madrid: Cátedra, 1974), 150 pp.

                                                                            UCI

1924.   Rouanet, Léo, see Morel-Fatio, Alfred.

1925.   Rubio, Jerónimo, 'Algunas aportaciones a la biografía y obras de Eugenio Gerardo Lobo', *RFE*, 31 (1947), 19–85.

1926.   Rubio Jiménez, Jesús, 'El Conde de Aranda y el teatro: los bailes de máscaras en la polémica sobre la licitud del teatro', *Alazet*, 6 (1994), 175–201.

1927.   Rubio Jiménez, Jesús, *El Conde de Aranda y el teatro*.   Colección Boira 39 (Zaragoza: IberCaja, 1998), 193 pp., illus.

1928.   Rudat, Eva M. Kahiluoto, ' "Lo prerromántico": una variante neoclásica en la estética y literatura española', *Iberoromania*, 15 (1982), 47–69.

1929.   Rudat, Eva M. Kahiluoto, 'La recepción del público como enfoque teórico de la Ilustración', *Dieciocho*, 6 (1983), 5–23.

1930.   Rudat, Eva M. Kahiluoto, 'María Rosa Gálvez de Cabrera (1768–1806) y la defensa del teatro neoclásico', in *Studies for I. L. McClelland*, 1986 (see No. 2141), 238–48.

1931.   Rudat, Eva M. Kahiluoto, 'María Rosa Gálvez de Cabrera y la defensa del teatro neoclásico', in *Ilustración y Neoclasicismo, Historia y crítica de la literatura española*, 1992 (see No. 1065), 84–91.

1932.   Rueda, Ana, '*Óptica del cortejo*: panóptico para una comedia de bastidores', *Dieciocho*, 27:2 (2004), 255–76.

1933.   Ruggeri Marchetti, M., 'Obsservazioni strutturali sulla *Raquel* di Vicente García de la Huerta', *BT*, 19 (1977), 118–39.

1934.   Ruiz Álvarez, A., 'En torno a los Iriarte', *RBibD*, 5 (1951), 255–74.

1935.   Ruiz Lagos de Castro, Manuel, 'Le Théâtre français de Cadiz au XVIIIᵉ siècle', in his *Controversias en torno a la licitud de las comedias en la ciudad de Jerez de la Frontera (años 1550–1825)*. Publicaciones del Centro de Estudios Históricos Jerezanos (Jerez de la Frontera: Imprenta Jerez Industrial, 1964), 106 pp., illus.

UCLA

1936.   Ruiz Lagos de Castro, Manuel, *Ilustrados y reformadores en la Baja Andalucía* (Madrid: Editora Nacional, 1974), 358 pp; illus.

1937.   Ruiz Morcuende, Federico, 'Moratín, dibujante', *RABM*, 1 (1924), 528–30.

1938.   Ruiz Morcuende, Federico, 'Moratín, secretario de la Interpretación de Lenguas', *RABM*, 10 (1933), 273–90.

1939.   Ruiz Morcuende, Federico, 'Moratín, bibliotecario', *BBB*, 1 (1934), 52–55.

1940.   Ruiz Morcuende, Federico, *Vocabulario de don Leandro Fernández de Moratín* (Madrid: RAE, 1945), 2 vols: I, v–xxxii, 1–776; II, 777–1637.

UCLA

1941.   Ruiz Pérez, Pedro, 'Burla y castigo de Don Juan en Antonio de Zamora', *CTC*, 2 (1988), 55–64.

1942.   Ruiz Ramón, Francisco, *Historia del teatro español (desde sus orígenes hasta 1900)* (Madrid: Cátedra, 1979), 449 pp. [See Chapter 4, 'El teatro neoclásico y prerromántico'.]

UCSB

1943.   Rull Fernández, Enrique, '*El picarillo en España*, de José de Cañizares', in *La picaresca, orígenes, textos y estructura. Actas del I Congreso Internacional sobre la Picaresca*, ed. Manuel Criado de Val. Publicaciones de la Fundación Universitaria Española. Documentación Actual 8 (Madrid: Fundación Universitaria Española, 1979), 1219 pp.; facsimiles; 849–61.

1944.   Rull Fernández, Enrique, *La poesía y el teatro en el siglo XVIII (neoclasicismo)*. Historia Crítica de la Literatura Hispánica 12 (Madrid: Taurus, 1987), 153 pp.

UCB

1945.   Rumbau, Montserrat, *La Barcelona del fa 200 anys*. Col·lecció Cal Saber (Barcelona: Tibidabo Edicions, 1990), 352 pp.; illus.

UCLA

1946.   Rumeu de Armas, A[ntonio], 'Leandro Fernández de Moratín y Agustín de Betancourt. Testimonios de una entrañable amistad', *AEA*, 20 (1974), 267–304.

1947. Sabik, Kazimierz, 'Dos fiestas teatrales en el ocaso del Siglo de Oro: *La restauración de Buda* y *Duelos de ingenio y fortuna* de Francisco Bances Candamo', in *Teatro del Siglo de Oro. Homenaje a Alberto Navarro González*, 1990 (see No. 2204), 577–96.

1948. Sabik, Kazimierz, '*Por su rey y por su dama* de Francisco Bances Candamo', *CTC*, 11 (1999), 219–35.

1949. Saenz-Alonso, Mercedes, *Don Juan y el donjuanismo*. Punto Omega. Colección Universitaria de Bolsillo 89 (Madrid: Guadarrama, 1969), 330 pp.
LC

1950. Sáez Pérez, Isidro Emilio, 'Notas sobre historia del teatro en Granada', in *Estudios sobre literatura y arte dedicados al profesor Emilio Orozco Díaz*, ed. Antonio Gallego Morell, Andrés Soria y Nicolás Marín, 3 vols (Granada: Univ. de Granada, 1979), III, 239–44.

1951. Sáez Pérez, Isidro Emilio, *Aportaciones a la historia del teatro en Granada*, 900 pp. (Doctoral dissertation, Univ. de Granada, 1985), 900 pp.

1952. Sáez Pérez, Isidro Emilio, 'Un aspecto de la historia del teatro en Granada: las compañías de cómicos', *Angélica*, 3 (1992), 67–92.

1953. Sáez Pérez, Isidro Emilio, 'El teatro andaluz en el siglo XVIII: Granada', *BHi*, 94:1 (1992), 141–67.

1954. Sáinz de Robles, Federico Carlos, *El teatro español, historia y antología (desde sus orígenes hasta el siglo XIX). Estudios, retratos literarios, notas, selección y apéndices* (Madrid: Aguilar, 1942–43), 7 vols; illus.; plates; portraits; plans; facsimiles. See Vol. V: *El teatro español del siglo XVIII* (1943), 1,156 pp. [Contains chapters on 'Nicolás Fernández de Moratín (1737–1780)', 67–158; 'Vicente García de la Huerta (1734–1787)', 159–246; 'Don Ramón de la Cruz (1731–1794)', 247–588; 'Gaspar Melchor de Jovellanos (1744–1811), 589–652; 'Leandro Fernández de Moratín (1760–1828)', 653–1042; 'Manuel José de Quintana (1772–1857)', 1043–108. See also 'Apendices': I, 'Autores notables del siglo XVIII no seleccionados en la antología'; II, 'Actrices y actores famosos del teatro español durante el siglo XVIII'; III, 'Bando para el orden de los teatros'; IV, 'Diposiciones del corregidor Armona ...'; V, 'Los bandos teatrales ...'; VI, 'El teatro madrileño de los Caños del Peral'; VII, 'Moratín, censor de teatros'; VIII, 'Ingresos y gastos de un teatro madrileño en el siglo XVIII'.]
UCB, GUL

1955. Sáinz de Robles, Federico Carlos, *Los antiguos teatros de Madrid* (Madrid: Instituto de Estudios Madrileños, 1952), 47 pp.; illus. [Information on aspects of eighteenth-century theatre, especially the Teatro de la Cruz.]
UCLA, GUL

1956. Sáinz de Robles, Federico Carlos, *Torres Villarroel y el Madrid de su tiempo*. Ciclo de Conferencias sobre Madrid en el Siglo XVIII (Madrid: Ayuntamiento, Delegación de Cultura/Instituto de Estudios Madrileños del CSIC/Aula de Cultura, 1980), 34 pp.

1957. Sala, José M., 'Ramón de la Cruz entre dos fuegos: literatura y público', *CHA*, 277–78 (1973), 350–60. [Republished and expanded in *Mueca de Talía*, 1994, 67–80 (see No. 1971 below).]

1958. Sala Valldaura, Josep Maria, 'Introducción (singular y plural de Juan Ignacio González del Castillo) y edición de *El aprendiz de torero, La boda del Mundo Nuevo, La casa de vecindad (segunda parte)* y *El desafío de la Vicenta*', *EE*, 19 (1975), 103–83.

1959. Sala Valldaura, Josep Maria, *Juan Ignacio González del Castillo*, 3 vols. (Doctoral thesis, Universidad de Barcelona, 1979).

1960. Sala Valldaura, Josep Maria, 'Recursos cómicos no lingüísticos en González del Castillo', *Scriptura*, 3 (1987), 58–76.

1961. Sala Valldaura, Josep Maria, 'Por una morfología tipológica del sainete (a partir de González del Castillo)', *CILH*, 9 (1988), 53–61.

1962. Sala Valldaura, Josep Maria, '*Haníbal*, de González del Castillo en los inicios del melólogo', *AF*, 14, secció F, 2 (1991), 49–76.

1963. Sala Valldaura, Josep Maria, 'Por los pasos del entremés al sainete', *Caligrama*, IV (1991), 51–58. [Republished and expanded in *Mueca de Talía*, 1994, 21–39 (see No. 1971 below).]

1964. Sala Valldaura, Josep Maria, 'Bases y tópicos morales de los sainetes de Ramón de la Cruz', *ALE*, 8 (1992), 157–74.

1965. Sala Valldaura, Josep Maria, 'El payo y la ciudad en los sainetes de Ramón de la Cruz y González del Castillo', *CIR*, 3 (1992), 115–33.

1966. Sala Valldaura, Josep Maria, 'Tradición y contexto: el sainete de finales del siglo XVIII', *NRFH*, 41:2 (1993), No. 2, 459–70.

1967. Sala Valldaura, Josep Maria, 'La conquista de América en la tragedia neoclásica española', in *Actas del XXIX Congreso del Instituto Internacional de Literatura Iberoamericana. Barcelona, 15–19 de junio de 1992*, ed. Joaquín Marco (Barcelona: PPU, 1994), 4 vols; II, 85–106.

1968. Sala Valldaura, Josep Maria, 'La felicidad social como virtud en la tragedia neoclásica', *Castilla*, 19 (1994), 171–86.

1969. Sala Valldaura, Josep Maria, 'Ramón de la Cruz, crítico de sí mismo: el prólogo de 1786', *Ínsula*, 574 (1994), 5–7.

1970.   Sala Valldaura, Josep Maria, 'Ramón de la Cruz y el sainete', *Ínsula*, 574 (1994), 2–3.

1971.   Sala Valldaura, Josep Maria, *El sainete en la segunda mitad del siglo XVIII: la Mueca de Talía*. Ensayos/Scriptura 3 (Lleida: Edicions de la Univ. de Lleida, 1994), 199 pp.

1972.   Sala Valldaura, Josep Maria, '*Lucrecia*, la primera tragedia de Nicolás Fernández de Moratín', in *Estudios dieciochistas*, 1995 (see No. 838), II, 295–305.

1973.   Sala Valldaura, Josep Maria, 'El papel del abate en Ramón de la Cruz', in *Teatro español del siglo XVIII*, 1996 (see No. 2209), II, 707–34.

1974.   Sala Valldaura, Josep Maria, 'La pervivencia del teatro barroco: músicos, amo y criado, y el amor por el retrato, de Santiago Garro', in *El siglo que llaman ilustrado*, 1996 (see No. 2097), 773–80.

1975.   Sala Valldaura, Josep Maria, *Los sainetes de González del Castillo en el Cádiz de finales del siglo XVIII* (Cádiz: Fundación Municipal de Cultura del Excmo Ayuntamiento de Cádiz, Cátedra 'Adolfo de Castro', [1996?]), 281 pp.   [Originally presented as the author's Doctoral thesis (see above No. 1959).]

1976.   Sala Valldaura, Josep Maria, 'Las voces de *Manolo*, de Ramón de la Cruz', in *El mundo hispánico en el Siglo de las Luces*, 1996 (see No. 1604), II, 1163–79.

1977.   Sala Valldaura, Josep Maria, 'El majismo andaluz en los sainetes de González del Castillo', in *Al margen de la Ilustración*, 1998 (see No. 56), 145–68.

1978.   Sala Valldaura, Josep Maria, *Cartellera del teatre de Barcelona: 1790–1799*.   Textos i Estudis de Cultura Catalana 67 (Barcelona: Curial Edicions Catalanes/Publicacions de l'Abadia de Montserrat, 1999), 222 pp.

1979.   Sala Valldaura, Josep Maria, 'Talía juguetona o el teatro de Torres Villarroel', *RLit*, 61:122 (1999), 427–48.

1980.   Sala Valldaura, Josep Maria, 'Traducciones del francés en el teatro de Barcelona (1790–1799)', in *La traducción en España (1750–1830)*, 1999 (see No. 2249), 387–96.

1981.   Sala Valldaura, Josep Maria, 'Preceptiva, crítica y teatro: Lope de Vega en el siglo XVIII', *ALV*, 6 (2000), 163–94.

1982.   Sala Valldaura, Josep Maria, *El teatro en Barcelona entre la Ilustración y el Romanticismo, o Las musas de guardilla*, prefacio de René Andioc. Colección Hispania 12   (Lleida: Editorial Milenio, 2000), 278 pp.

1983.   Sala Valldaura, Josep Maria, 'Los afectos sociales y domésticos en el teatro de Leandro Fernández de Moratín: el beso de doña Francisca y Rita', in *Historia social y literatura: familia y clases populares en España (siglos XVIII–XIX). Primer Coloquio Internacional Acción Integrada Francoespañola, Université Jean Monnet, Saint-Étienne, septiembre de 2000*, ed. Roberto Fernández y Jacques Soubeyroux (Lleida: Editorial Milenio/Saint-Étienne: Univ. de Jean Monnet, 2001), 113–30.

1984.   Sala Valldaura, Josep Maria, 'La mentalidad burguesa en las primeras comedias neoclásicas: Nicolás Fernández de Moratín y Tomás de Iriarte', in *Historia social y literatura*, 2003 (see No. 1221), II, 109–26.

1985.   Sala Valldaura, Josep Maria, 'Ramón de la Cruz y el teatro breve', in *HTE, Siglo XVIII*, 2003 (see No. 1218), 1653–86.

1986.   Sala Valldaura, Josep Maria, 'Juan de Agramont y Toledo en el teatro breve del siglo XVIII', *Dieciocho*, 27:1 (2004), 75–88.

1987.   Salvá y Pérez, Vicente, *Catálogo de la Biblioteca de Salvá, escrito por D. Pedro Salvá y Mallén, y enriquecido con la descripción de otras muchas obras, de sus ediciones* (Valencia: Impr. de Ferrer y Orga, 1872), 2 vols; illus.; facsimiles.

1988.   Samaniego, Félix María de, 'Article sur le théâtre', *El Censor*, L (1781), No. 92.   [Letter relating to the theatre, reprinted in *Obras críticas de D. F. M. Samaniego*, ed. Julian Apraiz (Bilbao: Cardenal, 1898), 196 pp.; 81–102.]

1989.   San José, Diego, *La Mariblanca. Narración novelesca que trata de la vida y milagros de una comedianta del siglo XVIII*, prólogo de José Francés (Madrid: Ediciones Mateo, 1917), xv + 155 pp.

1990.   San José, Diego, *El Madrid de Goya: tipos, costumbres, escenas y momentos históricos de los tiempos en que vino a Madrid desde terreno aragonés el gran pintor de las majas* (Madrid: Renacimiento, 1928), 240 pp.; illus.
                                                                                    TXA

1991.   San Vicente, Ángel, 'Acto sacramental y dichos de un dance del siglo XVIII en la paraliturgia de Nuestra Señora de la Sierra del lugar de Herrera', *CAr*, 18–19 (1985), 305–53.

1992.   Sánchez, Francisco, 'La teatralidad como estructura cultural en Jovellanos', *Dieciocho*, 19:2 (1996), No. 2, 285–300.

1993.   Sánchez, Roberto G., '*El sí de las niñas* o la modernidad disimulada', *Ínsula*, 432 (1982), 3–4.

1994.   Sánchez Agesta, Luis, 'Moratín y el pensamiento político del despotismo ilustrado', *RUM*, 9:35 (1960), 567–89.   [Republished in *Moratín y la sociedad española de su tiempo*, 1961 (see No. 1591).]

1995. Sánchez Barbero, Francisco, *Principios de retórica y poética* (Madrid: Imp. de la Administración del Real Arbitrio de Beneficencia, 1805), xvi + 312 pp.
BNM, UCSB

1996. Sánchez Belén, Juan Antonio, 'La educación del príncipe en el teatro de Bances Candamo: *El esclavo en grillos de oro*', *RLit*, 49:97 (1987), 73–94.

1997. Sánchez Blanco, Francisco, 'Política y moral en la tragedia ilustrada: *Los Teseides, o el Codro* de Cándido María Trigueros', *RLit*, 48 (1986), 35–49.

1998. Sánchez Cantón, Francisco Javier, 'Moratín, Josefino, en la Interpretación de Lenguas', *CE*, 4 (1946), 122.

1999. Sánchez Diana, J., 'Moratín afrancesado', *LD*, 6 (1976), 69–89.

2000. Sánchez García, Luis Enrique, 'Iglesia y teatro en Córdoba a finales del siglo XVIII', *BRAC*, 52:103 (1982), 167–92.

2001. Sánchez Mariana, Manuel, 'Documentos para la historia del teatro español en la Sección de Manuscritos de la Biblioteca Nacional', in *Homenaje a Luis Morales Oliver*, 1986 (see No. 1225), 123–35.

2002. Sánchez Mariana, Manuel, 'Los manuscritos de Leandro Fernández de Moratín en la Biblioteca Nacional', in *Homenaje a don Pedro Sáinz Rodríguez*, 1986 (see No. 1223).

2003. Sánchez Mariana, Manuel, 'Documentos sobre actores y teatros en la Sección de Manuscritos de la Biblioteca Nacional', in *El mundo del teatro español en su Siglo de Oro: ensayos dedicados a John E. Varey*, ed. J. M. Ruano de la Haza. Ottawa Hispanic Studies 3 (Ottawa: Dovehouse Editions Canada, 1989), 466 pp.; 409–35. [Lists items dealing with the eighteenth century as well as the Golden Age.]

2004. Sánchez Mariana, Manuel, 'Repertorios manuscritos de obras dramáticas conservados en la Biblioteca Nacional', in *Estudios sobre Calderón y el teatro de la Edad de Oro. Homenaje a Kurt y Roswitha Reichenberger*, ed. Francisco Mundi Pedret, Alberto Porqueras-Mayo y José Carlos de Torres. Colección Ediciones y Estudios 9 (Barcelona: PPU, 1989), 517 pp.; illus.; 233–58.

2005. Sánchez Mariana, Manuel, 'Vicente García de la Huerta', in *Siete siglos de autores españoles*, 1991 (see No. 2096), 207–09.

2006. Sánchez Rivero, Ángela Mariutti de, 'Il drammaturgo del settecento', in *Quatro spagnoli in Venezia* (Venezia: F. Ongania, [1957]), 318 pp; illus.; 17–51. [Extracts from the writings of Leandro Fernández de Moratín, Pedro Antonio de Alarcón, Ángel Sánchez Rivero and Mariano Fortuny, translated and edited by Mariutti de Sánchez Rivero]
NRLF

2007. Sánchez Rivero, Ángela Mariutti de, 'Un ejemplo de intercambio cultural hispano-italiano en el siglo XVIII: Leandro Fernández de Moratín y Pietro Napoli Signorelli', *RUM*, 9:35 (1960), 763–808. [Republished in *Moratín y la sociedad española de su tiempo*, 1961 (see No. 1591).]

2008. Sánchez Rivero, Ángela Mariutti de, 'Fortuna di Goldoni in Spagna nel settecento', in *Studi Goldoniani*, 1960 (see No. 230), II, 315–38.

2009. Sánchez Romero, Gregorio, *El teatro, una manifestación cultural centenaria en Caravaca de la Cruz (Murcia) (s. XVI–XX)* (Caravaca de la Cruz: Concejalía de Cultura y Educación, 1986), 32 pp.

2010. Sanchís y Sivera, José, *La catedral de Valencia, guía histórica y artística* (Valencia: Impr. de F. Vives Mora, 1909), xiv + 592 pp.; illus.; 65 plates. [Section titled: 'Sobre los espectáculos representados en la catedral de Valencia'.]

                                                                                    UCLA

2011. Sanchiz Guarner, Manuel, *Un resumen de la historia del teatro en Valencia* (Valencia: Gráfica Soler, 1963), 24 pp.

                                                                                    BNM

2012. Santorno, Paola, 'La crítica gionalística (1750–1850)', in *Teatro di magia*, 1983 (see No. 2206), 206–35.

2013. Santullano, Luis, *Jovellanos, siglo XVIII*.   Biblioteca de la Cultura Española 14 (Madrid: Aguilar, [1936?]), 263 pp.; illus. [Chapters include: 'Jovellanos: su vida'; 'Sus obras'; 'Su ideario'; 'Bibliografía–Antología'.]

2014. Santullano, Luis, *Teatro y poesia del siglo XVIII* (Mexico: Editorial Orion, 1957), 262 pp.

                                                                                    UCSB

2015. Sanz Ballesteros, Juan see Coso Marín, Miguel Ángel.

2016. Sanz Salvador, Ramiro, 'Estructura de *La gran comedia nueva Nuestra Señora del Mar y conquista de Almería*', *BIEAlm*, 1 (1984), 183–203.

2017. Sanz Sanz, Virginia, see León Tello, Francisco José.

2018. Sarmiento, Martín, *Memorias para la historia de la poesía y poetas españoles dadas a luz por el Monasterio de S. Martín de Madrid* (Madrid: Joachin Ibarra, Impresor de Cámara de Su Magestad, 1775), xxviii + 429 pp.; illus. [2nd ed.: Colección Hórreo 12 (Buenos Aires: Emece [c.1942]), 288 pp.; illus.] [Facsimile ed.: *Dieciocho*, Special Issue, 11:2 (1988). Reproduces the text of the Madrid 1775 edition.]

                                                                                    BN, UCSD

2019. Sarrailh, Jean, 'Note sur *Le Café* de Moratín', *BHi*, 36:1 (1934), 197–99.

2020. Sarrailh, Jean, 'À propos du *Delincuente honrado* de Jovellanos', in *Mélanges d'études portuguaises offerts à M. Georges le Gentil,* ed. Orlando Ribeiro (Lisboa: Instituto para a Alta Cultura, 1949), 351 pp., 337–51.

2021. Sarrailh, Jean, *L'Espagne éclairée de la second moitié du XVIIIe siécle* (Paris: Imprim. Nationale, 1954), vi + 779 pp. [2nd ed. (Paris: Librairie C. Klincksieck, 1964).] [Spanish translation: *La España Ilustrada de la segunda mitad del siglo XVIII,* trad. Antonio Alatorre (México: Fondo de Cultura Económica, 1957 [2nd ed. 1979]), 784 pp.; illus.]

UCLA

2022. Saura, Alfonso, 'Luzán y la *comédie larmoyante*', in *Congreso Internacional sobre 'El conde de Aranda y su tiempo', organizado por la Sección de Historia y Ciencias Historiográficas de la Institución 'Fernando el Católico' y la Universidad de Zaragoza, se celebró en el Paraninfo de dicha universidad durante los días 1 al 5 de diciembre de 1998,* ed. José A. Ferrer Benimeli (Zaragoza: Institución Fernando el Católico, 2000), 2 vols; illus. 777–89.

2023. Saurín de la Iglesia, María Rosa, *Reforma y reacción en la Galicia del siglo XVIII (1764–1798)* (La Coruña: La Voz de Galicia, 1983), 272 pp.

2024. Saz, Agustín del, 'Moratín y su época', *RABM,* 5 (1928), 411–16.

2025. Saz, Agustín del, *Figuras granadinas del siglo XVIII. José Vicente Alonso Montejo (1777–1841)* (Madrid: Compañía Ibero-Americana de Publicaciones, [1930]), 128 pp.

2026. Saz, Agustín del, 'La madurez de la tragedia neoclásica. Don Nicolás Fernández de Moratín. Su obra teatral', in *Historia general de las literaturas hispánicas,* 1956 (see No. 1219), IV, 124–32.

2027. Saz, Agustín del, 'La tragedia y la comedia neoclásicas', in *Historia general de las literaturas hispánicas,* 1956 (see No. 1219), IV, 111–65.

2028. *La scena e la storia. Studi sul teatro spagnuolo,* ed. Maria Teresa Cattaneo. Quaderni di Acme 28 (Bologna: Cisalpino, Istituto Editoriale Universitario, 1997), 246 pp.; illus. (Abbreviated as *La scena e la storia.* Articles are listed under individual authors.)

GUL

2029. Schack, Adolf Friedrich von, *Geschichte der dramatischen Literatur und Kunst in Spanien* (Berlin: Duncker & Humblot, 1845–1846), 3 vols; II, viii + 205 pp. [2nd enlarged ed. (Frankfurt am Main: J. Baer, 1854), 3 vols.]

UCLA

2030. Schack, Adolf Friedrich von, *Historia de la literatura y del arte dramático en España*, trans. Eduardo de Mier. Colección de Escritores Castellanos. (Madrid: M. Tello, 1885–1887), 5 vols: I, 490 pp.; II, 471 pp.; III, 500 pp.; IV, 494 pp.; V, 434 pp.; frontispiece. [Spanish translation of German original (see No. 2029)]

UCB

2031. Schaeffer, Adolf, *Geschichte des spanischen Nationaldramas* (Leipzig: Brockhaus, 1890), 2 vols.

2032. Schinasi, Michael, 'The Theater Repression in Córdoba, 1694–1834', *Dieciocho*, 18:2 (1995), 157–71.

2033. Schlumbom, Frederike, see Rodríguez, Alfred.

2034. Schmitt, Thomas, 'El problema del "estilo español" en la música instrumental española', in *Teatro y música en España*, 1996 (see No. 2214), 207–17.

2035. Schneider, Franz, 'Kotzebue en España. Apuntes bibliográficos e históricos', *MP*, 25 (1926), 179–94.

2036. Schulz-Buschhaus, Ulrich, 'Leandro Fernández de Moratín: *La comedia nueva*', in *Das spanische Theater*, 1988 (see No. 2129), 228–40.

2037. Schurlknight, Donald E., 'La *Raquel* de Huerta y su "sistema particular" ', *BHi*, 83:1–2 (1981), 65–78.

2038. Schurlknight, Donald E., 'El universo mecánico y una paradoja central: la *Raquel* de Huerta', *BCESD*, 9 (1981), 43–54.

2039. Scossa-Baggi Moral, Silvia, 'El teatro de Dionisio Solís' (Memoria de Licenciatura, Universidad Complutense de Madrid, 1982).

2040. *Se hicieron literatos para ser políticos: cultura y política en la España de Carlos IV y Fernando VII*, ed. Joaquín Álvarez Barrientos. Colección Historia Biblioteca Nueva (Madrid: Biblioteca Nueva, 2004), 382 pp. (Abbreviated as *Se hicieron literatos para ser políticos*. Articles are listed under individual authors.)

2041. Sebastián y Latre, Tomás, *Ensayo sobre el teatro español* (Zaragoza: Impr. del Rey Nuestro Señor, 1772), 292 pp.; illus. [Microfiche edition of MS V-B-16 of the Biblioteca del Centro de Estudios del Siglo XVIII, Oviedo (Oviedo: Pentalfa, 1989).]

BMM, UCSD

2042. Sebastián y Latre, Tomás, *Relación histórica de los sucesos ocurridos en Zaragoza con motivo del incendio de su coliseo en la noche del doce de noviembre de 1778* (Zaragoza: Imp. Francisco Moreno, 1779). [Includes plan of the Coliseo.]

2043. Sebold, Russell P., 'Torres Villarroel y las vanidades del mundo', *Archivum*, 7 (1957), 115–46.

2044. Sebold, Russell P., *Tomás de Iriarte, poeta de 'rapto racional'*. Cuadernos de la Cátedra Feijoo 11 (Oviedo: Facultad de Filosofía y Letras, Univ. de Oviedo, 1961), 67 pp.

2045. Sebold, Russell P., 'Contra los mitos antineoclásicos españoles, *PSA*, 103 (1964), 83–114. [Reproduced in his *El rapto de la mente*, 1970 (see No. 2047), 77–97.]

2046. Sebold, Russell P., 'A Statistical Analysis of the Origins and Nature of Luzán's Ideas on Poetry', *HR*, 35:3 (1967), 227–51. [See also No. 2047.]

2047. Sebold, Russell P., 'Análisis estadístico de las ideas poéticas de Luzán: sus orígenes y su naturaleza', in his *El rapto de la mente* (Madrid: Prensa Española, 1970), 268 pp.; 57–97.

2048. Sebold, Russell P., 'Neoclasicismo y creación en la *Raquel* de García de la Huerta', in his *El rapto de la mente*, 1970 (see No. 2047), 235–54.

2049. Sebold, Russell P., *Coronel Don José Cadalso*. Twayne's World Authors Series 143 (New York: Twayne Publishers, 1971), 187 pp.

2050. Sebold, Russell P., 'El incesto, el suicidio y el primer romanticismo español', *HR*, 41:4 (1973), 669–92.

2051. Sebold, Russell P., *Cadalso: el primer romántico europeo de España* (Madrid: Gredos, 1974), 294 pp.

2052. Sebold, Russell P., 'Historia clínica de Clara: *La mojigata* de Moratín', in *Estudios ofrecidos a Emilio Alarcos Llorach*, 1978 (see No. 839), II, 447–68.

2053. Sebold, Russell P., 'Autobiografía y realismo en *El sí de las niñas*', in *Coloquio Internacional sobre Leandro Fernández de Moratín*, 1980 (see No. 547), 213–27. [See also No. 2054.]

2054. Sebold, Russell P., 'Autobiografía y realismo en *El sí de las niñas* de Moratín', *CILH*, 4 (1982), 255–68.

2055. Sebold, Russell P., *Descubrimiento y fronteras del Neoclasicismo español* (Madrid: Fundación Juan March/Madrid: Cátedra, 1984), 121 pp. [Publication originating from 4 lectures delivered at the Fundación Juan March, Madrid, November 1984.]

2056. Sebold, Russell P., 'Jovellanos, dramaturgo romántico', *ALE*, 4 (1985), 415–37.

2057. Sebold, Russell P., 'Connaturalización y creación en el *Agamenón vengado* de García de la Huerta', *REE*, 44:2 (1988), 465–90.

2058. Sebold, Russell P., 'Jovellanos, dramaturgo romántico', in *Ilustración y Neoclasicismo, Historia y crítica de la literatura española*, 1992 (see No. 1065), 180–89.

2059. Sebold, Russell P., 'La otra tragedia original de Huerta', in *Ilustración y Neoclasicismo, Historia y crítica de la literatura española*, 1992 (see No. 1065), 152–57.

2060. Sebold, Russell P., '*El sí de las niñas*: realidad y ficción realista', in *Ilustración y Neoclasicismo, Historia y crítica de la literatura española*, 1992 (see No. 1065), 212–22.

2061. Sebold, Russell P., 'Entre siglos: barroquismo y neoclasicismo', *Dieciocho*, 16:1–2 (1993), 131–48.

2062. Sebold, Russell P., 'Cadalso en los grillos de su escritura', *Dieciocho*, 19:2 (1996), 263–74.

2063. Sebold, Russell P., 'La génesis del drama romántico: *La condesa de Castilla*, de Cienfuegos', in *Homenaje a John H. R. Polt*, 1999 (see No. 1224), 265–80.

2064. Sebold, Russell P. see Gies, David T.

2065. *II Simposio sobre el P. Feijoo y su siglo: ponencias y comunicaciones* (Oviedo: Centro de Estudios del Siglo XVIII, 1981–1983), 2 vols: I (1983), 471 pp.; II (1983), 600 pp.; II, 477–82. (Abbreviated as *Simposio sobre el P. Feijoo y su siglo*. Articles are listed under individual authors.)

2066. Segura Covarsi, Enrique, 'La *Raquel* de García de la Huerta', *REE*, 7 (1951), 197–234.

2067. Selimov, Alexander R., 'El honor, el amor y la inmortal hazaña del "Ínclito Pelayo" en tres tragedias neoclásicas', *Dieciocho*, 23:2 (2000), 233–48.

2068. *Semana de Teatro Español: 'El teatro del siglo XVIII'. Madrid, Escuela Superior de Canto, 2–5 de octubre de 1985* (Madrid: Festival de Otoño [1988]), 156 pp.

2069. Sempere y Guarinos, Juan, *Reflexiones sobre el buen gusto en las ciencias y en las artes [Traducción libre de los que escribió en italiano Luis Antonio Muratori, con un discurso sobre el gusto actual de los españoles en la literatura por Don Juan Sempere y Guarinos]* (Madrid: Imprenta de Antonio de Sancha, 1782), 296 pp.

UCB

2070. Sempere y Guarinos, Juan, *Ensayo de una biblioteca española de los mejores escritores del reinado de Carlos III* (Madrid: Imprenta Real, 1785–1789), 6 vols. [Facsimile reprint this edition: Biblioteca Románica Hispánica 9. Facsímiles (Madrid: Editorial Gredos, 1969), 6 vols.]

BNM, PUL, UCB

2071. Sempere y Guarinos, Juan, 'Ramón de la Cruz', *Ensayo*, 2 (1785), 232–38.

2072. Sempere y Guarinos, Juan, 'Vicente García de la Huerta', *Ensayo*, 3 (1786), 102–22.

2073. Sempere y Guarinos, Juan, 'J. M. Nifo', *Ensayo*, 4 (1787), 145–48.

2074. Sempere y Guarinos, Juan, 'Leandro Fernández de Moratín', *Ensayo*, 4 (1787), 130–34

2075. Sempere y Guarinos, Juan, 'Nicolás Fernández de Moratín', *Ensayo*, 4 (1787), 121–30.

2076. Sempere y Guarinos, Juan, 'Tomás de Yriarte', *Ensayo*, 6 (1789), 190–223.

2077. Sempere y Guarinos, Juan, *Los ornatos públicos de Madrid en la coronación de Carlos IV*, reproducción facsímil, intro. de Antonio Bonet Correa (Barcelona: G. Gili, 1983), 96 pp.; illus.; 11 plates. [Originally published as *Descripción de los ornatos públicos ...* (Madrid: Imprenta Real, 1789), 60 pp., illus.]

UCSB, UCB

2078. Sender, Ramón, 'Three Centuries of Don Juan', *BA*, 23:3 (1949), 227–32.

2079. Sepúlveda, Enrique, *El Teatro del Príncipe Alfonso. Historia de este coliseo* (Madrid: R Velasco, 1892), 38 pp.

2080. Sepúlveda, Ricardo, *Madrid viejo: crónicas, avisos, costumbres, leyendas y descripciones de la villa y corte en los siglos pasados*, con un prólogo de Pérez de Guzmán (Madrid: Librería de Fernando Fe, 1887), 414 pp.; illus.

SRLF

2081. Sepúlveda, Ricardo, *El corral de la Pacheca: apuntes para la historia del teatro español*, con un prólogo de Julio Monreal (Madrid: Librería de Fernando Fe, 1888), xxii + 667 pp.; illus. [Facsimile edition: (Madrid: Asociación de Libreros de Lance de Madrid, 1993).]

SRLF

2082. Sepúlveda, Ricardo, 'Moratín, censor de comedias', in his *El corral de la Pacheca*, 1888 (see No. 2081) chapter XIII.

SRLF

2083. Sepúlveda, Ricardo, *Antigualles: crónicas, descripciones y costumbres españolas en los siglos pasados*, con una carta de Ángel Áviles, prólogo de Jacinto Octavio Picón, post-scriptum de Vicente Colorado (Madrid: Librería de Fernando Fe, 1898), 394 pp.; illus.

SRLF

2084.   Serís, Homero, *Manual de bibliografía de la literatura española*. Syracuse University, Publicaciones del Centro de Estudios Hispánicos 2 (Syracuse, NY: Centro de Estudios Hispánicos, 1948), 2 vols: I, xliv + 422 pp.; II, xiii + 1086.
                                                                                    UCLA

2085.   Serra Campins, Antoni, *El teatre burlesc mallorqui, 1701–1850*. Textos i Estudis   de   Cultura   Catalana   15   (Barcelona: Curial   Edicions Catalanes/Publicacions de l'Abadia de Montserrat, 1987), 248 pp.

2086.   Serrano, E., 'El Madrid musical de don Ramón de la Cruz', *VM*, 37 (1973), 24–28.

2087.   Serrano, Montserrat, 'De *Le bourgeois gentilhomme* a *El labrador gentilhombre*: un eco molieresco en la corte española', in *Teatro y traducción*, 1995 (see No. 2216), 299–309.

2088.   Serrano y Sanz, [Manuel], 'El Consejo de Castilla y la censura de libros en el siglo XVIII', *RABM*, 14–15 (1906) and 16–17 (1907).

2089.   Shaw, Donald L., 'Dramatic Technique and Tragic Effect in García de la Huerta's *Raquel*', in *Studies for I. L. McClelland*, 1986 (see No. 2141), 249–58.

2090.   Shaw, Donald L., '*Ataulfo*: Rivas's First Drama', *HR*, 56:2 (1988), 231–42.

2091.   Shaw, Donald L., 'Montiano's *Athaulpho*', in *The Eighteenth Century in Spain*, 1991 (see No. 803), 153–61.

2092.   Shergold, Norman D., *Los corrales de comedias de Madrid: 1632–1745, reparaciones y obras nuevas. Estudio y documentos*. Colección Támesis. Serie C, Fuentes para la Historia del Teatro en España 10 (London: Tamesis, 1989), 335 pp.; illus.
                                                                                    UCLA

2093.   Shergold, Norman D. and Varey, John E., 'Datos históricos de los primeros teatros de Madrid: contratos de arriendo, 1641–1719', *BBMP*, 39:1–3 (1963), 95–179.

2094.   Shergold, Norman D. and Varey, John E., con la colaboración de Charles Davis, *Teatros y comedias en Madrid: 1699–1719. Estudio y documentos*. Colección Támesis.   Serie C, Fuentes para la Historia del Teatro en España 11 (London: Tamesis, 1986), 222 pp.
                                                                                    UCLA

2095.   Shergold, Norman D., see also Varey, John E.

2096.   *Siete siglos de autores españoles*, ed. Kurt Reichenberger and Theo Reichenberger.   Problemata Literaria 7 (Kassel: Reichenberger, 1991), vi + 362 pp.   (Abbreviated as *Siete siglos de autores españoles*. Articles are listed under individual authors.)
                                                                                    LC, YUL, HUL, PUL

2097. *El siglo que llaman ilustrado. Homenaje a Francisco Aguilar Piñal*, ed. Joaquín Álvarez Barrientos and José Checa Beltrán (Madrid: CSIC, 1996), 893 pp.; illus. (Abbreviated as *El siglo que llaman ilustrado*. Articles are listed under individual authors.)

GUL, HUL

2098. Silván, L., 'Noticia biográfica de don Joaquín de Eguía y Aguirre, tercer Marqués de Narros, Secretario perpetuo de la Real Sociedad Vascongada', *BRSV*, 23 (1967), 369–404.

2099. Silvela, Manuel, 'Vida de D. Leandro Fernández de Moratín', in his *Obras póstumas de don Leandro Fernández de Moratín* (Madrid: M. Rivadeneyra, 1867), 3 vols: I, 587 pp.; II, 496 pp.; III, 424 pp.; I, 1–58.

UCLA

2100. Silvela, Manuel, 'Reseña analítica de las obras poéticas de don Leandro Fernández de Moratín', *RE*, 4 (1868), 23–53.

2101. Silvela, Manuel, 'De la influencia ejercida en el idioma y en el teatro español por la escuela clásica que floreció desde mediados del postrer siglo', in *Discursos leídos ante la Real Academia Española en la recepción pública de don Manuel Silvela* (Madrid: Impr. de M. Rivadeneyra, 1871), 108 pp.; 55–108.

UCLA

2102. Silvela, Manuel, 'Disertación acerca de la influencia ejercida en el idioma y en el teatro por la escuela clásica que floreció desde mediados del siglo pasado', *AyL* (1890), 483–536.

2103. Simón Díaz, José, 'Un catedrático español: D. Santos Díez González', *Guía*, 204 (7 de diciembre de 1944), 2–5.

2104. Simón Díaz, José, 'Censura anónima de *El Manolo*', *RBibN*, 5 (1944), 470.

2105. Simón Díaz, José, 'Documentos referentes a literatos españoles del siglo XVIII', *RBibN*, 5 (1944), 457–88.

2106. Simón Díaz, José, 'Documentos sobre Comella', *RBibN*, 5 (1944), 467–70.

2107. Simón Díaz, José, 'Documentos sobre Forner', *RBibN*, 5 (1944), 472–75.

2108. Simón Díaz, José, 'Documentos sobre Iriarte', *RBibN*, 5 (1944), 477–78.

2109. Simón Díaz, José, 'Don Nicolás Fernández de Moratín, opositor a cátedras', *RFE*, 28 (1944), 154–76.

2110. Simón Díaz, José, 'Nuevos datos acerca de Nicasio Álvarez de Cienfuegos', *RBibN*, 5 (1944), 263–84.

2111.   Simón Díaz, José, 'Bibliografía de Nicasio Álvarez de Cienfuegos', *BH*, 4 (1946), 35–44.

2112.   Simón Díaz, José, 'Don Ramón de la Cruz y las ediciones fraudulentas', *RBibN*, 7 (1946), 712–22.

2113.   Simón Díaz, José, 'Los últimos trabajos de Forner', *RBibN*, 7 (1946), 376–78.

2114.   Simón Díaz, José, 'Dos censuras de García de la Huerta', *ADEE*, 1ª Serie (1947), 7–8.

2115.   Simón Díaz, José, 'Bibliografía de Ignacio de Luzán', *BH*, 7 (1948).

2116.   Simón Díaz, José, *Manual de bibliografía de la literatura española* (Barcelona: Editorial Gustavo Gili, 1963), vii + 603 pp. [2nd ed. (Barcelona: Editorial Gustavo Gili, 1972), vii + 606 pp., 102 additions.]   [3rd ed. (Madrid: Gredos, 1980), 1,156 pp.]

UCLA, PUM

2117.   Simón Díaz, José, 'El madrileñismo de Don Nicolás Fernández de Moratín', *RLit*, 42:84 (1980), 261–72.

2118.   Simón Palmer, María del Carmen, *Manuscritos dramáticos de los siglos XVIII–XX de la Biblioteca del Instituto de Teatro de Barcelona.*   Cuadernos Bibliográficos 39 (Madrid: CSIC, 1979), vii + 248 pp.

CAMBRIDGE, GUL

2119.   Sirera, Josep Lluís, *Passat, present i futur del teatre valencià* (Valencia: Institució Alfonso el Magnànim, 1981), 94 pp.; illus.; facsimiles.

BNM, BL

2120.   Sirera, Josep Lluís, *El Teatre Principal de València.   Aproximació a la seva història.*   Institució Valenciana d'Estudis i Investigació: Col·lecció Politècnica 26 (Valencia: Institució Alfons el Magnànim, 1986), 412 pp.; illus.

BNM

2121.   Sirera, Josep Lluís, 'Del sainet valencià i els seus límits', *L'Aiguadolç*, 19–20 (1994), 35–42.

2122.   Sito Alba, Manuel, 'Mimemas en la gran comedia *El esclavo en grillos de oro* de Bances Candamo', in *Teatro español a fines del siglo XVII*, 1989 (see No. 2207), II, 233–44.

2123.   Smith, Gilbert, *Juan Pablo Forner.*   Twayne's World Authors Series 377 (Boston: Twayne Publishers, 1976), 163 pp.

UCLA

2124.   Sommer-Mathis, Andrea, 'Entre Nápoles, Barcelona y Viena: nuevos documentos sobre la circulación de músicos a principios del siglo XVIII', *Artigrama*, 12 (1996–1997), 45–78.

2125. Sommer-Mathis, Andrea, 'La ópera y la fiesta cortesana: los intercambios entre Madrid y la corte imperial de Viena', in *La ópera en España*, 2001 (see No. 1646), I, 293–316.

2126. Sopeña, Federico 'Teatro y música', in *El teatro del siglo XVIII*, 1988 (see No. 2205), 48–51.

2127. Soubeyroux, Jacques, 'Torres Villarroel entre Salamanca y Madrid: acerca de las relaciones de Don Diego de Torres con la Corte', in *Ministros de Fernando VI*, ed. José Miguel Delgado Barrado y José Luis Gómez Urdáñez (Córdoba: Univ. de Córdoba, 2002), xiii + 326 pp.; illus.; 203–18.

2128. Soufas, C. Christopher, 'The Imagination in Feijoo and Jovellanos', *Dieciocho*, 22:1 (1999), 77–86.

2129. *Das spanische Theater. Vom Mittelalter bis zur Gegenwart*, ed. Volker Roloff and Harald Wentzlaff-Eggebert (Düsseldorf: Schwann Bagel, 1988), 445 pp. (Abbreviated as *Das spanische Theater*. Articles are listed under individual authors.)

                                                                            UCB

2130. Spaulding, R. K., 'The Text of Moratín's *Orígenes del teatro español*', *PMLA*, 47 (1932), 981–91.

2131. Spell, J. R., *Rousseau in the Spanish World before 1833. A Study in Franco-Spanish Literary Relations* (Austin: Univ. of Texas Press, 1938), 325 pp. [2nd ed. (New York: Gordian Press, 1969), 325 pp.]

2132. Stein, Louise K., 'Un manuscrito de música teatral reaparecido', *RMus*, 5:2 (1982), 225–33. [Relevant for Antonio Zamora.]

2133. Stein, Louise K., 'Opera and the Spanish Political Agenda', *ActaM*, 63 (1991), 125–67.

2134. Stiffoni, Gian Giacomo, 'La ópera de corte en tiempos de Carlos III (1759–1788)', in *La ópera en España*, 2001 (see No. 1646), I, 317–42.

2135. Storey, Harvey Wayne, 'Lo "stoscio" montiano-dantesco', *SD*, 58 (1986), 385–89.

2136. Stoudmire, Sterling A., 'Dionisio Solís's "refundiciones" of Plays (1800–1834)', *HR*, 8 (1940), 305–10.

2137. Stoudmire, Sterling A., 'Metastasio in Spain', *HR*, 9 (1941), 184–91.

2138. Strathmann, M., 'Wahlverwandtschaft und Kontrast in Moratíns *El sí de las niñas* and Marivaux, *L'école des mères*', *Arcadia*, XVI (1981), No. 1, 13–28.

2139. Strohm, Reinhard, 'Francesco Corselli's Operas for Madrid', in *Teatro y música en España*, 1996 (see No. 2214), 79–105.

2140. Strong, L., *Bibliography of Franco-Spanish Literary Relations (until the XIXth Century)*.   Publications of the Institute of French Studies (New York: Institute of French Studies, 1930), 71 pp.   [2nd ed. (New York: B. Franklin, 1973).]

2141. *Studies for I. L. McClelland*, ed. David T. Gies.   *Dieciocho*, 9:1–2 (1986), 297 pp.   (Abbreviated as *Studies for I. L. McClelland*.   Articles are listed under individual authors.)

GUL

2142. *Studies in Eighteenth-century Spanish Literature and Romanticism in Honor of John Clarkson Dowling*, ed. Douglas Barnette and Linda Jane Barnette (Newark, Delaware: Juan de la Cuesta, 1985), xxi + 189 pp. (Abbreviated as *Studies in Eighteenth-century Spanish Literature and Romanticism*.   Articles are listed under individual authors.)

UCLA

2143. Suárez Miramón, Ana, 'Bances Candamo: hacia un teatro ilustrado y polémico', *RLit*, 55:109 (1993), 5–54.

2144. Suárez Pajares, Javier, 'Sobre Tomás de Iriarte en el II centenario', *CM*, 2 (1992), 111–49.

2145. Subirá, José, 'El estreno de *La serva padrona* de Paisiello en Madrid', *RABM*, 2 (1925), 559–62.

2146. Subirá, José, 'Bajo el imperio de la tonadilla', *RABM*, 3 (1926), 371–75.

2147. Subirá, José, 'Un sainete olvidado: *La academia de Bolero*', *RABM*, 3 (1926), 500–03.

2148. Subirá, José, 'Un villancico teatral: *Los tres sacristanes*', *RABM,* 3 (1926), 246–49.

2149. Subirá, José, 'Un actor y autor madrileño del siglo XVIII: Manuel García, "El Malo" ', *RABM*, 4 (1927), 359–63.

2150. Subirá, José, 'La participación musical en los sainetes madrileños durante el siglo XVIII', *RABM*, 4 (1927), 1–14; 7 (1930), 109–23, 389–404.

2151. Subirá, José, 'La escena trágica *Policena* ...', *RABM*, 5 (1928), 360–64.

2152. Subirá, José, 'Estudios sobre el teatro madrileño: los "melólogos" de Rousseau, Iriarte y otros autores', *RABM*, 5 (1928), 140–61.

2153. Subirá, José, 'El *Malbru* de Valledor.   Una tonadilla extraordinariamente aplaudida', *RABM*, 5 (1928), 7–91.

2154. Subirá, José, *La tonadilla escénica. Sus obras y sus autores* (Madrid: Tipografía Archivos, 1928), 3 vols: I, 468 pp.; II, 535 pp.; III, 201 pp.; illus. [There is also an abridgement with the same title (Barcelona: Labor, 1933), xii + 212 pp.; illus.]

UCLA, UCSB

2155. Subirá, José, 'La canción y la danza populares en el teatro español del siglo XVIII', *RABM*, 6 (1929), 87–90.

2156. Subirá, José, 'En pro de la tonadilla madrileña', *RABM*, 6 (1929), 205–14.

2157. Subirá, José, *La participación musical en el antiguo teatro español*. Publicaciones del Instituto del Teatro Nacional 6 (Barcelona: Diputación Provincial, 1930), 101 pp.

UCB

2158. Subirá, José, 'La participación musical en las comedias madrileñas durante el siglo XVIII', *RABM*, 7 (1930), 109–23, 389–404.

2159. Subirá, José, 'Dos tonadillas cortesanas', *RABM*, 8 (1931), 91–95.

2160. Subirá, José, 'El idioma como elemento satírico en la literatura tonadillesca', *RABM*, 9 (1932), 449–53.

2161. Subirá, José, 'La Junta de Reforma de Teatros. Sus antecedentes, actividades y consecuencias', *RABM*, 9 (1932), 19–45.

2162. Subirá, José, *Tonadillas teatrales inéditas: libretos y partituras, con una descripción sinóptica de nuestra música lírica* (Madrid: *Revista de de Archivos, Bibliotecas y Museos*, 1932), 348 pp.; illus.; 36 pp. of music.

UCLA (MUSIC)

2163. Subirá, José, 'Críticas teatrales en el repertorio tonadillesco', *RABM*, 10 (1933), 419–23.

2164. Subirá, José, 'Estampas madrileñas en el teatro tonadillesco', *RABM*, 10 (1933), 255–59.

2165. Subirá, José, 'Una tonadilla de costumbres filarmónicas', *RABM*, 10 (1933), 113–16.

2166. Subirá, José, 'Varias "Medeas" musicales en el antiguo teatro español', *RABM*, 10 (1933), 429–38.

2167. Subirá, José, 'Un fondo desconocido de tonadillas escénicas', *RABM*, 11, (1934), 338–42.

2168. Subirá, José, 'Los petimetres en el campo tonadillesco', *RABM*, 11 (1934), 434–38.

2169.   Subirá, José, *Historia de la música teatral en España.*   Biblioteca de
        Iniciación Cultural.   Sección V.   Música 429 (Barcelona: Labor, 1945),
        214 pp.; musical illus.; plates.

                                                                            BL

2170.   Subirá, José, *La ópera en los teatros de Barcelona: estudio histórico
        cronológico desde el siglo XVIII al XX.*   Monografías Históricas de
        Barcelona 8–9 (Barcelona: Ediciones Librería Milla, 1946), 2 vols; illus.;
        plates; portraits; facsimiles.

                                                                          SRLF

2171.   Subirá, José, 'Estudios sobre el teatro madrileño.   La participación
        eventual de instrumentos no orquestales en la tonadilla', *RABM*, 16 (1947),
        241–66.

2172.   Subirá, José, *Historia y anecdotario del Teatro Real* (Madrid: Editorial Plus
        Ultra, 1949), 820 pp.; illus.

                                                                          UCLA

2173.   Subirá, José, *El compositor Iriarte (1750–1791) y el cultivo español del
        melólogo.*   Monografías 5 (Barcelona: CSIC, Instituto Español de
        Musicología, 1949–50), 2 vols, 510 pp.; facsimiles; music.

2174.   Subirá, José, 'Petimetría y majismo en la literatura', *RLit*, 4 (1953), 267–85.

2175.   Subirá, José, *Un vate filarmónico: Don Luciano Comella.   Discurso leído del
        día 22 de marzo de 1953 por D. José Subirá Puig y contestación del Sr José
        Francés y Sánchez-Heredero* (Madrid: Imp. Hispano-Americana, 1953), 62 pp.

                                                                          CSIC

2176.   Subirá, José, 'Evocaciones en torno a las óperas madrileñas', *RABM*, 23
        (1954), 85–129.

2177.   Subirá, José, 'Cantables en sainetes líricos del siglo XVIII', *RLit*, 15 (1959),
        11–36.

2178.   Subirá, José, *El gremio de representantes españoles y la Cofradía de
        Nuestra Señora de la Novena.*   Biblioteca de Estudios Madrileños 5
        (Madrid: CSIC, Instituto de Estudios Madrileños, 1960), 269 pp. [Relevant
        chapters: VII, 'Vicisitudes de la profesión cómica en el siglo XVIII'; VIII, 'La
        Cofradía de Representantes en el siglo XVIII'; IX, 'Nuevas ordenanzas de la
        Cofradía'; X, 'La Enfermería del Gremio de Representantes'; XI, 'Fundación
        de Montepío de Representantes'; XII, 'Ingresos y gastos de la congregación
        en el siglo XVIII'; XIII, 'Actores famosos y músicos de compañía en el siglo
        XVIII—privilegios pontificios—donaciones particulares'.]

                                                                          UCLA

2179.   Subirá, José, 'La ópera "castellana" en los siglos XVII y XVIII',
        Segismundo,   1 (1965), 23–42.

2180. Subirá, José, 'Músicos al servicio de Calderón y de Comella', *AMu*, 21 (1967), 197–208.

2181. Subirá, José, 'Loas escénicas desde mediados del siglo XVIII', *Segismundo*, 7–8 (1968), 73–94.

2182. Subirá, José, 'Lo histórico y lo esético en la "zarzuela" ', *RIE*, 106 (1969), 103–26.

2183. Subirá, José,' Madrid y su provincia en la tonadilla escénica', *AIEM*, 5 (1970), 163–78.

2184. Subirá, José, see also Andioc, René.

2185. Subirá, José, see also López Calo, José.

2186. Subirats, Rosita, 'Sobre unos ensayos de fiestas palaciegas en tiempos de Carlos II', in *Hommage à Jean-Louis Flecniakoska*, 1980 (see No. 1229), 403–24.

2187. Sullivan, Henry W., '*El alcalde de Zalamea*, de Calderón, en el teatro europeo de la segunda mitad del siglo XVIII', in *Calderón. Actas del Congreso Internacional sobre Calderón y el teatro español del Siglo de Oro*, 1983 (see No. 362), 1471–77.

2188. Sullivan, Henry W., *El Calderón alemán. Recepción e influencia de un genio hispano (1654–1980)*, trad. de Milena Grass. Teoría y Práctica del Teatro 7 (Frankfurt am Main: Vervuert/Madrid: Iberoamericana, 1998), 535 pp.; illus. [First published in English as *Calderón in the German Lands and the Low Countries: His Reception and Influence (1654–1980)*. Cambridge Iberian and Latin American Studies (Cambridge: Cambridge U. P., 1983), xvi + 510 pp.; illus.]

2189. Suppan, Steven, 'Managing Culture: *Manolo* and the Majos' Good Taste', in *The Institutionalization of Literature in Spain*, 1987 (see No. 1253), 125–68.

2190. Sureda, Francis, 'À propos de la représentation de "comedias de bandoleros" a Valencia sous le regne de Philippe V', in *Actes du 1er Colloque sur le Pays Valencien a l'Époque Moderne (Pau, 1978)* (Pau: Univ. de Pau, 1980), 397 pp.; illus.;157–70.

2191. Sureda, Francis, 'Nuevos datos sobre el arrendamiento del teatro de "La Olivera" y una tentativa de prohibición de comedias en Valencia a mediados del siglo XVIII', *RVF*, 7:4 (1981), 373–89.

2192. Sureda, Francis, 'Algunas tragedias del Siglo de Oro ante el público valenciano del XVIII', in *Horror y tragedia en el teatro del Siglo de Oro. Actas del IV Coloquio de G.E.S.T.E (Toulouse, 27–29 de enero de 1983)*. Special issue of *Criticón*, 23 (1983), 263 pp.; 117–27.

2193. Sureda, Francis, 'Recherches sur la composition du public du théâtre à Valencia au XVIIIᵉ siècle: approches méthodologiques', in *IV Table Ronde sur le Théâtre Espagnol (XVII–XVIII siècle)*, 1983 (see No. 1806), 106–24.

2194. Sureda, Francis, 'El público de los teatros valencianos del setecientos: aportación a su estudio', in *Coloquio internacional sobre el teatro español del siglo XVIII*, 1988 (see No. 545), 367–82.

2195. Sutherland, Madeline C., 'The Persistence of the Baroque in Eighteenth-century Popular Culture: The Case of the *Romance de ciego*', in *The Sixth Louisiana Conference on Hispanic Languages and Literatures. Selected Proceedings. La Chispa 1985*, ed. Gilbert Paolini (New Orleans: Tulane Univ., 1985), 396 pp.; 339–47.

2196. Swinburne, Henry, *Travels through Spain in the Years 1775 and 1776* (London: Elmsly, 1779), xv + 427 pp.; 5 plates.

                                                                              BMM, UCLA

2197. Szmuk, Szilvia E., see Reynolds, John J.

2198. Tapia Ozcariz, Enrique de, *Carlos III y su época. Biografía del siglo XVIII. Evocaciones y Memorias* ([Madrid]: Aguilar, [1962]), 417 pp.; illus.

                                                                              UCLA

2199. Tarragó Artells, Maria, *El Teatre de les Comèdies de Reus: un exemple de vitalitat ciutadana, 1761–1892*. Col·lecció Fòrum 5 (Tarragona: Edicions el Medol, 1993), 160 pp.; illus.

2200. *Teatre Català del Rosselló, segles XVII–XIX*, ed. F. Gardy, E. Prat and P. Vila. Biblioteca Torres Amat 10 (Barcelona: Curial, 1992), 2 vols.

2201. *Teatro breve de mujeres (siglos XVII–XX)*, ed., intro. y notas de Fernando Doménech Rico. Serie Literatura Dramática 41 (Madrid: Asociación de Directores de Escena de España, 1996), 315 pp.

2202. *Teatro breve y de carnaval en el Madrid de los siglos XVII y XVIII: estudios sobre los géneros dramáticos del baile y la folla*, selección y estudio de Luis Estepa. Biblioteca Básica Madrileña 7 (Madrid: Comunidad de Madrid, Consejería de Educación y Cultura, Centro de Estudios y Actividades Culturales, [1994]), 606 pp.; 36 pp. of plates; illus; facsimiles.

2203. *El teatro del Siglo de Oro ante los espacios de la crítica: encuentros y revisiones*, ed. Enrique García Santo-Tomás (Madrid: Iberoamericana/ Frankfurt am Main: Vervuert, 2002), 482 pp. (Abbreviated as *El teatro del Siglo de Oro ante los espacios de la crítica*. Articles are listed under individual authors.)

2204.   *Teatro del Siglo de Oro.   Homenaje a Alberto Navarro González*, ed. Víctor
        García de la Concha, Jean Canavaggio, Theo Berchem y María Luisa
        Lobato.   Estudios de Literatura 7 (Kassel: Edition Reichenberger, 1990),
        xvii + 677 pp.; illus.   (Abbreviated as *Teatro del Siglo de Oro.   Homenaje
        a Alberto Navarro González.*   Articles are listed under individual
        contributors.)

        GUL

2205.   *El teatro del siglo XVIII [unos actos de la] Semana de Teatro Español
        [tenida a] Madrid, Escuela Superior de Canto, 2–5 octubre de 1985*, ed.
        Festival de Otoño (Madrid: Festival de Otoño de la Comunidad de Madrid,
        1988), 156 pp.; illus.   (Abbreviated as *El teatro del siglo XVIII.*   Articles
        are listed under individual authors.)

        UCLA

2206.   *Teatro di magia*, ed. Ermanno Caldera (Rome: Bulzoni, 1983), 273 pp.
        (Abbreviated as *Teatro di magia.*   Articles are listed under individual
        authors.)

        HUL

2207.   *El teatro español a fines del siglo XVII.   Historia, cultura y teatro en la
        España de Carlos II*, 3 vols.   I: *Historia y literatura en el reinado de Carlos
        II*; II: *Dramaturgos y géneros de las postrimerías*; III: *Representaciones y
        fiestas*, ed. Javier Huerta Calvo, Harm den Boer y Fermín Sierra Martínez.
        DHA, 8/I, 8/II, 8/III (Amsterdam/Atlanta: Rodopi, 1989), 936 pp.; illus.
        (Abbreviated as *Teatro español a fines del siglo XVII.*   Articles are listed
        under individual contributors.)

        GUL

2208.   *Teatro español del siglo XVIII*, introd. y notas de Elena Catena.
        Literatura Año 2000, 6 (Madrid: Editorial La Muralla, 1969), 416 pp.
        [Includes *La Raquel* (García de la Huerta); *El sí de las niñas* (L. Fernández
        de Moratín); *El delincuente honrado* (Jovellanos); *La casa de Tócame Roque*
        (R. de la Cruz).]

2209.   *Teatro español del siglo XVIII*, ed. Joseph Maria Sala Valldaura (Lleida:
        Univ. de Lleida, 1996), 2 vols: I, 1–418 pp.; II, 419–831 pp. (Abbreviated as
        Teatro español del siglo XVIII.   Articles are listed under individual
        contributors.)

2210.   *Teatro español del siglo XVIII.   Antología*, edición, estudio preliminar y
        bibliografía por Jerry L. Johnson.   Libro Clásico 102 (Barcelona:
        Bruguera, 1972), 888 pp.

2211.   *El teatro europeo en la España del siglo XVIII*, ed. Francisco Lafarga
        (Lleida: Univ. de Lleida, c.1997), 442 pp.

2212.   *Teatro hispánico y literatura europea.   IV Congreso Internacional de Teoría del Teatro.   Vigo, 14–15 de marzo de 2002*. (Vigo: Facultad de Filología y Traducción, Ediciones del Área de Teoría de la Literatura, 2002), 557 pp.   Special issue of *Theatralia*, 4 (2002).   (Abbreviated as *Teatro hispánico y literatura europea*.   Articles are listed under individual authors.)

2213.   *El teatro menor en España a partir del siglo XVI.   Actas del Coloquio celebrado en Madrid, 20–22 de mayo de 1982*, intro. de Luciano García Lorenzo, índice de María F. Vilches.   Anejos de la Revista *Segismundo* 5 (Madrid: CSIC, 1983), 350 pp.   (Abbreviated as *El teatro menor en España*.   Articles are listed under invididual authors.)

UCLA, GUL

2214.   *Teatro y música en España (siglo XVIII).   Actas del Simposio Internacional, Salamanca 1994*, ed. Rainer Kleinertz.   De Musica (Kassel: Edition Reichenberger, 1996), viii + 234 pp.

2215.   *El teatro y su crítica.   Reunión de Málaga de 1973*, ed. Manuel Alvar.   Colección Ciudad del Paraíso (Málaga: Instituto de Cultura de la Diputación Provincial, 1975), 520 pp.   (Abbreviated as *El teatro y su crítica*.   Articles are listed under individual authors.)

UCLA

2216.   *Teatro y traducción.   Coloquio sobre teatro y traducción, celebrado en Salamanca en octubre de 1993*, ed. Francisco Lafarga y Roberto Dengler (Barcelona: Univ. Pompeu Fabra, 1995), 431 pp.   (Abbreviated as *Teatro y traducción*.   Articles are listed under individual authors.)

2217.   *Teatros y vida teatral en el Siglo de Oro a través de las fuentes documentales*, ed. Luciano García Lorenzo y J. E. Varey.   Colección Támesis.   Serie A, Monografías 145 (London: Tamesis, en colaboración con el Instituto de Estudios Zamoranos, 1991), 356 pp.; illus.   (Abbreviated as *Teatros y vida teatral en el Siglo de Oro*.   Articles are listed under individual contributors.)

2218.   Tejerina, María Belén, 'Leandro Fernández de Moratín y el Colegio de España', in *El cardenal Albornoz y el Colegio de España*, ed. y prólogo de Evelio Verdera y Tuells.   Studia Albornotiana (Bologna: Real Colegio de España en Bolonia, 1972–1979), 6 vols; VI, 625–770.

2219.   Tejerina, María Belén, 'Fragmentos inéditos de los apuntes diarios de don Leandro Fernández de Moratín en el ms. de su viaje a Italia', *AFLFUB*, Nuova serie (1973–1974), 301–25.

2220.   Tejerina, María Belén, *Viaje a Italia de Leandro Fernández de Moratín* (Doctoral thesis, Universidad Complutense de Madrid, 1978).   [Facsimile of thesis published (Madrid: Depto de Filología Italiana, Facultad de Filología, Univ. Complutense de Madrid, 1980).]

2221.   Tejerina, María Belén, 'Unos apuntes de Leandro Fernández de Moratín
        sobre algunas comedias españolas traducidas al italiano', *QIA*, 55–56
        (1982–1983), 363–80.

2222.   Tejerina, María Belén, 'La obra de Nicolás F. de Moratín revisada por su
        hijo Leandro: el autógrafo de las *Obras póstumas* conservado en la
        biblioteca madrileña de Bartolomé March', *ALE*, 10 (1993), 155–80.

2223.   Tejerina, María Belén, 'La traducción de Comella de *I falsi galantuomini o
        il duca di Borgogna* de Camillo Federici', in *El siglo que llaman ilustrado*,
        1996 (see No. 2097), 859–73.

2224.   Tejerizo Robles, Germán, 'Una comedia manuscrita y anónima del siglo
        XVIII en el archivo de la Catedral de Granada', *RABM*, 81 (1978), 327–62.

2225.   Tejerizo Robles, Germán, *Sobre el teatro en Granada: una comedia inédita
        del siglo XVIII. Estudio y edición.* Publicaciones del Departamento de
        Literatura Española de la Facultad de Letras de Granada 8 (Granada:
        Univ. de Granada, 1979), 415 pp.   [*Cerca está la redención.*]

2226.   Tejero Robledo, E., 'El entremesista arenense, Francisco Benegasi y Luján',
        CAb, 2 (1984), 89–111.

2227.   Tellechea Idígoras, José I., 'El joven Martín Fernández de Navarrete al
        conde de Peñaflorida con carta inserta de Tomás de Iriarte', in *Homenaje a
        Luis Morales Oliver*, 1986 (see No. 1225), 61–64.

2228.   Téllez Alarcia, Diego, 'Literatos, intelectuales, poder político en el reinado
        de Fernando VI (1746–1759)', *Dieciocho*, 26:1 (2003), 53–70.

2229.   Templin, E. H., 'Carolingian Titles in the Spanish Drama before 1800', *RR*,
        26 (1935), 345–49.

2230.   *Ten Unedited Works by Ramón de la Cruz*, editions and introductions by
        Edward V. Coughlin.   Albatros Hispanófila 45 (Valencia: Albatros, 1987),
        164 pp. [Gives dates of some performances and explains format of typical
        play of the period.]

                                                                            UCLA

2231.   *Théâtre espagnol*, comp. and trans. Simon Nicolas Henri Linguet (Paris: De
        Hansy, le jeune, 1770), 4 vols.

                                                                            BMM

2232.   Thomason, Phillip B., *El Coliseo de la Cruz: Madrid's First Municipal
        Playhouse (1737–1856)* (Doctoral thesis, University of Kentucky, 1987)
        [*DAI*, XLIX, (1988), 169A].

2233.   Thomason, Phillip B., 'El Coliseo de la Cruz: Illustrations from the Archivo
        Municipal de Madrid', *BHS*, LXX (1993), 237–47.

2234. Thomason, Phillip B., *El Coliseo de la Cruz: 1736–1860. Estudio y documentos*. Colección Tamesis. Serie C, Fuentes para la Historia del Teatro en España 22 (Woodbridge, Suffolk: Tamesis Books, 2005), 320 pp.; 30 illus.

2235. Tobar, María Luisa, 'Un documento del año 1783 sobre la jubilación de actores conservado en el Archivo Histórico de Madrid', in *Un 'hombre de bien'*, 2004 (see No. 1222), II, 617–33.

2236. Tolivar, Ana Cristina, 'Comella y las tragedias bíblicas de Racine: "Atalía" ', in *Imágenes de Francia en las letras hispánicas*, 1989 (see No. 1250), 379–89.

2237. Tolivar, Ana Cristina, 'La Réception de Racine dans l'Espagne du XVIIIe siècle', in *Recepción de autores franceses*, 2001 (see No. 1822), 127–37.

2238. *Tonadillas satíricas y picarescas*, transcriptas, prologadas y anotadas por José Subirá. Biblioteca de Divulgación Literaria 8 (Madrid: Editorial Paez, [1927]), 62 pp.

NRLF

2239. Topete, Jorge Alberto, *El neoclasicismo del teatro de Comella* (Doctoral thesis, University of Pennsylvania, Philadelphia, 1981) [*DAI*, XLII (1982), 4843A].

2240. Toro y Durán, Ramón del, *Jovellanos y la reforma del teatro español en el siglo XVIII*. Folletín de 'El Comercio' (Gijón: Imp. de 'El Comercio', 1892), 84 pp.

2241. Toro y Durán, Ramón del, *Catálogo crítico de obras dramáticas del siglo XVII al XIX.; Breves apuntes biográficas referentes a muchos de los autores ya fallecidos, citados en el precedente Catálogo.* MS BNM 3566.

BNM

2242. Torre, Guillermo, 'Hacia una nueva imagen de Moratín', *PSA*, 16:48 (1960), 337–50.

2243. Torrente, Álvaro, '*La armonía en lo insensible y Eneas en Italia*, una "zarzuela casera" de Diego Torres Villarroel y Juan Martín', in *Teatro y música en España*, 1996 (see No. 2214), 219–34.

2244. Torres, David, 'Las comedias moratinianas de Martínez de la Rosa', *CHA*, 339 (1978), 492–502.

2245. Torres Martínez, José Carlos, 'El léxico taurino en la obra de D. Nicolás Fernández de Moratín', *RLit*, 42:84 (1980), 151–84.

2246. Torres Rioseco, Arturo, 'La huella de Quintana en la literatura hispanoamericana', *RevIb*, 22 (1957), 261–71.

2247. Tovar Martín, Virginia, 'Teatro y espectáculo en la corte de España en el siglo XVIII', in *El Real Sitio de Aranjuez y el arte cortesano del siglo XVIII* (Madrid: Comunidad de Madrid, 1987), 427 pp.; illus.; 221–39.

2248.   Townsend, Joseph, *A Journey through Spain in the Years 1786 and 1787,*
        with particular attention to the agriculture, manufacture, commerce,
        population, taxes, and revenue of that country (London: C. Dilly, 1791), 3
        vols; illus. in text.

                                                                        BMM, USC

2249.   *La traducción en España (1750–1830): lengua, literatura, cultura,* ed.
        Francisco Lafarga (Lleida: Edicions de la Univ. de Lleida, 1999), 536 pp.;
        illus.; 463–76.   (Abbreviated as *La traducción en España [1750–1830].*
        Articles are listed under individual authors.)

2250.   *Traducción y adaptación cultural: España-Francia,* ed. María Luisa
        Donaire y Francisco Lafarga (Oviedo: Univ. de Oviedo, 1991), 655 pp.; illus.
        (Abbreviated as *Traducción y adaptación cultural.*   Articles are listed
        under individual authors.)

2251.   Trifilo, Samuel A, 'Influencias calderonianas en el drama de Zamora y de
        Cañizares', *Hispanófila,* 4 (1961), 38–46.

2252.   [Trigueros, Cándido María] E.A.D.L.M. [El Autor de los Menestrales],
        'Teatros', *Diario de Madrid,* 106 (30 April 1788), 473–74.

                                                                             HUL

2253.   Trigueros, Cándido María, *Teatro español burlesco, ó, Quixote de los teatros*
        por el maestro Crispin Caramillo [pseudonym] (Madrid: Imp. Villalpando,
        1802), xxiv + 160 pp.   [Modern edition: *Teatro español burlesco o Quijote*
        de los teatros, ed. María José Rodríguez Sánchez de León (Salamanca:
        Plaza, 2001), 157 pp.]

                                                                            NRLF

2254.   Trigueros, Cándido María, 'Elogio histórico de don Agustín de Montiano y
        Luyando y juicio crítico de sus obras', *MAS,* 2 (1843), 69.

2255.   Trigueros, Cándido María, *El precipitado: comedia sentimental,* ed. crítica y
        estudio preliminar de Piedad Bolaños Doñoso (Sevilla: Alfar, 1988), 185 pp.

2256.   Trigueros, Cándido María, *Los menestrales: comedia premiada en 1784 por*
        el Ayuntamiento de la Villa de Madrid, ed., intro. y notas por Francisco
        Aguilar Piñal.   Serie Literatura 31 (Sevilla: Univ. de Sevilla/Excmo
        Ayuntamiento de Carmona, 1997), 200 pp.

2257.   Trueba Mira, Virginia, 'Paradojas de la alteridad en *Zinda* de Rosa Gálvez',
        in *Teatro hispánico y literatura europea,* 2002 (see No. 2212), 427–52.

2258.   Trullench, P. P., see Ezquerra, J.

2259.   Tunie, David Alvin, *'La suerte' in the Neo-Classic Drama of Spain* (Doctoral
        thesis, University of Pittsburg, Pennsylvania, 1958) [*DAI,* XIX (1958), 1369].

2260.   Turina Gómez, Joaquín, *Historia del Teatro Real* (Madrid: Alianza, 1997), 539 pp.; illus.

2261.   Turri, Anna, 'Varianti autografi al "Bardo" montiano', *Convivium*, 32 (1964), 237–41.

2262.   Turri, Anna, 'La carte del "Prometeo" montiano nel Museo della Soria dell'Universita di Pavia', *Convivium*, 33 (1965), 392–96.

2263.   Twiss, Richard, *Travels through Portugal and Spain in 1772 and 1773* (London: Robinson, Becket and Robson, 1775), iii + 465 pp.; frontispiece; map; plates; music.

                                                                    SRLF, UGL, UCB

2264.   Ubach i Vinyeta, Francesc, *Teatre català. Apuntacions històricas-críticas desde'ls seus origens fuis al present estat* (Barcelona: La Renaixensa, 1876), 76 pp.

                                                                    BNM

2265.   Ursins, Princesse des, *Lettres inédités de Mme. de Maintenon et de Mme. la princesse des Ursins.* (Paris: Bossange frères, 1826), 4 vols.

                                                                    UCB

2266.   Ursins, Princesse des, *Madame des Ursins et la succession d'Espagne, fragments de correspondance du dixhuitième siècle, publiés par le Duc de la Tremoille* (Nantes: E. Grimaud et fils, 1902–1907), 6 vols. in 4.

                                                                    UCB

2267.   Urzainqui, Inmaculada, 'De nuevo sobre Calderón en la crítica del siglo XVIII', in *Calderón. Actas del Congreso Internacional sobre Calderón y el teatro español del Siglo de Oro*, 1983 (see No. 362), 1493–514.

2268.   Urzainqui, Inmaculada, *De nuevo sobre Calderón en la crítica española del siglo XVIII (en su tercer centenario)*, Anejos de BOCES XVIII 2 (Oviedo: Centro de Estudios del Siglo XVIII, Univ. de Oviedo, 1984), 83 pp.

2269.   Urzainqui, Inmaculada, 'Notas para una poética del interés dramático en el siglo XVIII', *Archivum*, 37–38 (1987–1988), 573–603.

2270.   Urzainqui, Inmaculada, 'Hacia una tipología de la traducción en el siglo XVIII: los horizontes del traductor', in *Traducción y adaptación cultural*, 1991 (see No. 2250), 623–38.

2271.   Urzainqui, Inmaculada, 'Crítica teatral y secularización: el *Memorial Literario* (1784–1797)', *BHi*, 94:1 (1992), 203–43.

2272.   Urzainqui, Inmaculada, 'Aspectos de la diversidad en la crítica teatral del neoclasicismo español', in *El mundo hispánico en el Siglo de las Luces*, 1996 (see No. 1604), II, 1293–318.

2273.   Urzainqui, Inmaculada, 'Visiones de Las Españas: Feijoo, Cadalso, Ramón
        de la Cruz y Salas', in *Homenaje a John H. R. Polt*, 1999 (see No. 1224),
        397–422.

2274.   Urzainqui, Inmaculada, 'La crítica literaria en la prensa del siglo XVIII:
        elementos de su discurso', *BHi*, 102:2 (2000), 519–59.

2275.   Urzainqui, Inmaculada, 'La ilustración sonriente: Feijoo y la risa', *BHi*, 1
        (2002), 443–87.

2276.   Urzainqui, Inmaculada, see also Álvarez Barrientos, Joaquín.

2277.   Uzcanga Meinecke, Francisco, 'Ideas de la sátira en el siglo XVIII: hacia
        una nueva función en el marco de la ideología ilustrada', *RLit*, 63:126
        (2001), 425–60.

2278.   Valbuena Prat, Ángel, *Literatura dramática española* (Barcelona/Buenos
        Aires: Editorial Labor, 1930), 336 pp.; illus.; plates; portraits; facsimiles.
        [See especially Chapter X, 280–300.]
                                                                          UCB, UCI

2279.   Valbuena Prat, Ángel, *Historia del teatro español* (Barcelona: Noguer,
        1956), 708 pp.; illus.

2280.   Valdivieso, Teresa, 'Regodeo burlesco de don Ramón de la Cruz', *Dieciocho*,
        18:2 (1995), 253–59.

2281.   Valença, Francisco de Portugal, marquez de, *Discurso apologetico em defensa
        do theatro hespanhol* (Lisboa Occidental: M. Rodrigues, 1739), 50 pp.
                                                                               HUL

2282.   Valera, Juan, 'D. Ramón de la Cruz', in his *Terapéutica social: expuesta en
        historias, novelas, disertaciones y otras obrillas de mero pasatiempo*
        (Madrid: Librería de Fernando Fe, 1905), 285 pp.; 73–83.
                                                                              SRLF

2283.   Valera, Juan, 'Don Ramón de la Cruz', in his *Crítica literaria (1854–
        56/1901–05). Obras completas. Tomos XIX–XXXIII* (Madrid: Imprenta
        Alemana, 1908–1912), 15 vols, Vol. XXX (1912), 73–82.

2284.   Valera, Juan, 'Don Leandro Fernández de Moratín', in *Crítica literaria.
        Obras completas*, Vol. XXXII, 256–65. (see No. 2283).

2285.   Valladares y Saavedra, Ramón de, *Nociones acerca de la historia del teatro
        desde su nacimiento hasta nuestros días, antecediéndola algunos principios
        de poética, música y declamación* (Madrid: Rivadeneyra, 1848), xxi + 180 pp.
                                                                                BL

2286. Vallejo González, Irene, 'La vertiente literaria en el *Diario Pinciano*', *Castilla*, 1 (1980), 125–34.

2287. Vallejo González, Irene, 'El teatro en Valladolid durante el siglo XVIII: autores y obras más representados', *Castilla*, 6–7 (1983–1984), 143–50.

2288. Vallejo González, Irene, 'Ambiente cultural y literario en Valladolid durante el siglo XVIII', in Luis M. Enciso Recio *et al.*, *Valladolid en el siglo XVIII* (Valladolid: Ateneo de Valladolid, 1984), 439 pp.; illus.; 373–406.

2289. Vallejo González, Irene, 'La comedia de santos en Antonio de Zamora', in *Teatro español a fines del siglo XVII*, 1989 (see No. 2207), II, 333–41.

2290. Vallejo González, Irene, 'La crítica teatral en el *Diario Pinciano*', *RLit*, 52:104 (1990), 507–18.

2291. Vallejo González, Irene, 'Tradición y novedad en la comedia de santos del siglo XVIII', in *La comedia de magia y de santos*, 1992 (see No. 548), 133–54.

2292. Vallejo González, Irene, 'Catálogo de comedias de santos del s.XVIII', in *Homenaje al profesor José Fradejas Lebrero*, 1993 (see No. 1227), II, 745–58.

2293. Vallejo González, Irene, *Introducción a la comedia de santos en el siglo XVIII* (Santiago de Chile: Ediciones Universidad Internacional SEK, *c*.1993), 140 pp.; illus.

2294. Vallejo González, Irene, 'San Juan de la Cruz en el teatro popular del siglo XVIII', in *Actas del Congreso Internacional Sanjuanista, Ávila, 23–28 de septiembre de 1991* (Valladolid: Junta de Castilla y León, Consejería de Cultura y Turismo, 1993), 3 vols; I, 439–47.

2295. Vallejo González, Irene, 'El teatro alemán en los escenarios españoles (1800–1818)', in *Estudios dieciochistas*, 1995 (see No. 838), II, 407–16.

2296. Vallejo González, Irene, 'Complejidad y espectacularidad en *La más amada de Cristo, Santa Gertrudis La Magna*, de Cañizares', in *El siglo que llaman ilustrado*, 1996 (see No. 2097), 875–81.

2297. Vallejo González, Irene, 'El Don Juan que pudo ver Zorrilla: una refundición de la comedia *No hay plazo que no se cumpla ni deuda que no se pague, y convidado de piedra* de A. de Zamora', in *Estudios de literatura española de los siglos XIX y XX. Homenaje a Juan María Díez Taboada*, ed. Carlos de Torres Martínez y Cecilia García Antón. Anejos de Revista de Literatura 47 (Madrid: CSIC, 1998), 911 pp.; 415–21.

2298. Vallejo González, Irene, 'La fortuna de *Nina ou la folle par amour* de Marsollier en el teatro español de finales del siglo XVIII', in *La traducción en España (1750–1830)*, 1999 (see No. 2249), 529–36.

2299. Vallejo González, Irene, 'Un "don Juan" del siglo XVIII: *No hay deuda que no se pague y convidado de piedra*', *Dieciocho*, 27:2 (2004), 289–302.

2300. Vallejo González, Irene and Fernández Cabezón, Rosalía, 'América en el teatro español del siglo XVIII', *Teatro*, 6–7 (1995), 107–18.

2301. Varela, Javier, *Jovellanos*. Alianza Universidad 534 (Madrid: Alianza Editorial, 1988), 285 pp.

2302. Varela, José Luis, 'Moratín dimite', in his *La palabra y la llama*. Colección Vislumbres 7 (Madrid: Prensa Española, 1967), 362 pp.; 75–80.
                                                                                        UCSB

2303. Varela, José Luis, 'Ramón de la Cruz y el majismo', in *La literatura española de la Ilustración*, 1988 (see No. 1392), 125–68. [See also: *BRAE*, 68:245 (1988), 497–517.]

2304. Varela, José Luis, *Jovellanos*. Alianza Universidad 534 (Madrid: Alianza, 1989), 285 pp.

2305. Varela Hervías, Eulogio, 'Cartas de D. Leandro F. de Moratín', *RABM*, 4 (1927), 364–65.

2306. Varey, John E., *Minor Dramatic Forms in Spain, with Special Reference to Puppets* (Doctoral thesis, University of Cambridge, 1951), 2 vols. [*Cambridge Abstracts* (1950–51), 150–51.]

2307. Varey, John E., 'A Note on the Staging of String Puppets in the 17th and 18th Centuries', *TN*, 5 (1951), 65–67.

2308. Varey, John E., 'Titiriteros y volatines en Valencia: 1585–1785', *RVF*, 3 (1953), 215–76.

2309. Varey, John E., 'Representaciones de títeres en teatros públicos y palaciegos: 1211–1760', *RFE*, 38 (1954), 170–211.

2310. Varey, John E., *Historia de los títeres en España (desde sus orígenes hasta mediados del siglo XVIII)* (Madrid: *Revista de Occidente*, 1957), 464 pp.; illus.
                                                                                        UCLA

2311. Varey, John E., *Títeres, marionetas y otras diversiones populares de 1758 a 1859*. Temas Madrileños 19 (Madrid: Instituto de Estudios Madrileños, 1959), 290 pp.

2312. Varey, John E., 'Mucho ruido y pocas nueces: un episodio teatral canario de 1784', *Segismundo*, 3:1–2 (1967), 115–34.

2313. Varey, John E., *Los títeres y otras diversiones populares de Madrid: 1758–1840. Estudio y documentos.* Colección Támesis. Serie C, Fuentes para la Historia del Teatro en España 7 (London: Tamesis, 1972), 292 pp.; illus.
UCLA

2314. Varey, John E., 'Popular Entertainments in Madrid, 1758–1859: A Survey', *ReMS*, 22 (1978), 26–44.

2315. Varey, John E., 'The First Theatre on the Site of the Caños del Peral', in *Studies for I. L. McClelland*, 1986 (see No. 2141), 290–96.

2316. Varey, John E., 'El influjo de la puesta en escena del teatro palaciego en la de los corrales de comedias', in *Teatro español a fines del siglo XVII*, 1989 (see No. 2207), III, 715–30.

2317. Varey, John E., *Cartelera de los títeres y otras diversiones populares de Madrid: 1758–1840. Estudio y documentos.* Colección Támesis. Serie C, Fuentes para la Historia del Teatro en España 8 (London: Tamesis, 1996), 491 pp.; illus.; maps.

2318. Varey, John E. and Davis, Charles, 'Los actores y la movilidad social en las primeras décadas del siglo XVIII', in *Teatro del Siglo de Oro. Homenaje a Alberto Navarro González*, 1990 (see No. 2204), 629–38. [This article is misleadingly titled as 'Representaciones palaciegas de dos obras de Calderón en Burgos y Vitoria' on the contents page.]

2319. Varey, John E. and Davis, Charles, *Los libros de cuentas de los corrales de comedias de Madrid, 1706–1719. Estudio y documentos.* Colección Támesis. Serie C, Fuentes para la Historia del Teatro en España 16 (London: Tamesis, 1992), 444 pp.
OXFORD

2320. Varey, John E. and Davis, Charles, *Los corrales de comedias y los hospitales de Madrid: 1615–1849. Estudio y documentos.* Colección Támesis. Serie C. Fuentes para la Historia del Teatro en España 21 (London: Tamesis, 1997), 311 pp.

2321. Varey, John E. and Shergold, Norman D., 'Tres dibujos inéditos de los antiguos corrales de comedias de Madrid', *RABM*, 20 (1951), 319–23.

2322. Varey, John E. and Shergold, Norman D., con la colaboración de Charles Davis, *Los arriendos de los corrales de comedias de Madrid, 1587–1719. Estudio y documentos.* Colección Támesis. Serie C, Fuentes para la Historia del Teatro en España 13 (London: Tamesis, 1987), 204 pp.
UCLA

2323. Varey, John E. and Shergold, Norman D., *Comedias en Madrid, 1603–1709. Repertorio y estudio bibliográfico.* Colección Támesis. Serie C, Fuentes para la Historia del Teatro en España 9 (London: Tamesis Books, en colaboración con la Comunidad de Madrid, 1989), 251 pp.
UCLA

2324. Varey, John E., Shergold, Norman D. and Davis, Charles, *Teatros y comedias en Madrid, 1719–1745. Estudio y documentos.* Colección Támesis. Serie C, Fuentes para la Historia del Teatro en España 12 (London: Tamesis, en colaboración con Fundación Caja de Madrid, 1994), 384 pp.

2325. Varey, John E. see also Davis, Charles.

2326. Varey, John E. see also Greer, Margaret Rich.

2327. Varey, John E. see also Shergold, Norman D.

2328. Vayrac, Jean (Abbé) de, *État présent de l'Espagne, où l'on voit une géographie historique du pays. Les moeurs, les coutumes et les usages des Espagnols. Le tout extrait des loix fondamentales du royaume, des reglemens, des pragmatiques les plus autentiques et des meilleurs auteurs* (Paris: Antonin des Hayes, 1718), 3 vols in 4. [Also (Amsterdam: Chez Steenhouwer & Uytwerf, 1719), 3 vols in 2.]

PUL, UCLA

2329. Vázquez i Estevez, Anna, *Catàleg de manuscrits de teatre en catalá de l'Institut del Teatre* (Barcelona: Generalitat de Catalunya, Dept de Cultura i Mitjans de Comunicació, 1981), 420 pp.

2330. Vega, José, *Don Ramón de la Cruz, el poeta de Madrid.* Los Libros de Ayer y del Mañana (Madrid: Talleres Tipo de Sistemas de Control, 1945), 175 pp.; illus.

UCLA

2331. Vega, José, *Máiquez. El actor y el hombre* (Madrid: *Revista de Occidente*, 1947), 247 pp.; illus.

UCI

2332. Vega García-Luengos, Germán, 'Impresos teatrales vallisoletanos del siglo XVIII: ciento treinta adiciones al *Cátalogo* de Alcocer', *BBMP*, 66 (1990), 271–94; 67 (1991), 319–65.

2333. Vega García-Luengos, Germán, 'El teatro barroco en los escenarios y en las prensas de Valladolid durante el siglo XVIII', in *Teatro del Siglo de Oro. Homenaje a Alberto Navarro González*, 1990 (see No. 2204), 639–73.

2334. Vega García-Luengos, Germán, 'Teatro e imprenta en Sevilla durante el siglo XVIII: los entremeses sueltos', *AH*, 74:226 (1991), 47–98.

2335. Vega García-Luengos, Germán, 'Lectores y espectadores de la comedia barroca: los impresos teatrales sevillanos del siglo XVIII', in *Estado actual de los estudios sobre el Siglo de Oro. Actas del II Congreso Internacional de Hispanistas del Siglo de Oro*, ed. Manuel García Martín *et al.* (Salamanca: Univ. de Salamanca, 1993), 2 vols; II, 1007–16.

2336.   Vega García-Luengos, Germán see also García Garrosa, María Jesús.

2337.   Vela, Eusebio, *Tres comedias*, ed., intro. y notas de J. R. Spell y F. Monterde (México: Imprenta Universitaria, 1948), 240 pp.

2338.   Velasco Zazo, Antonio, *El sainete y D. Ramón de la Cruz. Conferencia leída en el Centro de Hijos de Madrid* (Madrid: Imp. de Julián Palacios, 1914), 29 pp.

2339.   Velasco Zazo, Antonio, *Los teatros.* Panorama de Madrid (Madrid: Librería General Victoriano Suárez, 1948), 203 pp.

                                                                        UCLA

2340.   Velázquez, Luis Joseph, *Orígenes de la poesía castellana* (Málaga: Francisco Martínez de Aguilar, 1797), 141 pp.

                                                                        UCSD

2341.   Vellón Lahoz, Javier, 'El proceso de refundición como práctica ideológica: *La dama duende* de Juan José Fernández Guerra', in *Clásicos después de los clásicos*, 1990 (see No. 530), 99–109.

2342.   Vellón Lahoz, Javier, 'El problema del actor en Cervantes: una revisión desde la preceptiva neoclásica', *CESD*, 3–4 (1993–1994), 117–29.

2343.   Vellón Lahoz, Javier, 'El *Ensayo sobre el teatro español* de Sebastián y Latre: la refundición del teatro barroco como instrumento ideológico', *Dieciocho*, 17:2 (1994), 165–76.

2344.   Vellón Lahoz, Javier, 'Lope de Vega y Trigueros: poética y nacionalismo en la dramaturgia española dieciochesca', *Dieciocho*, 19:2 (1996), 275–83.

2345.   Vellón Lahoz, Javier, 'El "justo medio" del actor: Isidoro Máiquez y sus teóricos', in *Del oficio al mito*, 1997 (see No. 667), 311–37.

2346.   Ventura Crespo, Concha María, *Historia del teatro en Zamora* (Zamora: Fundación Ramos de Castro para el Estudio y Promoción del Hombre, 1988), 110 pp.

                                                                        BNM

2347.   Ventura Crespo, Concha María, 'El Corral de Comedias de Zamora: el edificio, origen y evolución 1606–1990', in *Teatros y vida teatral en el Siglo de Oro*, 1991 (see No. 2217), 79–97.

2348.   Verdú Ruiz, Matilde, 'Transformaciones dieciochescas del teatro del Buen Retiro', in *El arte en las Cortes europeas del siglo XVIII*, 1989 (see No. 223), 804–10.

2349.   Vézinet, François B., 'Moratín et Molière: Molière en Espagne', *RHLF*, 14 (1907), 193–230; 15 (1908), 245–285.

2350. Vézinet, François B., 'Moratín et Molière' in his *Molière, Florian et la littérature espagnole* (Paris: Librairie Hachette et Cie, 1909), 254 pp.; 11–178. [Expanded version of articles originally published in *RHLF*, 1907–1908 (see above No. 2349). The author also studies Tomás de Iriarte.]

2351. Viale Ferrero, Mercedes, *Filippo Juvarra, scenografo e architetto teatrale*, pref. di Giulio Carlo Argan (New York: Benjamin Blom, 1970), 391 pp.; illus.; 33 plates.

                                                                              UCLA

2352. Vidalsolanas, Juan, 'Afinidad técnica en *El sí de las niñas* y *La Fontana de Oro*', *ETL*, 1:1 (1972), 72–76.

2353. Viel-Castel, Louis, Baron de, *Essai sur le théâtre espagnol* (Paris: G. Charpentier, 1882), 2 vols, 370 pp.

                                                                                BL

2354. V[ignau], V., 'Documentos referentes a d. Leandro F. de Moratín', *RABM*, 2 (1898), 221–22.

2355. Vila, J., 'Escenografía i preceptiva dramática en el teatre rossellonès dels segles XVIII i XIX', *Caplletra*, 9 (1990), 179–91.

2356. Vila, P. and Bruguet, M., *Festes publiques i teatre à Girona (segles XIV–XVIII). Noticies i documents* (Girona: Ajuntament, 1983).

2357. Vila Selma, José, *Ideario de Manuel José Quintana* (Madrid: CSIC, 1961), 191 pp.

2358. Vilanova, M., 'Moratín, un ilustrado cercano', *CHA*, 275 (1973), 398–400.

2359. Vilches de Frutos, María Francisca, 'El habla popular en los sainetes de don Ramón de la Cruz', *Dieciocho*, 6:1–2 (1983), 116–37.

2360. Vilches de Frutos, María Francisca, 'Los sainetes de Ramón de la Cruz en la tradición literaria. Sus relaciones con la Ilustración', *Segismundo*, 18:39–40 (1984), 173–92.

2361. Vilches de Frutos, María Francisca, 'Los sainetes de Ramón de la Cruz', in *Ilustración y Neoclasicismo, Historia y crítica de la literatura española*, 1992 (see No. 1065), 142–47.

2362. Villacampa, Carlos G., 'Las representaciones escénicas en Guadalupe', *BRAE*, 6 (1921), 453–56.

2363. Villegas Morales, Juan, 'Nota sobre Francisca Gertrudis Muñoz y Ortiz y *El sí de las niñas* de Leandro Fernández de Moratín', *BFCh*, 15 (1963), 343–47.

2364. Villegas Morales, Juan, '*El sí de las niñas* de Leandro Fernández de Moratín', in his *Ensayos de interpretación de textos españoles: medievales, clásicos y modernos* (Santiago de Chile: Editorial Universitaria, 1963), 191 pp.; 99–142.

2365. Villena Cortés, Elvira, 'El teatro de Los Caños del Peral en la primera mitad del siglo XVIII', in *El arte en las Cortes europeas del siglo XVIII*, 1989 (see No. 223), 822–28.

2366. Vince, Ronald W., *Neoclassical Theatre: A Historiographical Handbook* (New York: Greenwood Press, 1988), x + 229 pp.

UCLA

2367. Virella Cassañes, Francisco, 'Materials realtius al teatre catalá profá dels segles XVIII i XIX', in *La Ópera en Barcelona* (Barcelona: Estab. Tip. de Redondo y Xumetra, 1888), vii + 380 pp. [Information on rebuilding of the theatre.]

2368. Virgili, María Antonia, 'La música teatral en Valladolid en el siglo XVIII', *RMus*, 8 (1985), 119–24.

2369. Visedo Orden, Isabel, 'El lenguaje poético de Nicolás Fernández de Moratín', *RLit*, 42:84 (1980), 121–34.

2370. Vitse, Marc, 'Tradición y modernidad en *El dómine Lucas* de José de Cañizares', in *Coloquio internacional sobre el teatro español del siglo XVIII*, 1988 (see No. 545), 383–98.

2371. Vivanco, Luis Felipe, *Moratín y la ilustración mágica*. Persiles 53 (Madrid: Taurus, 1972), 242 pp.; map.

UCLA

2372. Viveros, Germán, 'Pensamiento social y dramaturgia novohispana dieciochesca', *Dieciocho*, 19:2 (1996), 249–54.

2373. Walker, Thomas, see Bianconi, Lorenzo.

2374. Warren, Leslie Alec, *Modern Spanish Literature: A Comprehensive Survey of the Novelists, Poets, Dramatists and Essayists from the Eighteenth Century to the Present Day* (London/New York: Brentano's Ltd, 1929), 2 vols.

2375. Weinstein, Leo, *A Critical Study of the Don Juan Legend* (Doctoral thesis, Stanford University, 1951) [*ADD* (1951), 234].

2376. Weinstein, Leo, *The Metamorphosis of Don Juan*. Stanford Studies in Language and Literature 18 (Stanford: Stanford U. P., 1959), 223 pp.

UCB

2377.   Werle, Peter, 'Moratíns *Comedia nueva* oder das doppelte Scheitern der Komödie', in *Literarhistorische Begegnungen. Festschrift zum sechzigsten Geburtstag von Bernhard König*, ed. Andreas Kablitz and Ulrich Schulz-Buschhaus (Tübingen: Narr, 1993), xix + 393 pp.;   379–93.

2378.   Werrie, Paul, 'Les Don Juans espagnols', *EP*, 168 (1959), 102–07.

2379.   West, William Russell, *The Artistic Approach of Filippo Juvarra, Late Baroque Scene Designer* (Columbus: The Ohio State Univ. Press, 1962), 195 pp.; illus.; plans.

                                                                          UCSB

2380.   Whitaker, Daniel S., '*Los figurones literarios* of María Rosa Gálvez as an Enlightened Response to Moratín's *La comedia nueva*', *Dieciocho*, 11:1 (1988), 3–14.

2381.   Whitaker, Daniel S., 'Darkness in the Age of Light: *Amnón* of María Rosa Gálvez', *HR*, 58:4 (1990), 439–53.

2382.   Whitaker, Daniel S., 'Clarissa's Sisters: The Consequences of Rape in Three Neoclassic Tragedies of María Rosa Gálvez', *LetP*, 5:2 (1992), 239–51.

2383.   Whitaker, Daniel S., 'La mujer ilustrada como dramaturga: el teatro de María Rosa Gálvez', in *Actas del Décimo Congreso de la Asociación Internacional de Hispanistas*, 1992 (see No. 7), II, 1551–59.

2384.   Whitaker, Daniel S., 'Absent Mother, Mad Daughter, and the Therapy of Love in *La delirante* of María Rosa Gálvez', *Dieciocho*, 16:1–2 (1993), 167–76.

2385.   Whitaker, Daniel S., 'An Enlightened Première: The Theater of María Rosa Gálvez', *LF*, 19:1–2 (1993), 21–32.

2386.   Ximénez de Sandoval, Felipe, *Cadalso: vida y muerte de un poeta soldado*, prólogo de José María Pemán.   Colección Vida y Pensamiento Españolas. Serie Biografías (Madrid: Editora Nacional, 1966), xxxv + 380 pp.

2387.   Zabala, Arturo, *Versos y pervivencia de Lope en el siglo XVIII*.   Suplemento Nº 1 de *Revista Bibliográfica y Documental* (Madrid: CSIC, 1948), 14 pp.

2388.   Zabala, Arturo, 'Representaciones teatrales en Valencia durante el siglo XVIII', *RVF*, 2 (1952), 169.

2389.   Zabala, Arturo, *La ópera en la vida teatral valenciana del siglo XVIII* (Valencia: Instituto de Literatura y Estudios Filológicos, Institución Alfonso el Magnánimo, Diputación Provincial, 1960), 330 pp.

                                                                          UCLA

2390.   Zabala, Arturo, *Representaciones teatrales en Valencia durante los años 1705, 1706 y 1707* (Valencia: Centro de Cultura Valenciana, 1966), 44 pp.

2391.   Zabala, Arturo, *El teatro en la Valencia de finales del siglo XVIII*. Estudios Universitarios 7 (Valencia: Institución Alfonso El Magnánimo, 1982), 461 pp.; illus.

UCLA

2392.   Zamora, Andrés, 'Guilleras ideológicas y estéticas en la *Raquel*. (Breviario español de cómo marginar al enemigo)', *Dieciocho*, 24:2 (2001), 261–78.

2393.   Zamora, Antonio de, *Comedias nuevas, con los mismos saynetes con que se executaron, assi en el Coliseo del Sitio Real del Buen Retiro, como en el Salón de Palacio, y Teatros de Madrid* (Madrid: Martínez Abad, 1722). [Bibioteca Nacional   T.11.561.]   [Reduced facsimile reprint (New York/Hildesheim: Georg Olms, 1975), 523 pp.]

UCLA, SRLF, BNM, UCSB

2394.   Zamora, Antonio de, *Teatro breve*, ed. crítica y estudio introductorio de Rafael   Martín   Martínez.   Teatro   Breve   Español   2   (Madrid: Iberoamericana/Frankfurt am Main: Vervuert, 2005), 708 pp.   [See especially 'Introducción', 9–69.]

2395.   Zavala, Iris M., 'La censura en la semiología del silencio: siglos XVIII y XIX', *DHA*, 5 (1987), 147–58.

2396.   Zavala, Iris M., 'La poética de lo cotidiano: reflejos de comportamiento en el teatro del siglo XVIII', in *Coloquio internacional sobre el teatro español del siglo XVIII*, 1988 (see No. 545), 399–421.

2397.   Zeglirscosac, Fermín, E., *Ensayo sobre el origen y naturaleza de las pasiones del gesto y de la acción teatral, con un discurso preliminar en defensa del ejercicio cómico, escrito por D. Fermín Eduardo Zeglirscosac, y adornado con trece láminas que contienen 52 figuras, las cuales demuestran los gestos y actitudes naturales de las principales pasiones que se describen, grabados por el profesor D. Francisco de Paula Martí* (Madrid: Sancha, 1800), xiv + 121 pp.; illus.

BNM

2398.   Zurita, Marciano, *Historia del género chico* (Madrid: Prensa Popular, 1920), 127 pp.

INDEX OF TITLES

INDEX OF NAMES

199

INDEX OF SUBJECTS